U0498113

2012年广东省高校优质教学资源三等奖
2013年广东金融学院网络课程立项资助

二十一世纪高等院校保险系列规划教材

海上保险原理与实务 第七版

袁建华　金伊林○编著

西南财经大学出版社
Southwestern University of Finance & Economics Press

中国·成都

图书在版编目(CIP)数据

海上保险原理与实务/袁建华,金伊林编著.—7 版.—成都:西南
财经大学出版社,2024.2
ISBN 978-7-5504-6110-9

Ⅰ.①海… Ⅱ.①袁…②金… Ⅲ.①海上运输保险
Ⅳ.①F840.63

中国国家版本馆 CIP 数据核字(2024)第 023728 号

海上保险原理与实务(第七版)

HAISHANG BAOXIAN YUANLI YU SHIWU

袁建华 金伊林 编著

责任编辑:李晓嵩
责任校对:王 琳
封面设计:何东琳设计工作室
责任印制:朱曼丽

出版发行	西南财经大学出版社(四川省成都市光华村街 55 号)
网 址	http://cbs.swufe.edu.cn
电子邮件	bookcj@swufe.edu.cn
邮政编码	610074
电 话	028-87353785
照 排	四川胜翔数码印务设计有限公司
印 刷	郫县犀浦印刷厂
成品尺寸	185mm×260mm
印 张	19.875
字 数	497 千字
版 次	2024 年 2 月第 7 版
印 次	2024 年 2 月第 1 次印刷
印 数	1— 2000 册
书 号	ISBN 978-7-5504-6110-9
定 价	49.80 元

第七版前言

在《海上保险原理与实务》第七版修订过程中，我们根据读者反馈的信息进行了修改。我们对部分章节进行了修订和补充，更新了最新数据；对个别章节的顺序进行了调整，使之更加符合实际需求。另外，每章结尾配有课后练习题，以便学生学习本章后及时练习，巩固本章所学的知识点。与此同时，对大部分理论章节的拓展阅读内容，我们设计了二维码，学生可以扫描二维码，利用碎片化的时间在手机上进行阅读，极大地方便了学生阅读课本以外的内容，扩大知识面。

对于《海上保险原理与实务》第六版在教学过程中发现的个别错误，我们也一并进行了修改。附录中增加了丰富的阅读材料，以便学生阅读英文原版内容，开阔学生视野。本书配有《海上保险实训和习题集》，因此删除了模拟试题等内容。总之，《海上保险原理与实务》第七版的编排更加科学、更加完善。希望本书对我国高等院校保险人才的培养，特别是对涉外保险人才的培养以及保险公司员工的培训有所帮助。

在本书编写过程中，我们得到了广东金融学院原副院长郭颂平教授和保险学院原院长罗向明教授的指导，得到了广东金融学院保险学院同行的认同和西南财经大学出版社的大力支持，在此致以诚挚的谢意！

袁建华　金伊林

2024 年 1 月 1 日

于广州

前言

　　保险在社会经济生活中所起的作用越来越大，已成为我国金融业三大支柱产业之一。世界各国海上贸易的发展离不开海上货物运输，海上货物运输离不开海上货物运输保险。为此，笔者根据多年的海上保险教学、研究和实践经验，编写了本书，以满足学生和保险从业人员对海上保险实务操作知识的需要。

　　本书以综合素质培养为基础，以能力培养为主线，吸收了现代保险的最新理论和国内外学者、专家的最新研究成果，并借鉴了国外海上保险的先进经验，力求理论联系实际，学以致用。本书集理论、业务、实训于一体。具体表现为：第一，本书在强调海上保险基本理论的前提下，突出业务，特别是注重学生模拟实训。这是本书的最大特点，也是与其他教材的不同之处。学生通过模拟实训，能掌握海上保险业务流程，理解海上保险运输货物英文条款、协会货物保险英文条款、船舶保险英文条款，熟悉不同险种的英语表达，学会批单、索赔函件的英文写作等。第二，本书对专业术语或名词解释采用了英语与汉语对照的形式，有些则完全用英文解释。这样做旨在让读者根据原文更好地理解专业术语的含义。众所周知，海上运输货物保险业务是国际性的业务，各国的保险条款、提单和信用证等均使用英语。读者在学习过程当中，有机会接触到专业英语词汇，以后从事海上运输货物或船舶保险业务时，就会感到得心应手。

本书共分为三篇：第一篇论述了海上保险的基本原理；第二篇翔实论述了海上运输货物保险、船舶保险的实务；第三篇提出了海上保险实训要求，供读者进行全真实务操练，包括客户的投保、保险公司的承保、保险单的批改、客户的索赔、保险人的理赔、保险人的追偿等实务操作。因此，本书可以作为保险学专业、国际贸易专业和金融专业本科学生教材，也可以供涉外保险业务从业人员自学之用。

本书在编写过程中，得到了广东金融学院各级领导的支持，特别是得到了广东金融学院副院长郭颂平教授的指导以及保险系主任刘连生教授的鼓励和指导。同时，本书借鉴了许多同行的理论与实务，在此致以诚挚的感谢。另外，笔者还要感谢中国人民财产保险股份有限公司深圳分公司提供了部分实务材料。本书在出版过程中，得到了西南财经大学出版社的大力支持，在此表示衷心感谢。由于时间和水平有限，本书难免存在一些不足和缺点，敬请广大读者批评指正。

袁建华

2006 年 2 月于广州

目录

第二篇　海上保险实务

目录

3

第一篇

海上保险原理

第一章 海上保险概述

学习目标

通过对本章的学习，学生应达到以下目标：

（1）理解海上风险的概念；

（2）了解海上风险的种类；

（3）掌握海上保险的概念；

（4）掌握海上保险的特征与作用；

（5）弄清海上保险的种类。

本章内容

第一节　海上风险

第二节　海上保险的特征与作用

第三节　海上保险的产生与发展

第四节　海上保险的分类

海上保险是指在海上运输过程中，发生与海上运输有关的自然灾害和意外事故，造成被保险标的灭失或损害，由保险人负赔偿责任的特定保险。

"一人为众、众人为一"的共同海损思想是海上保险甚至是保险的思想源头；早期的船舶无抵押贷款是海上保险特别是现代海上保险的理论基础。

研究海上保险，我们必须先识别海上风险。

第一节 海上风险

一、海上风险的概念（Concept of Marine Perils）

海上风险一般是指船舶、货物在海上运输过程中发生损失的不确定性和可能性。具体来说，海上风险是指与海上货物运输有关的海上自然灾害和意外事故。1906年的英国《海上保险法》[①] 中，对于海上风险是这样定义的："Marine perils" means the perils consequent on, or incidental to, the naviation of the sea, that is to say, perils of the sea, fire, war perils, pirates, rovers, theives, captures, seizures, restraints, and detainments of princes and peoples, jettisons, barratry, and any other perils, either of the like kind or which may be designated by the policy. （"海上风险"是指因航海所发生的风险，也就是海难、火灾、战争、海盗、抢劫、盗窃、捕获、拘留、限制以及王子和人民的扣押、抛弃、船长的不法行为或其他类似性质或保单注明的诸如此类的风险。）

海上风险也叫海难（Peril of the Sea），是具有特定概念和内容的专门术语，不能从一般字面概念去理解，因为事实上它并不包括海上的一切危险在内。根据1906年英国《海上保险法》附则第七条的规定，"海难"是指海上偶然发生的事故或灾难，并不包括风和浪的普通作用。因此，一般常见的可预测的海浪并不是海难。

保险人承保的海上风险都是在保险单或保险条款中明确规定的，保险人只负责由保单列明的风险造成的保险标的损失。因此，正确理解各种风险的确切含义显得十分重要。

在现代海上保险业务中，保险人所承保的海上风险有特定范围。一方面，它并不包括一切在海上发生的风险；另一方面，它又不局限于航海中所发生的风险。也就是说，海上风险是一个广义的概念，它既指海上航行中特有的风险，也包括一些与海上货物有关的风险和陆地上也可能会发生的特种风险。

二、海上风险的种类（Category of Marine perils）

按照海上风险的性质，海上风险可分为海难和外来风险（Extraneous Risks）两种，其中海难又分为自然灾害和意外事故。

（一）自然灾害（Natural Calamities）

自然灾害一般是指不以人们意志为转移的自然力量所引起的灾难。但在海上保险中，它并不是泛指一切由于自然力量所造成的灾难，而且在不同国家或同一国家的不同时期对自然灾害的解释也有所不同。一般而言，自然灾害是指恶劣气候、雷

[①] 转引自北大法律信息网（www.chinalawinfo.com）。

电、地震、海啸、浮冰和洪水等发生在海上（或与海相通的水域）的、人力不可抗拒的自然界破坏力量所造成的灾害。

1. 恶劣气候（Atrocious Weather）

恶劣气候通常是指船舶遭遇海上暴风雨、飓风和大浪等自然现象而发生的事故，包括船舶因颠簸、倾斜造成船体破裂，船上机器设备损坏，或因此而引起船上所载货物浸水、散包、破碎、冲走以及因关闭通风设备致使货舱内温度或湿度过大殃及货物等损失（见图1-1）。在实务中，保险人对"恶劣气候"一词也没有统一明确的定义，往往根据风险的具体情况进行解释。例如，我国对暴风的解释为：风力在8级（风速17.2米/秒）以上，即构成暴风责任。

图1-1　2012年10月30日，飓风"桑迪"重创美国东海岸，一艘170英尺（约52米）长的油轮被飓风吹到了海岸上。（图片来源：中国网）

2. 雷电（Lightning）

雷电主要是指雷击闪电自然现象造成航行于海上的船舶及其所载货物的直接损毁（见图1-2）。雷电直接造成的，或者由雷电引起火灾造成的损失，如因雷击中船上桅杆造成倒塌，压坏船舱，致使海水浸入，货物受海水浸泡的损失属于雷电责任。

图1-2　2012年3月6日，哥伦比亚客机遭雷击裂成三截，圣安德烈斯岛上的机场跑道关闭，救援人员正在那里清理现场，飞机碎片散落一地。（图片来源：科学网、新华网）

3. 地震（Earthquake）

地震是指因地壳发生急剧的震动而引起地面断裂和变形的地质现象，是一种突发性的灾害（见图1-3）。地震如果发生在海底，就会引起海水强烈扰动，产生高达数十米的巨浪，即为海啸，使在海上航行的船舶及其所载货物顷刻间倾覆、沉没。

图1-3　2011年3月11日下午2时46分（日本时间），日本东北部的太平洋发生了一场里氏9.0级的大地震。（图片来源：新华网）

4. 火山爆发（Volcanic Eruption）

火山爆发是指直接或归因于火山爆发所致货物或船舶的损失（见图1-4）。陆地上发生的地震虽不影响船舶在海上的航运，但火山爆发可能影响停泊在港口的船货。例如，船舶停泊在港口等待卸货或货物在转运港口装卸时，船舶和货物就有可能遭受损坏或灭失。

图1-4　2010年5月6日，美国国家海洋和大气管理署太平洋海洋环境实验室的研究小组来到南太平洋萨摩亚群岛附近海域进行观测。潜水器观测到了海底火山爆发的情景。滚烫火红的火山熔岩从水下4 000英尺（约1 219米）的"黑兹"火山口喷出，一接触到海水，火山熔岩立刻冷却，形成了枕头状的石头。在离"黑兹"火山口大约100米远的海底，一个名为"普罗米修斯"的火山口喷发出大量火山熔岩。尽管火山所在海底压力巨大，但是巨大的喷发力仍使喷出的气体和岩石高达20米。（图片来源：新华网）

5. 海啸（Tsunami）

海啸是指由于地震或风暴而引起海水巨大的涨落现象，导致航行于海上的船舶及其所载货物的损毁或灭失（见图 1-5）。海啸可分为地震海啸和风暴海啸两种。地震海啸指由于海底的地壳发生变异或海底的火山喷发而引起海水剧烈震荡产生的巨浪；风暴海啸是指因海上风暴引起海面异常升起形成的巨浪。海啸的破坏力很大，尤其是袭击某一拥挤港口或地区，会使船舶互相碰撞，船只沉没，甚至把一些大船冲向海滩，退潮时发生搁浅等。2004 年 12 月 26 日发生在东南亚的海啸，造成了巨大的财产损失和人员伤亡，遇难者接近 30 万人[①]。

图 1-5　2011 年 3 月 11 日下午 2 时 46 分（日本时间），日本东北部的太平洋发生了一场里氏 9.0 级的大地震并引发海啸。（图片来源：新华网）

6. 洪水（Flood）

洪水是指偶然暴发的具有意外灾害性质的大水，一般指山洪暴发、江河泛滥、潮水上岸及倒灌或暴雨积水成灾（见图 1-6）。由此造成航行或停泊于内河或内河出海口及沿海港口附近的船舶及其所载货物被淹没、冲散、冲毁、浸泡等损失，可归属于洪水责任。

_____

① 据中国新闻网（www.chinanews.com）报道：东南亚地震海啸造成重大人员伤亡，遇难人数接近 30 万人。具体数字：印度尼西亚 238 945 人，斯里兰卡 30 957 人，印度 16 389 人，泰国 5 393 人，马尔代夫 82 人，马来西亚 68 人，缅甸 61 人，孟加拉国 2 人，索马里 298 人，坦桑尼亚 10 人，肯尼亚 1 人，总计 292 206 人。

图1-6 2012年7月24日，洪水给长江通航带来一定影响。三峡船闸于7月23日晚停航，700余艘船舶在锚地安全待闸。通航部门采取措施，加大了水域管控力度，防止船舶发生碰撞搁浅事故。（图片来源：新华网）

7. 浮冰（Floating Ice）

浮冰是指极地大陆冰川或山谷冰川末端崩裂滑落海中而形成的冰山，它们大部分沉于水下，仅小部分露出水面，随海流向低纬度地区漂流，沿途不断融解破裂，因而对航海安全造成危害。例如，1912年发生的"泰坦尼克号"（Titanic）海难事件，就是由于船侧板撞到流动冰山（Iceberg）的水下部分，造成船毁人亡的人间悲剧（见图1-7）。

图1-7 "泰坦尼克号"（Titanic）是一艘奥林匹克级邮轮，由位于爱尔兰岛贝尔法斯特的哈兰德与沃尔夫造船厂兴建，是当时最大的客运轮船。"泰坦尼克号"首次从英国南安普敦出发，前往美国纽约，途经法国瑟堡·奥克特维尔以及爱尔兰昆士敦。1912年4月14日23时40分，"泰坦尼克号"撞上冰山，4月15日凌晨2时20分，船裂成两半后沉入大西洋，船上1 500多人丧生。"泰坦尼克号"海难是和平时期死伤人数最惨重的海难之一。（图片来源：百度图片）

8. 其他人力不可抗拒的灾害（Other Calamities Beyond Manpower）

其他人力不可抗拒的灾害通常包括浪击落海和海水、湖水、河水进入船舶、驳船、运输工具、集装箱等。

浪击落海（Washing Overboard）是指舱面货物受海浪冲击落海而造成的损失，不包括在恶劣气候情况下，船身晃动而造成货物落海的损失。海水进入船舶的危险，不仅包括由于海水而且包括由于湖水和河水进入船舶等运输工具或贮存处所造成的损失（见图1-8）。

图1-8　中国海军第三批护航编队航经印度洋阿拉伯海时，遭遇起航以来最大风浪冲击，浪高平均达5米。这是军舰穿过印度洋阿拉伯海入风浪区的情景。（图片来源：新华网）

拓展阅读

发生在我国沿海城市的几种主要海洋灾害，有些灾难与海上运输有关，有些灾难与海上运输没有太大关系，现简要介绍如下：

1. 风暴潮

风暴潮是指由台风、温带气旋、冷锋的强风作用和气压骤变等强烈的天气系统引起的海面异常升降，使受其影响的海区的潮位大大地超过平常潮位的现象。影响我国的台风风暴潮分布在东海、南海、黄海南部及我国台湾以东太平洋海域；温带

中国海洋灾害公报

气旋风暴潮一般分布在渤海、黄海北部。其中台风风暴潮对我国沿海地区的影响较为强烈，浙江、福建、广东、海南沿海是多发区域。风暴潮给沿海地区带来巨额的经济损失，如2005年我国大陆地区迎来的第一场台风"海棠"，在不到一天时间里，共造成福建、浙江两地直接经济损失80.93亿元，并导致浙江3人死亡。

2. 赤潮

赤潮是指海洋中某些微小的浮游藻类、原生动物或细菌，在一定的环境条件下暴发性繁殖或集聚而引起水体变色的一种有害的生态异常现象。它是一种常见的海洋灾害，会破坏生态平衡和渔业环境，危害渔业和养殖业，有毒赤潮还能通过食物链转移造成人畜中毒死亡。

3. 海岸侵蚀

海岸侵蚀是指在自然力（包括风、浪、流、潮）的作用下，海洋泥沙支出大于输入，沉积物净损失的过程，即海水动力的冲击造成海岸线的后退和海滩的下

蚀。海岸侵蚀现象普遍存在，我国70%左右的砂质海岸线以及几乎所有开阔的淤泥质岸线均存在海岸侵蚀现象。例如，海南省文昌市由于珊瑚礁被开采，海岸已后退200余米，造成大量的椰树林被海水倾倒。

4. 海雾

海雾由海面低层大气中水雾凝结所致，通常呈乳白色，产生时常使海面能见度下降到1 000米以下。海雾是一种危害很大的海洋灾害，无论在海上还是在海岸带地区，海雾都因其大大降低能见度而对交通运输、渔业捕捞和养殖、海上油气勘探开发以及军事活动等造成不利影响。例如，1993年5月，国家海洋局所属4 000吨级远洋科学考察船"向阳红16号"，在北纬29度、东经134度舟山群岛海域与一外籍货轮相撞而沉没，在事故中死亡3人，生还107人，经济总损失近亿元。

5. 海水入侵

在沿海地区，由于大量开采地下水导致地下水位大幅度下降，海水侵入沿海含水层并逐渐向内陆渗透，这种现象被称为海水入侵。海水入侵的直接后果是地下淡水受到海水的污染、沿岸土地盐碱化、水源受到破坏、沿海建筑物受损等。20世纪80年代以来，由于地下水被过量开采，我国辽宁、河北、天津、山东、江苏、上海、广西、海南和台湾等省（自治区、直辖市）均发生了不同程度的海水入侵加剧现象，其中环渤海地区比较严重。

6. 沿海地面下沉

地面沉降是指某一区域内由于开采地下水或其他地下流体导致地表浅部松散沉积物压实或压密引起地面海拔下降的现象，又称地面下沉或地陷。其特点是波及范围广，下沉速率缓慢，不易察觉，但对建筑物、城市建设和农田水利危害极大。我国海岸带是人口、城市最集中的地区，人类活动影响最为深刻，由于人们大量开采地下水，使地下水位下降，产生地下漏斗，造成地面下沉。

7. 海上溢油

海上溢油是指在海上作业或航行过程中发生的石油泄漏事件。石油在海洋表面上形成面积广大的油膜，阻止空气中的氧气向海水中溶解，同时石油的分解也消耗水中的溶解氧，造成海水缺氧，而且重金属和有毒有机化合物等有毒物质在海域中累积，并通过海洋生物的富集作用，对海洋动物和以此为食的其他生物造成毒害。2004年12月7日，巴拿马籍集装箱船和德国籍集装箱船在珠江口发生碰撞，其中德国籍船舶的燃油舱破损，约1 200吨燃油溢漏，在海上形成了长16 668米、宽200米的油带，造成我国近年来较大的一次海洋污染事件。

8. 海平面上升

近年来，温室气体的不断增加，造成了全球性气温上升，导致海水受热膨胀、高山冰川融化、南极冰盖解体，造成海平面的绝对上升。由于人为因素导致的陆地地面沉降，又造成了海平面的相对上升。海平面上升对人类环境的危害严重。一方面，海平面的上升可淹没一些低洼的沿海地区，加快了的海洋动力因素向海滩推进、侵蚀海岸，从而变"桑田"为"沧海"；另一方面，海平面上升会使风暴潮强度加剧、频次增多，不仅危及沿海地区人民生命财产安全，而且会使土地盐碱化、海水内侵，造成农业减产，破坏生态环境。

9. 外来物种入侵

伴随着人们的经济活动和国际交往，一些物种由原生存地移居到另一个新的生存环境并在新的栖息地繁殖以及建立稳定种群，这些物种被称为外来物种。有针对性地引进优良动植物品种，既能丰富生物多样性，又能带来诸多效益，但若引种不当或缺乏管理则会引发较大负面影响。以养殖生物为例，鲍鱼、牡蛎、扇贝、对虾、鱼类、藻类等大量从国外引入，在养殖过程中由于各种原因导致养殖对象进入自然海域，不仅与当地土著生物争夺生存空间、饵料，争夺生态位，而且传播疾病，与土著生物杂交导致遗传污染，降低土著生物的生存能力，导致土著生物自然群体减少甚至濒于灭绝。

（二）意外事故（Accidents）

海上意外事故是指船舶或其他海上运输工具遭遇外来的、突然的、非意料中的事故，如船舶搁浅、触礁、沉没、互撞、与流冰或其他物体碰撞、船舶失踪以及火灾、爆炸等。海上保险所承保的意外事故，不是泛指的海上意外事故，而是指保险条款列明的特定范围内的意外事故。

1. 船舶搁浅（Grounding）

船舶搁浅是指由于意外的原因使船体与海底、海滩、海岸或其他障碍物（如沉船、木桩等）紧密接触，并搁置其上，且持续一定时间（停航达12小时以上），使其处于失去进退自由的状态（见图1-9）。如果搁浅经常发生在特定的地区，如发生在运河中、发生在港内退潮时间，则不得视为保险意义上的搁浅。船舶搁浅必须是在意外的、偶然的情况下发生的，而且船舶必须是搁置在沙滩、岩礁、河床或其他障碍物之上，不能继续前进才被认为是搁浅。

图1-9　2011年12月16日，法国宪兵和救援队员联合营救一艘在法国西部海域搁浅的马耳他籍货船。该货船受到当地海域冬季风暴的袭击，被冲到搁浅区域。（图片来源：中新网）

2. 船舶触礁（Stranding）

船舶触礁是指船舶在航行过程中，船身或船底意外地接触海中岩礁或其他障碍物，这时船舶可能还能移动（见图 1-10）。触礁与搁浅有时难以区分，因为船舶触礁后不久，如果船长下令继续移动，造成的结果很可能变成搁浅。如果船舶接触水中障碍物以后，仍能继续移动，通常被认为是触礁。如果船舶接触障碍物之后，船舶不能往前移动，通常被认为是搁浅。这就是区别触礁与搁浅的标准。不论是触礁还是搁浅，都是不可预料的事件。

图 1-10　2012 年 1 月 14 日，在意大利吉利奥岛附近海域触礁搁浅的"科斯塔·康科迪亚"号游轮。（图片来源：新华网）

3. 船舶沉没（Sunk）

船舶沉没是指船体的全部或大部分（主甲板以下）已经浸入水中，失去继续航行能力（见图 1-11）。如果船体有一部分浸入水中，但船仍有航行能力，一般说来，就不能认为船已沉没。

图 1-11　2006 年 6 月 20 日，一艘港澳航线高速客船与一艘珠海高速客船在海面相撞，珠海高速客船的船尾被撞伤后进水，最终沉没。经各方全力及时救助，船上 86 名旅客及 6 名船员全部转移并安全上岸。（图片来源：南方日报）

4. 船舶碰撞（Collision）

船舶碰撞是指船舶在航行中与其他可航行的物体发生实际接触（同时占有共同的空间），或船舶与任何漂浮物体、航行物体、浮冰、沉船残骸以及港口、码头、河堤等建筑物的接触（见图1-12）。船舶碰撞可从几个角度来定义。从事故类别的角度来看，船舶与船舶、船舶与任何物体（包括空中物体）发生实际接触均可称为船舶碰撞，这是最广义的理解。从我国海商法的角度来看，船舶（含船舶和内河船）与船舶发生实际接触可称为船舶碰撞，这是狭义角度的理解。目前世界上各国所遵循的关于船舶碰撞和碰撞责任的国际公约是《1910年统一船舶碰撞若干法律规定的国际公约》。该公约的第一条规定：当发生在海船与海船、海船与内河船之间，无论其碰撞发生在任何水域，因造成船上物品或人员伤害产生的赔偿，都应按规定办理。

图1-12　2008年3月27日凌晨1时，宁波镇海与舟山金塘岛之间的灰鳖洋海域发生"勤丰128"轮碰撞在建金塘跨海大桥的事故，60米长、3 000吨重的桥面箱梁塌陷。（图片来源：新华网）

另外，对于船舶与其他非船舶的物体发生实际接触，在实务中，我们称为触碰（Contact）。但是国际上并没有对此给出定义和界定其准确的概念。船舶构成碰撞事故必须具备相应的条件：首先，要有船与船或船与其他物体之间的实际接触，如果船舶的损失是由于另一条船舶路过时的波浪造成的，则不属于碰撞损失。其次，碰撞和损失要有必然的因果关系。

5. 船舶失踪（Missing）

船舶失踪是指船舶在航行中去向不明、失去联系，经过一定期限仍无消息。对于船舶失踪的认定，各国的规定不完全一致，一般以6个月为标准。船舶失踪属于船舶保险责任范围，保险人按推定全损或全损处理。被保险船舶和货物一旦被认定失踪，船舶保险人和货物运输保险人分别对失踪船舶和货物进行赔偿。中国人民保险公司的《远洋船舶保险条款》规定："超过六个月，尚未得到船舶的行踪消息，即构成船舶的失踪。"如果保险人赔偿后，失踪船舶又出现了，被保险人应将取得的赔偿金额及利息退还给保险人，或者将该保险船舶的所有权无偿转移给保险人。

6. 倾覆（Capsizal）

倾覆是指当船舶横倾到安全临界角的时候，船舶重心偏离船舶浮心外侧，当船舶的倾覆力矩大于船舶的恢复力矩时，就会导致船舶倾覆（见图1-13）。简言之，船舶因天气原因或船舶本身意外地失去平衡，使船身倾覆或倾斜，处于非正常的状态，如果不进行施救，就有可能沉没。绝大多数船舶倾覆是因主机停车、货物移动、严重横倾、船舶进水等，最终使船舶失去平衡而倾覆。

图1-13　2012年9月6日，在菲律宾南部的三宝颜半岛附近海域，"超级客轮9号"发生倾覆，海军营救被困乘客。（图片来源：新华网）

7. 火灾（Fire）

火灾是指船舶在航海中，因意外起火（含货物自燃）失去控制，使船舶和货物被烧毁、烧焦、烟熏等造成的损失（见图1-14）。火灾与起火或着火不同，起火或着火后烧到一定程度和范围，才构成火灾。船舶经常发生火灾的区域主要分为四大类：机械舱室、供给舱室、居住舱室和甲板储藏舱室。据统计，世界上每天有5起海上船舶事故，其中船舶火灾约占船舶事故总数的11%，在船舶火灾中，船舶机舱火灾占船舶火灾总数的75%以上，因此，预防机舱火灾是重中之重。

图1-14　2004年11月16日，在大连港锚地附近失火的"辽海轮"。（图片来源：新华网）

在货物运输保险中，由于货物自燃引起的火灾损失，得不到保险公司的赔偿。

8. 爆炸（Explosion）

爆炸是指一个或一个以上的物质在极短时间内急速燃烧，短时间内聚集大量的热，使气体体积迅速膨胀，引起爆炸（见图1-15）。物理性爆炸是由温度、体积和压力等因素引起的爆炸。船舶锅炉的爆炸是典型的物理性爆炸，其原因是过热的水迅速蒸发出大量蒸汽，使蒸汽压力不断提高，当压力超过锅炉的极限强度时发生爆炸。化学爆炸是指在外界一定强度的能量作用下，产生剧烈的放热反应，产生高温高压和冲击波，从而引起爆炸。船舶在海上航行中，发生爆炸的原因很多。例如，船舶锅炉爆炸致使船舶和货物受损或货物因气候影响发生化学变化引起爆炸等。

图1-15　2012年10月3日，福建厦门鼓浪屿两只木船及两艘铁皮船发生了两次爆炸着火。（图片来源：中广网）

9. 暴力偷盗（Violent Pilferage）

暴力偷盗是指实施者使用暴力手段掠夺货物或船舶的行为，非法获取船舶和货物，或扣押船舶和货物（见图1-16）。暴力盗窃是指既不包括暗中偷窃行为，也不包括船上人员或旅客的偷窃。根据国际贸易惯例，出口商将货物交付托运后，对该货物无法继续加以监护，而承运人在接受托运的货物后，对该货物在法律上负有安全保管的责任。如果发生监守自盗而导致货物的损失，承运人应该承担法律责任。同样，货物被外人偷窃，承运人也应该赔偿。中国人民保险公司的船舶（远洋）保险责任范围包括"来自船外的暴力盗窃或海盗行为"。

图 1-16　索马里海盗攻击船舶。（图片来源：中国青年报，2008-11-28）

10. 抛弃（Jettison）

抛弃是指当船舶遇到海上灾害事故处于紧急情况下，船长为了共同安全，命令将船上一部分货物及其财产、物料等抛弃入海中，这种行为被称为抛弃。抛弃作为共同海损中的一种特有的行为（共损牺牲），其成立应具备一定的条件：

（1）被抛弃的货物或财产必须是以适当方式积载于船上，并具有事实上的使用价值；

（2）被抛弃的货物必须是按照惯例或订有协议可装于甲板上的货物；

（3）被抛弃的货物必须是正常性质的货物；

（4）抛弃所避免的风险必须是保险公司承保的风险。

11. 船长、船员的恶意行为（Barratry of the Master and Mariners）

船长、船员的恶意行为是指船长或船员故意损害船东或租船人利益，或船员对船长的反抗，包括丢弃船舶、纵火焚烧、凿洞沉没、故意使船舶搁浅、非法出售船舶和货物、侵占价款、违法走私而被扣押或没收等。构成恶意行为的条件是：船长或船员的行为，必须是故意的，即出于不良动机的行为。船东事先不知情，也未纵容、共谋或授意，如现在船长即为船东（国际运输行业几乎没有这种情况）就不构成船长的恶意行为，而为船东的恶意行为，属于海上保险的除外责任。

（三）外来风险（Extraneous Perils）

外来风险一般是指海难以外的其他外来原因造成的风险。也就是说，外来原因是因外部因素引起的风险。因此，类似货物的自然损耗和本质缺陷等属于必然发生的损失，都不应包括在外来风险引起的损失之列。具体地说，外来风险包括偷窃、破碎、淡水雨淋、受潮、受热、发霉、串味、玷污、渗漏、钩损、锈损等。

外来风险不是由船舶遭遇海上自然灾害和意外事故引起的，但在海上运输过程中是经常发生的。为了充分保障被保险人的利益，经过事先协商约定，保险人对这类风险予以承保。关于外来原因，将在第五章"海上货物运输保险险种概述"中详细阐述。

第二节　海上保险的特征与作用

　　海上保险是海上特定领域范围内的一种保险，具有国际性，与国际航运、对外贸易、国际金融息息相关。它的立法、适用条款在国际范围内逐步趋向统一。

　　海上保险是以与海上货物运输相关的财产、利益、责任及费用作为保险标的，海上保险涉及的主要标的物包括船舶、货物、船东责任、运费及有关费用等。海上保险属于财产保险范畴，是一种特殊形式的财产保险。

　　随着科学技术的发展，人们对各种自然灾害和意外事故的预防和控制能力不断取得进步。但是，灾害事故的发生仍不能完全避免，加上新出现的风险经常威胁着人们的生命和财产安全。因此，为了使生产继续，生活保持长久安定，通过保险的方式进行经济补偿仍然是一种更经济有效的方式，也是现代社会进行再生产的必要条件。海上保险不仅表现为一种经济补偿关系，也体现为一种法律关系。在海上保险所体现的这种经济关系和法律关系当中，经济关系是基础，不同的经济关系决定着不同的法律关系。法律关系是经济关系的反映，但它作为上层建筑的一个组成部分，对经济关系具有一定的反作用。两者相互统一，共同构成上述保险概念的内容。

　　海上保险集合众多面临遭受同样风险的经济单位，采用大数法则的原理，让众多经济体共同承担某一个可能发生的损失，对某一个可能发生损失的经济单位给予经济补偿，以确保社会经济生活的安定。当然，确定这种经济补偿关系是通过订立海上保险合同，由投保人交纳保险费，建立保险基金，保险人按照合同规定履行赔偿义务来实现的。关于海上保险合同的具体内容，我们将在第三章"海上保险合同"中详细阐述。

一、海上保险的特征（Characteristics of Marine Insurance）

　　海上保险的保障对象大多数是与国际贸易有关的经营主体，货物从一个地方运送到另一个地方，从一个国家运到另一个国家，因而成为一种国际性的保险。因此，它有许多与众不同的特征。

（一）承保风险的综合性（Comprehension）

　　现代海上保险承保的风险已经超过一般财产保险的承保风险范围。海上保险承保的风险，从性质上看，既有财产和利益上的风险，又有责任上的风险；从范围上看，既有海上风险，又有陆上风险和航空风险；从种类上看，既有自然灾害和意外事故引起的风险，又有外来原因引起的风险；从形式上看，既有静止状态中的风险，又有流动状态中的风险。海上保险承保风险的种类之多、变化之大，是其他任何保险所不能比拟的，充分显示了它的综合性质。

（二）保险种类的多样性（Diversity）

保险种类是指保险的险种和险别。在海上保险中，由于运输方式及各种保险标的需要获得的风险保障多种多样，客观上便要求多种多样的保险险种和险别，以满足不同的保障需求。海上保险的险种包括运输工具（船舶）保险、运输货物保险和运费保险等，而各种保险又因运输方式的不同，可分为海上运输保险、陆上运输保险、航空运输保险或多式联合运输保险等。以海上运输货物的保险为例，根据货物的不同特性，可以分为海上运输货物保险、海上运输冷藏货物保险和集装箱货物运输保险等。在同一类险种中，根据承保责任范围的不同又可以分为若干险别，比如平安险（Freefrom Particular Average）、水渍险（With Particular Average）和一切险（All Risks）等。

（三）保障对象的多变性（Changeability）

海上保险中的船舶保险合同是一种确定的合同，船舶保险单的转让必须得到保险人的书面同意，它不能随着船舶所有权或经营权的转移而自动转移。海上保险的保障对象具有多变性，主要指海上货物运输保险中的被保险人是可变的。海上保险承保的货物是国际贸易中的买卖货物，国际贸易的目的不仅是实现货物的使用价值，更重要的是货物的保值或货物的增值。这种独特的贸易目的决定了货物在运输过程中频繁易手，不断变换其所有人。货物所有者的不断更换，必然引起货物运输保险的被保险人不断变化。在这种情况下，货物所有人或被保险人是谁，不能作为保险人确定是否承保以及采用什么条件承保的依据。因此，货物运输保险单可以随着保险标的物的转让而转让，也不需要征得保险人的同意，只要原被保险人在保险单上背书即可。海上保险保障对象的多变性特征是海上货物运输保险的重要特点。

（四）保险关系的国际性（Internationalism）

海上保险保障的对象大都是从事国际贸易、远洋运输和海上资源开发的经营主体，其财产无论是运输工具还是货物，都是往返于不同的国家或地区的远距离运输，这种保险的主体和客体的存在形式和运行方式，使海上保险成为一种国际性的保险。正是由于这种原因，海上保险合同的签订与履行，应当遵循国际法律有关规定。海上保险矛盾和纠纷的解决，应当遵循国际惯例和通用准则。

（五）保险责任确定的复杂性（Complexity）

船舶是实现海上运输的工具，是完成海上运输生产活动的基本要素之一。海上保险的承保标的以船舶及其运输的货物为主。船舶保险既包括财产类保险的风险，也包括责任类（碰撞责任）保险的风险。海上货物运输要求"仓至仓"或"门至门"，以实现其航运经营的目的。因此，保险标的在长途运输中，经常处于流动状态。基于地理环境和自然条件的千差万别，海洋水域比内河或陆上风险要大得多、复杂得多。这既增加了保险标的出险的机会，也增加了保险人在异国他乡进行船舶或货损检验、理赔的难度（可以在当地委托对船舶、货物的检验和理赔代理，但对某些大案、要案不得不亲临现场）。海上货物运输保险又分为平安险、水渍险、一切险等险别，都增加了责任确定的复杂性。

二、海上保险的作用（Functions of Marine Insurance）

海上保险作为财产保险的一种形式，一方面，海上保险同其他财产保险一样，具有经济损失补偿，保证社会再生产过程的正常运转，组织防灾防损，促进企业搞好风险管理、分散风险，提高企业经济效益等功能；另一方面，海上保险又发挥着独特的作用。

（一）对于保险人而言

1. 增加或平衡外汇收入与支出

海上保险的承保标的多为远洋运输船舶和进出口贸易货物，其中相当一部分的保险是以外汇缴付保险费和处理赔款的。这些业务通过国内保险公司承保，可以增加或平衡保险人的外汇收入与支出，这对国家、企业或个人都有益处。

2. 扩大对外联系，引入先进保险技术

海上保险是一种国际的保险行为。这种国际性的保险活动，必将扩大对外联系，增进国际交往，进而能够与世界同行沟通信息，学习他人的先进经验和最新保险技术，不断更新和提高保险人员的业务知识和保险技能。

（二）对于被保险人而言

1. 提高资金运用能力

海上保险的投保人多为进出口贸易公司和远洋运输部门，倘若没有海上保险的存在，这些企业必将自行提存足够的风险准备金，以防其随时可能遭遇的灾害事故。而这种准备金的留有数量，少则无济于事，多则影响生产流通资金的运用，通过投保海上保险，就可以通过少量的保险费，将其风险转嫁给保险公司，进而将有限的资金用于生产经营方面。

2. 确保资金运用安全

进出口贸易工作，实际上是买卖双方为了各自的目的，通过适当的方式进行钱货交接的活动。出口商负责将其货物交给进口商，而后者负责将货款交给前者。由于双方往往相隔千山万水，难以做到一手交线、一手交货，根据国际贸易惯例，通常都是先交货后付款，偶尔亦有先付款后交货的贸易方式。不管哪种做法，一旦货物遭遇海难，必然有一方遭受损失。由此可见，在涉外商贸交往中，不论是买方的资金还是卖方的货物，都存在着一种潜在的客观风险。而保险公司提供的海上保险制度，可使上述风险得以转嫁，只要贸易方投保适当的险种或险别，不管海难何时发生，均可使贸易双方化险为夷，进而确保其资金运转的安全性。

3. 保证企业正常经营

天有不测风云，人有旦夕祸福。无论是从事国际贸易的企业经营者，还是从事国际运输的经营者，都无法回避运输过程中的风险及其造成的损失。一旦发生这样的灾害事故，造成了企业自身不能承受的经济损失，企业将会面临经营中断或破产的危险。然而，如果企业将运输过程中可能发生的危险，通过海上保险的方式转嫁出去，保险事故造成的经济损失，则可以通过保险人的补偿而得以恢复，保证企业经营的正常进行。

4. 保障贸易的正常利润

在商品经济存在的条件下，追求贸易利润，获得营业利益是贸易经营者的重要目的。因此，贸易经营者投保海上保险的保险金额并不限于货物的成本，还可以包括合理的贸易利润。在海上保险实务中，经营者按照货物成本加若干比率加成投保，如果货物安全到达目的地，贸易经营者可以赚得预期利润；如果货物在运输途中因保险事故而导致损失，经营者也能按照投保时约定的保险金额向保险公司索赔。在这个赔偿金额中，含有贸易经营者的预期利润。因此，海上保险对经营者贸易利润的实现具有十分重要的作用。

第三节　海上保险的产生与发展

一、海上保险的产生（Formation of Marine Insurance）

（一）《汉谟拉比法典》（The Code of Hammurabi）与早期的海上保险

对于早期海上保险形成的影响，可以从《汉谟拉比法典》中得到答案。《汉谟拉比法典》是现存最全面最完整的古巴比伦法律的汇编（见图1-17）。法典记载了古巴比伦第一王朝第六代国王汉谟拉比在位（约公元前1792—公元前1750年）时的情况，其中包括一直到汉谟拉比在位末期所收集起来的法律方面的决定。《汉谟拉比法典》的主要来源是1901年法国东方学者让·樊尚·施伊尔在伊朗苏萨发掘出的黑色玄武岩石柱上所刻的楔形文字，故又称"石柱法"。石柱现存巴黎卢浮宫博物馆，高2.25米，上部周长1.65米，底部周长1.90米，石柱顶部则是0.71米高的浮雕，表现太阳神沙玛什正坐着向汉谟拉比授予权杖，汉谟拉比站在沙玛什面前举手表达敬意。柱体碑文所用语言为典型的古巴比伦方言，结构分前言、法律条文和结尾三部分，共分为282条。其中包括：

（1）关于审判的规定（第1条至第5条）；

（2）关于盗窃动产和奴隶的规定（第6条至第25条）；

（3）关于各种不动产的占有、继承、转让、租赁、抵押等方面的权利和义务的规定（第26条至第88条，其中第67条至第70条、第79条至第88条残缺）；

（4）关于借贷、经商、债务方面的规定（第89条至第126条）；

（5）关于婚姻、家庭的规定（第127条至第194条）；

（6）关于伤害不同地位的人予以不同处罚的规定（第195条至第214条）；

（7）关于各种职业人员的报酬和责任的规定（第215条至第240条）；

（8）关于租用工具、牲畜及雇工的规定（第241条至第277条）；

（9）关于奴隶（第278条至第282条）等内容。

在《汉谟拉比法典》中，首次出现了海上保险意识的萌芽。

第 100 条规定："塔木卡以银交与沙马鲁经营买卖，令其出发，而沙马鲁应在旅途中使委托彼之银获利，倘沙马鲁丁所到之处获利，则应结算所取全部银之利息，而后应计算自己的日期，以偿还塔木卡。"

第 101 条规定："倘在所到之处曾获利，则沙马鲁应按所取之银，加倍交还塔木卡。"

第 102 条规定："倘塔木卡以银贷与沙马鲁而不计息，而沙马鲁于所到之处遭受损失，则彼应以全部本金归还塔木卡。"

第 103 条规定："倘所运之一切于中途被敌人劫去，则沙马鲁应指神为誓，并免偿还责任。"

人们从中可以看到，货主雇商队行商，货主与商队利润分享。如果商队不归或归来时无货无利，货主可将商队人员的财产，甚至妻子作为自己的债务奴隶。商队的货物被强盗打劫，经当事人宣誓无纵容或过失等情况后，可免除当事人的债务。这种货主遭受风险的损失由所收高额利息来弥补的做法，实为海上保险的雏形。

图 1-17 《汉谟拉比法典》是迄今发现最完整的成文法典。该法典竭力维护不平等的社会等级制度和奴隶主贵族的利益，比较全面地反映了古巴比伦社会的情况。该法典为后人研究古巴比伦社会经济关系和西亚法律史提供了珍贵材料。（图片来源：百度百科）

（二）《罗第安法》（Rhodian Law）与早期的海上保险

《罗第安法》是目前已知的世界上最早的一部海商法，由地中海罗第安岛附近的古希腊人和腓尼基人制定。从公元前 9 世纪开始流传，直到公元前 3 世纪~公元前 2 世纪最后形成。

《罗第安法》的形成与早期海上保险的产生密切相关。公元前 10 世纪前后是海上贸易兴起的时代。航海在当时是生财的捷径，但也是充满冒险的危途。爱琴海沿岸的古希腊人和地中海东岸的腓尼基人以擅长航海而闻名于世。不过，他们所驾驭的船舶构造简单，抵御海上风浪的能力很差，海上还常有海盗出没，使得海上贸易损失很大。为了使海上航行可能遭受的损失得到合理的补偿，古希腊人和腓尼基的商人们约定，损失由全体受益者共同承担。当时，在爱琴海和地中海沿岸的商人们中间，已共同遵守着一个原则："我为众人，众人为我"（"One for All and All for One"），也就是共同海损原则。它的产生意味着早期海上保险的萌芽的产生。共同海损原则在《罗第安法》中得到了充分的体现，其中有如下规定："如果为了减轻船舶的负担，将载物抛弃入海，由于这项抛弃措施是为了全体的利益而采取的，其损失应由全体受益方分摊。"

而后，到了公元前 7 世纪，古希腊精明的商人和金融家又发明了船舶抵押贷款。船主或货主在出海之前，可以用船舶或船上货物为抵押，到交易所向债主贷款。若船舶、货物遭到海难，视其损失程度，可免除部分或全部债务责任，如果船舶、货物安全抵达目的地，则需偿还全部本金和利息。当时，在雅典城内有着很多这样的交易所。由于债主承担了船舶航行的巨大风险，因而船舶抵押贷款的利息大大高于一般借款的利息。在当时，一般的借款利息为 12%～18%，而据《罗第安法》记载，船舶抵押贷款的利息高达 24%～36%。其中超出正常利息的部分在《罗第安法》中称为"溢价"，这实际上就是最早形式的海上保险费。船舶抵押贷款的创立，标志着世界保险史上第一个险种——海上保险的诞生。

遗憾的是，《罗第安法》后来失传了，没有以文字形式保存下来，只能从古罗马法学家们的著作中搜寻到它的零碎资料。资料的主要部分被收入拜占庭皇帝查士丁尼一世（527—565 年在位）时期编著的《法学汇纂》和拜占庭帝国在 7 世纪制定的《罗第安海商法》（Rhodian Sea Law）之中。尽管如此，我们依然可以从《罗第安法》这些零碎资料中窥见海上保险的产生和早期海上保险的情况。《罗第安法》中规定的船舶抵押贷款一直持续了 1 000 多年，直到 1230 年，罗马教皇格雷戈里九世（1170—1241 年）颁布利息禁令，取消了船舶抵押贷款制度。于是抵押贷款就转化为预先支付危险负担费的无偿贷款制度，这已经同现代海上保险相差无几了。

（三）共同海损原则的创立和发展

共同海损是指为了使船舶或船上货物避免共同危险，而有意地、合理地投弃船上一部分货物而造成财产的特殊牺牲或支付的特殊费用。共同海损原则是指遭受共同海损的财产由船主、不同的货主各方共同负担的原则。

共同海损原则起源于爱琴文化。早在公元前 9 世纪，古希腊南端的爱琴海诸岛之间，贸易商船往返频繁。当时的贸易尚处在初级阶段，贸易只限于零售交易，经营的人也只是行商。开始时，船、货为一人所有，航行时遇到风浪，损害了船舶或货物，仅系一个人的损失，不存在任何赔偿问题。后来，产生了接受承运业务的专门人员，他们为许多人承运货物。当船舶在航行中出现危险时，经常采取的有效措施是抛弃一部分承运货物入海，以便减轻船载量，避免船、货全部损失。在决定抛弃时，对抛弃谁家财产不免引起船主和各个货主之间的争论，任何一方都不愿以自己的财产为他人的利益做出牺牲。为避免争论，便于在紧急时刻采取有效措施，解除船、货的共同危险，以东地中海罗第安岛为中心的船主、货主们逐渐形成了一种做法：在船舶发生危险时，由船长做出抛弃的决定。同时，抛弃引起的损失也由全体船主、货主分摊。这种做法后来被列入公元前3世纪～公元前2世纪形成的世界上最古老的海商法《罗第安法》中，共同海损原则由此创立。可是，《罗第安法》并没有保存下来，仅见于罗马法学家的著作中，其中有关共同海损的思想主要体现在公元7世纪拜占庭帝国编纂的《罗第安海商法》之中。共同海损原则现存最早的成文法规出现在《罗第安法》之后的《罗马法》里。从公元前449年颁布的《十二铜表法》到公元6世纪的《查士丁尼法典》，有着很多关于共同海损的记载和判例，有"在天气恶劣时锯断桅杆和抛入海"的记录，有"为大家牺牲的财产应由大家补偿"之处理方式等。在《罗马法》中，除了规定在紧急情况下为了解除共同危险采取措施造成的所谓"自愿牺牲"应由受益方分摊以外，还初次订明由于一般意外事故造成的损失，仍然由遭受损失的一方自行负责，首次把共同海损和单独海损区别开来。

中世纪以后，共同海损原则运用得更为广泛，内容也有进一步扩展。12世纪英国著名的《奥莱龙法集》的海事判例卷中，共有3条提到了共同海损原则：

（1）船舶在危急情况下，为了船、货、人员的安全，船长有权抛物，损失部分由受益的船、货方按比例分摊。

（2）船舶遭遇大风浪，为了抢救船、货，船长可以砍断桅杆或船锚链索，这些损失也应像抛货一样受到分摊补偿，货主应在货物卸离船舶以前支付分摊金额。

（3）船舶发生抛弃，船上的全部货物和动产，除了供船员饮水使用的必不可少的器皿或已经剪裁的布匹及用旧的衣服外，都应均等地参加分摊。

《奥莱龙法集》的上述条文对后来欧洲各国制定海上法规有着很大的影响，受其影响的有波罗的海《维斯比法集》、荷兰《阿姆斯特丹法》、比利时《佛兰德法》、意大利《热那亚法》、西班牙《加泰罗尼亚法》等。法国1556—1584年出版的《海洋指南手册》中，首次对共同海损原则进行了定义："保险人对货物装船以后发生的费用、灭失和损坏有向货主赔偿的责任。这些费用、灭失和损坏统称为共同海损，并可分为几类。第一类称为共同海损，是为了救护船舶和货物而采取抛货、砍断锚链、船帆或船桅杆而引起的损失和费用。由于这类海损是由船主和全体货主共同分摊赔偿的，因此称为共同海损。"这个共同海损原则的定义成为以后相当长一段时期几乎所有欧洲国家制定海商法的依据。

经过近代的机器大工业的发展，海上运输业发生了重大的变革，尤其是蒸汽机船代替了木帆船，大大增强了船舶远洋航行和抵御海上灾害的能力。即便如此，在21世纪的今天，古老的处理共同海损的原则不仅未被废除，反而在国际运输中通过契约的形式被继续普遍使用。目前，几乎所有的与海上运输有关的契约，如租船合同、提单、保险单等都毫无例外地订有与共同海损有关的条款。

为了便于记忆，国内专家学者把海上保险的形成分为五个阶段。

1. 一般借贷阶段（General Borrowing）

一般借贷船东和货主为了解决因灾害事故造成的经营中断，以船舶或货物作为抵押，向债权人借款，以此弥补资金不足，继续进行贸易经营活动，当然这只是小规模地进行。

2. 冒险借贷阶段（Bottomry）

冒险借贷最初起源于中世纪的意大利以及地中海沿岸地区，在这一地区的海运国家极为盛行。在海上运输活动中，借款人与债权人签订，由借款人以船舶或船载货物为抵押获得债权人贷款，在船舶或货物安全抵达目的地后的一定期限内偿还借款本金和利息。若船舶航行途中受损、失事沉没，债权人则免去借款人部分或全部还本付息义务。由于债权人承担了债权灭失的风险，因此其贷款利率要比一般贷款利率高得多。

意大利北部的伦巴第人因帮助教会征收税款而控制了欧洲大陆的金融枢纽。伦巴第人为绕过教皇的禁令，确保海上贸易在低风险环境下通畅进行，采取了这种冒险借贷形式，亦称"虚假借款"（False Loan）。在航海之前，由资本所有人以借款人的地位向贸易商虚拟地借一笔款项，如果船舶和货物安全抵达目的地，资本所有人不再偿还借款；反之，如果船舶和货物中途沉没或损毁，资本所有人就要偿还所谓的借款。作为代价，贸易商需事先付一笔危险负担费。伦巴第人最初是用口头缔约来进行冒险借款的，约在100年后出现了书面合同。

3. 假装买卖阶段（Emitio Imaginamia）

由于冒险借贷或多或少地扰乱了市场秩序，1237年，罗马教皇格雷戈里九世（Pope Gregory Ⅸ）颁布了《禁止利息法》。因此，人们只能改变形式，采用不与《利息禁止法》发生冲突的其他方式进行贸易活动，于是假装买卖应运而生。假装买卖是指航行开始以前，债权人向债务人以支付本金的形式买进船舶和货物。当船舶安全到达目的地时，事前订立的买卖合同自动解除，债务人事前接受的款项加上危险分担费归还债权人。如果发生海难事故，船舶和货物发生全损，买卖合同则有效。债权人对债务人遭受的船舶或货物损失承担责任。债务人向债权人交纳的危险分担费，类似于保险合同中的保险费。而债权人支付给债务人的损失赔偿费，也具有保险金的性质。

4. 保险借贷阶段（Insurance Credit）

保险借贷始于14世纪初。保险借贷资金在航运之前不交给航运经营者，但债权人要预先向债务人收取利息。当债务人不需要向债权人筹措资金的情况下，仍然会发生借贷关系。其目的不是为了筹措航运资金，而是为了将海上风险转嫁给债权人。保险借贷关系中的利息与保险合同中的保险费一样，是承担风险的一种代价。只有当债务人的船舶或货物在航运中全部损失时，债权人才将借贷资金支付给债务人，以此补偿其经济损失。如果船舶和货物安全到达目的地，债权人不需要支付任何费用。同其他借贷关系相比，保险借贷已经近似于海上保险，所以被称为"准保险"（Associate Insurance）。

5. 海上保险阶段（Marine Insurance）

海上保险阶段即船东或货主事先向债权人交纳一定的报酬（相当于保险费），但不接受债权人的借贷资金。当船舶或货物安全达到目的港后，交纳的报酬不退，当作承担风险的报酬；当船舶或货物遭受意外损失后，债权人向船东或货主给予船舶或货物的经济补偿。随着 1424 年意大利第一家海上保险公司在热那亚的成立以及第一张比萨保险单的诞生，具有现代意义的海上保险在意大利发展起来。

二、海上保险的发展（Development of Marine Insurance）

（一）意大利是现代海上保险的发源地

公元 476 年，随着西罗马帝国的覆灭，欧洲历史进入了封建制的中世纪。中世纪初叶，欧洲最富有的国家是东罗马帝国，亦称拜占庭帝国。它的国都君士坦丁堡（现土耳其伊斯坦布尔）位于欧亚两大陆交界处，扼黑海咽喉，控制地中海商路，海上贸易十分发达。拜占庭帝国曾于 7 世纪编制《罗第安海商法》，它继承《罗马法》的传统，解决了海损责任问题。同时，古罗马盛行的船舶和货物抵押借款形式的早期海上保险仍在那里沿用。

11 世纪末，由罗马教皇乌尔班二世（Pope Urban Ⅱ）发动，开始了十字军东征①。1096—1099 年的第一次东征，意大利的比萨、热那亚、威尼斯等城市的商人为十字军提供海运船只和海军，参加了攻掠地中海城市的战争，他们不但从战争中获得大量战利品，还控制了叙利亚和巴勒斯坦的贸易，分得了被占领的 1/3 土地。在 1202—1204 年的第四次东征中，威尼斯商船承担运送教皇英诺森三世的十字军，他们诱使十字军改变原定进攻埃及的路线，转而进攻拜占庭。1204 年，十字军攻占君士坦丁堡，粉碎了意大利海上贸易的劲敌。从此，威尼斯、佛罗伦萨、热那亚、比萨的商人控制了东方和欧洲的中介贸易，成为当时世界银行业、商业和海上保险业的中心。

当时的意大利和拜占庭人沿用希腊时代的船舶和货物抵押借款方式来进行海上保险。遇到海难，造成船与货的损失时，贷款者只能分文不得。如果商船一路顺风，盈利归来时，贷款者便可收回贷款，并可享用一笔可观的红利，作为其担受风险的报酬。贷款红利最低 15%、最高达 40%。这种做法带有很大的投机性，教皇对此十分反感。1230 年，教皇格雷戈里九世（Pope Gregory Ⅸ）终于颁布禁令，以杜绝高利贷为名取缔了船舶和货物抵押借款。

1347 年 10 月 23 日，世界上发现的最早的保险单在热那亚出现了。它承保从热那亚到马乔卡的船舶保障，由商人乔治·勒克维伦承保。保单的措辞类似虚设的借款，规定船舶安全到达目的地后契约无效，如中途发生损失，合同成立，由资本所有人支付一定金额，而保险费则在契约订立时以定金名义缴付给资本所有人，并规

---

① 11~13 世纪末，罗马天主教教皇、西欧诸国的封建主、商人以所谓的夺回被穆斯林占领的土地的名义对地中海东岸国家发动的一系列战争。

定：船舶变更航道使契约无效。但保单没有订明保险人所承保的风险，它还不具有现代保险单的基本形式。但是保险史上把这张保单称为世界上第一张保险单，保险单的名称是比萨（Pisa）保险单。1393年，在意大利佛罗伦萨签订的一张保险单把"海上灾害、天灾、火灾、抛弃、王子的禁止"等列为承保的风险责任，这张保单具有现代保险单的格式。

这张保险单同其他商业契约一样，是由专业的撰写人草拟的。根据一位意大利律师15世纪的调查，热那亚一地就有200名这样的撰写人。有位热那亚人在1393年就草拟了80余份保险单，可见当时意大利的海上保险已相当发达。莎士比亚在《威尼斯商人》中就描写了当时海上保险及其种类。同时，第一家海上保险公司也于1424年在热那亚成立。

随着海上保险的发展，保险纠纷相应增多，这就要求国家制定法令加以管理。1468年，威尼斯仿效世界上第一部海上保险法典（1435年《巴塞罗那法典》）订立了关于法院如何保证保险单实施及防止欺诈的法令。1522年，佛罗伦萨制定了一部比较完整的条例，并规定了标准保险单的格式。

14世纪以后，随着海上贸易中心的转移，海上保险自意大利经葡萄牙、西班牙传到了荷兰。善于经商的伦巴第人移居到英国，并操纵了伦敦金融市场，海上保险又传入了英国。今日伦敦的保险中心伦巴第街（Lombard Street）就是因当时意大利伦巴第商人聚居而得名的，伦敦的伦巴第大街就是意大利海上保险在英国开始的历史见证。

（二）英国是现代海上保险发展的中心

英国之所以发展成为现代海上保险的中心，是因为它的对外贸易迅速发展。16世纪以前，英国的对外贸易与海上保险先后操纵在意大利和汉萨同盟的商人手中。此后，英国采取了排斥外国商人势力的措施，促进了英国海上保险的发展。

1564年，经英王特许，英国商人获得组织贸易公司垄断经营海外某一地区贸易的特权。

1574年，伊丽莎白女王特许，在伦敦皇家保险交易所内设立保险商会，办理所存保险单的登记，并参照《安特卫普法令》及交易所的习惯制定标准保险单。

1601年，伊丽莎白女王制定第一部有关海上保险的成文法——《涉及保险单的立法》，并规定在保险商会内设立仲裁庭，以解决海上保险的争议案件。

17世纪初期，英国的资产阶级革命促进了本国资本主义的发展，同时开始了向国外大规模殖民掠夺，使英国逐步成为世界贸易和航运业占垄断优势的殖民帝国，相应地也给它创造了世界海上保险盟主的有利条件，不少商人提出了设立专营海上保险垄断组织的要求。

1720年，英王授予"皇家交易所"（Royal Insurance Exchange）及"伦敦保险公司"（London Insurance Company）经营海上保险的权利，其他公司和合伙组织不得经营海上保险。

17世纪中期，最值得一提的是英国劳合社的形成和发展。当时，在伦敦塔街有一家咖啡馆，经营咖啡馆的人叫爱德华·劳埃德（Edward Lloyd）。劳埃德把顾客最关心的有关船舶货物的航运行情和国际贸易、法律、气候等方面的情报收集整理以后，及时传播给前来喝咖啡的顾客。从此，咖啡馆就逐渐成为经营海运的船东、贸易商人、经纪人、高利贷者聚集的地方，他们在这里洽谈业务、传播航运和贸易信息。后来，保险商人也利用这一场所与被保险人洽谈保险业务，并逐步发展到在咖啡馆内设立写字台，成为固定的投保场所。被保险人在这里可以将他们要求保险的文件放在桌子上，任何愿意承保的保险人均可在文件上签上自己的姓名及其承保的份额。当整个投保金额分派或认购完毕时，一份海上保险合同就完成了。

1696 年，劳埃德编辑印刷了《劳埃德新闻》（Lloyd's News），为海上保险业务提供准确的航运信息。他于 1734 年出版了《船舶日志》（List of Ships），刊载往返英国的船舶信息，也就是现在的《劳埃德船舶日报》（Lloyd's List）的前身。劳埃德于 1713 年去世，他的继承人继续经营咖啡馆，并提供可靠的船舶运输信息，劳埃德咖啡馆成为当时海上航运的信息中心。

起初在劳埃德咖啡馆内承接保险业务的商人还是各干各的，各自对其承保业务负责。1769 年，承保人内部发生矛盾，一部分不正直的承保人搞起了赌博保险（没有可保利益也可投保）。另一部分正直的保险人与他们分道扬镳，这部分人共 79 人，重新组织起来，每人出资 100 英镑，另觅新址，成立了专营海上保险的"Lloyd's 组织"，新址设在"Pope's Head Alley"。由于新址地方太小，1774 年，他们不得不在皇家保险交易所租用房间经营海上保险业务，原来的咖啡馆形象逐渐消失了。

1871 年，英国议会通过《劳埃德法案》，以法律的形式确定它是一个私人承保人社团。该社团被命名为"劳埃德公司"，又名"伦敦劳合社"，从此获得法人资格。需要指出的是，劳合社是目前世界上唯一允许个人经营保险业务的保险市场，它与英国另一个由保险公司组成的公司市场并存，构成世界上具有特色的双轨制保险市场。在这个市场里面，风险可以买卖。把风险卖给承保人的是保险经纪人，接受风险的人称之为承保人。在当时的情况下，如果想成为劳合社会员（Names），需要交纳 15 000 英镑，而在 1995 年，则要交纳 250 000 英镑才能成为一名会员。若干个会员组成一个承保辛迪加（Syndicate）。1995 年，劳合社市场有 31 000 多名会员，由 370 个辛迪加组织进行管理。

英国海上保险事业的发展促使其完善保险立法。1906 年，英国修订和制定了《海上保险法》，把它多年来所遵循的海上保险的做法、惯例、案例和解释等用成文法形式固定下来。这对明确保险契约双方的权利和义务、减少争议都起到了一定的积极作用，有助于海上保险的顺利发展。这个法规至今仍为许多国家采纳或效仿，在世界保险立法方面有相当大的影响。英国海上保险事业的发展、1906 年《海上保险法》的出台促进了整个世界海上保险事业的发展。

从英国劳合社的形成和发展的一个侧面可以看到海上保险的产生和发展。除了劳合社外，其他保险组织的设立以及保险法规的制定，对英国发展成为现代海上保险中心也有很大的影响。1829 年，《保险专营法》被取消，一度垄断英国海上保险的局面被打破，其他保险公司相继成立，并被允许经营海上保险业务。

拓展阅读

劳合社保险市场分为五个部分，即会员、承保代理人、经纪人、客户和劳合社社团。会员把各自的股本交给劳合社委员会（Lloyd's Committee），然后组成大小不一的承保辛迪加，每人在辛迪加中只为自己承担的份额负责，彼此之间不负连带的责任。

辛迪加的事务由承保代理人管理，代表会员办理保险业务，不与保险客户直接打交道，只接受经纪人提供的业务。经纪人代表客户与承保人接触，为客户安排投保和提供咨询服务。

保险交易由经纪人在接受客户的保险要求以后，先出具一张写有被保险人姓名、保险期限、承保风险和险别、保险金额等情况的承保条（Slip），然后交给承保辛迪加，由该辛迪加的首席承保人确定费率，并写上自己承保的风险比例。经纪人持承保条，到其他辛迪加组织对风险进行分派，直到全部分完为止。经纪人把承保条送到劳合社保单签订处，经查验核对后，承保条换成正式保单，盖章签发，保险手续完成。

历史上，劳合社设计了第一张盗窃保险单，为第一辆汽车和第一架飞机提供保险。近年来，劳合社又在计算机、石油能源保险和卫星保险方面处于领先地位。劳合社设计的条款和保单格式在世界保险业中有广泛的影响，其制定的费率对世界保险业产生了深远影响。美国"9·11"恐怖袭击事件①使劳合社付出了沉重的代价，劳合社支付了约 13 亿英镑的保险赔款，它是劳合社成立 300 多年以来最大的一桩赔案。

现在的劳合社位于英国伦敦金融城，每年承保的保费约 78 亿英镑，占整个伦敦保险市场总保费的 50% 以上，占世界再保险市场的 3%，占世界商业直接保险市场的 1%。2009 年年底，劳合社共有 1 017 位法人组织社员、1 124 位个人社员、75 个辛迪加、46 家管理代理公司以及 176 家经纪公司，劳合社承保能力达 161 亿英镑。劳合社 93.1% 的资金来源于法人组织。而全球最大的保险和再保险集团是最主要的资金来源，约占资金来源的 35%。

2019—2022 年劳合社市场表现如表 1-1 所示。

表 1-1　2019—2022 年劳合社市场表现

项目名称	2019 年	2020 年（上半年）	2021 年（上半年）	2022 年
毛保费收入/英镑	359 亿	200 亿	205 亿	417 亿
综合成本率/%	104.5	110.4	92.2	91.9
税前利润/英镑	25 亿	10 亿	14 亿	26 亿

---

① 2001 年 9 月 11 日，恐怖分子劫持的飞机撞击美国世贸中心和华盛顿五角大楼。世贸中心的摩天大楼轰然倒塌，化为一片废墟，致使 3 000 多人丧生。此次事件拉开了美国反恐的序幕。

英国"脱欧"折腾了几年终于有了结果，欧洲议会全体会议于 2020 年 1 月 29 日投票通过英国"脱欧"协议。2020 年 1 月 31 日晚 11 时，英国政府官方正式宣布"脱欧"，结束了长达 47 年的欧盟成员国身份。全世界见证了这一历史时刻的到来。劳合社为英国脱离欧盟做好了准备。新成立的劳合社布鲁塞尔子公司已经正式营业并开始承保业务，以确保在欧盟国家的客户可以继续得到劳合社特殊风险的保障和专业服务。2018 年，劳合社在现代化改革方面取得进展，包括电子化业务排分系统在内的科技手段的应用取得长足的进步[①]。

据统计，2022 年，劳合社市场盈利增长持续，总保费增长 19%，达到 467 亿英镑，其中 4% 来自新业务增长。2022 年，劳合社实现 26 亿英镑的承保利润（2021 年为 17 亿英镑），综合成本率为 91.9%，比 2021 年降低了 1.6 个百分点，是自 2015 年以来业绩表现最强劲的一年。包括乌克兰危机和美国飓风"伊恩"的相关赔款在内，重大损失对综合成本率的影响达到 12.7%。劳合社全年向客户支付赔款超过 210 亿英镑。在降本增效方面，劳合社非巨灾损失的赔付率在 2022 年进一步降低至 48.4%（2021 年为 48.9%），同时费用率降至 34.4%（2021 年为 35.5%）。随着 2022 年保险价格继续上涨 8%，劳合社市场已连续 20 个季度见证价格上行的趋势。考虑固定收益投资按市价会计处理的结果后，劳合社总体税前经营结果为亏损 8 亿英镑，但预计随着投资到期并受益于有利的利率，这类损失将在未来几年得到扭转。劳合社的资本和偿付能力状况不断增强，中央偿付能力和市场偿付能力充足率分别为 412% 和 181%（2021 年为 388% 和 177%），净资产达到 402 亿英镑。

劳合社已经发展成为一个现代化的保险市场，由劳合社公司、社员、辛迪加、管理代理公司、保险经纪公司等市场主体参与。劳合社市场仅是一个管理机构，向其成员提供交易场所和服务。辛迪加是劳合社经营保险业务的基本单元，符合规定资金条件的社员通过加入辛迪加开展业务。劳合社最初都是个人社员，每个社员要对其承保的业务承担无限的赔偿责任。20 世纪 90 年代，劳合社进行了改革，开始接纳有限责任的法人组织，并允许个人社员退社或重组为有限责任的社员。管理代理公司是发起和管理辛迪加的机构，通常一个管理代理公司负责一个以上的辛迪加。劳合社的业务都是通过经纪公司来进行撮合的，这些经纪人对于特殊的风险类别尤为精通。

（三）劳合社在中国的发展

劳合社在世界上 100 多个国家和地区设有分支机构。许多国家，如新加坡等，把引进劳合社作为当地保险市场开放的标志之一和提升本国国际金融中心地位的一个手段。

[①] 中国保险报网. 劳合社 2018 年亏损 13 亿美元［EB/OL］. http://tz.sinoins.com/2019-04/01/content_287889.htm.

20 世纪 70 年代以来劳合社就开始以再保险的方式进入中国保险市场，与国内各大保险公司建立了长期的友好合作关系，其间参与了影响中国国计民生的重大项目的再保险服务，如中国民航机队、卫星发射、大亚湾核电站、渤海和南海的石油开发以及地震等自然灾害的保险项目。

2007 年 3 月，劳合社获准在中国上海成立全资子公司——劳合社再保险（中国）有限公司，从事非寿险再保险业务。劳合社再保险（中国）有限公司注册资本 2 亿元人民币，业务范围包括中国境内转分保业务、国际再保险业务。

2015 年 3 月 16 日，劳合社保险（中国）有限公司北京分公司获准在北京正式开业。劳合社保险（中国）有限公司在中国以设立子公司的模式开展业务，在北京地区提供非寿险的直接保险和再保险服务，在业务模式上保留原有独特市场结构。目前，有 15 个辛迪加进入了中国，并有 5 个辛迪加派人常驻中国；业务内容沿袭劳合社传统的优势业务，如船舶、卫星、火灾、航空等再保险业务以及顾问业务。

劳合社保险
（中国）有限公司

（四）中国海上保险的发展

中国海上保险事业的发展大致可以分为两个时期，即中华人民共和国成立前半殖民地性质保险时期和中华人民共和国成立后社会主义性质保险时期。

1. 中华人民共和国成立前中国海上保险的发展

在中华人民共和国成立前，作为商业性的保险事业纯粹是一种外来品。它是随着帝国主义势力的入侵，而逐渐进入中国市场的。1805 年，外商洋行在中国香港联合组织广州保险协会，专门办理国内产品运销海外的运输保险。这个协会实际上是外国保险公司在中国的代理行，也是在中国最早出现的代理海上保险业务的机构。1835 年，英国商人在香港开设了广州于仁保险公司，即保安保险公司，专门经营当时广州中外贸易机构的海外贸易保险业务。这是中国最早出现的经营海上保险业务的保险公司。1840 年，英国发动侵华的鸦片战争。清朝政府由于腐败无能，与英国签订了丧权辱国的《南京条约》，割让香港岛，同时开放广州、福州、厦门、宁波和上海五个沿海口岸为英国在中国的通商口岸。1848 年，上海英国租界划定后，以英国为首的外商争先恐后从广州、香港来到上海，上海便成了帝国主义侵略中国的经济中心。英国商人随即在上海设立了扬子保险公司，继广州之后，又在上海设立了保安保险公司。

帝国主义的入侵激起了中国人民的强烈反抗。新兴的民族资产阶级针对帝国主义日益严重的经济侵略，提出了"商战"的口号，要求清政府保护和发展民族工商业，与外国资本抗衡。鉴于当时中国的航运和保险业均控制在外商手中，为了挽回权益，清政府洋务派首领李鸿章于 1872 年在上海建立了轮船招商局，购进船舶，承接运输业务。由于当时清政府没有自己的保险公司，只得向英商保险公司投保。英商为了扼杀中国航运业的发展，往往不予承保或高费率确定承保。1875 年，李鸿章决定由轮船招商局拨出 20 万两白银，在上海创办了"仁和""济和"两家保险公司，主要承保招商局名下的船舶、货栈及运输货物等。1886年，仁和与济和两家保险公司经协议改组成仁济和保险公司，从事水险和水火险业务。这是中国民族资本创办的第一家保险公司，也使海上保险业务由中国人自办的保险公司承保。

19世纪末至1914年第一次世界大战爆发前，各帝国主义国家凭借其在华特权，加速对华进行资本输出，美国、法国、德国、瑞士、日本等国的保险公司相继来华开设分公司和代理机构。在这样的条件下，华商保险业虽有一定发展，但速度极其缓慢。华安保险公司和均安保险公司于1905年先后成立。到抗日战争前夕，中国自行经营的海上保险公司有27家，外商在华设立的保险公司及其代理处则有70多家。抗日战争期间及抗日战争结束之后成立的中国自行经营的海上保险公司增加到90多家。而外商保险公司在抗日战争时期多半停业，抗日战争后也只有很少部分复业。

清代末期至中华人民共和国成立前，长期处于半封建半殖民地的中国民族保险业与其他民族工商业一样，受到帝国主义和官僚资本主义的双重压迫与剥削，摆脱不了外商的控制和支配，因此，中国的海上保险事业在这漫长岁月中得不到应有的发展。

2. 中华人民共和国成立后中国海上保险的发展

中华人民共和国的成立使中国进入了一个新的历史时期，中国保险事业开始走上了独立发展的道路。作为整个保险业重要组成部分的海上保险从此得以不断发展，为国家经济建设做出了积极的贡献。

1949年10月20日，中国政府对中华人民共和国成立前的100多家保险公司进行了接管和整顿，在此基础上成立了中国人民保险公司。中国人民保险公司根据国家对外贸易和经济交往的需要，陆续开办了出口货物运输保险、远洋船舶保险等海上保险业务。中国人民保险公司于20世纪60年代首次制定了自己的船舶保险条款和海洋货物运输保险条款。

1952年，中国私营保险业的社会主义改造基本完成，外商保险公司因业务来源不足而自动撤离，从而从根本上结束了帝国主义长达100多年垄断中国保险市场的历史，海上保险业务大部分转由国家保险公司经营。

1958年10月，中央政府决定停办国内保险业务时，保留了以海上保险为主要内容的涉外保险业务。新中国的保险事业虽然受到一些政治运动的冲击，但海上保险业务都始终未曾完全中断。1978年，经国务院批准，我国开始恢复国内保险业务。随着中国改革开放逐步深入，为了促进对外贸易发展，扩大国际经济合作和技术交流，中国的海上保险业务也有了突飞猛进的发展，保费收入成倍增加，保险种类逐渐增多。为进一步开拓保险事业，构建中国保险市场格局，改变中国人民保险公司独家经营的局面，1987年下半年，我国成立了交通银行保险部，并于1991年上半年改建为中国太平洋保险公司；1988年，我国成立了中国第一家股份制保险公司——中国平安保险公司。这些公司也相继开办了海上保险业务。

第四节 海上保险的分类

最初的海上保险分类是根据其标的不同而区分成的船舶、货物和运费三种保险类型。随着现代科学技术的进步和国际贸易方式的发展变化，特别是近几十年来海洋资源的开发和运输工具的多样化，给海上保险增添了许多新的内容，使海上保险的保障对象、保险标的和保险的责任范围日益扩大。海上保险的这些内容的发展变化及其规律，可以通过海上保险的分类而得到说明。

海上保险的分类可以帮助人们弄清海上保险在整个保险领域中所占的地位以及海上保险与各种其他保险之间的相互联系与区别，便于明确海上保险各种不同类别的保障内容和责任范围，以利于改革保险经营方式，加强保险经营管理，建立健全保险法规和制度，促进海上保险事业的发展。

海上保险的分类跟其他财产保险的分类一样，可以从不同的角度加以划分。下面按照国际保险市场上通常使用的几种分类标准，对海上保险进行分类和说明。

一、按承保标的分类（Classification by Subject Matter）

按承保标的分类，海上保险可以分为货物运输保险、船舶保险、运费保险、责任保险、保障与赔偿责任保险、海上石油勘探开发保险。

（一）货物运输保险（Cargo Transportation Insurance）

货物运输保险以各种被运输货物作为保险标的。运输货物的工具包括海轮、火车、汽车、飞机等。此类货物基本上是贸易货物，但也可以是援助物资、展品、私人行李等。货物运输保险可以分为海上货物运输保险、陆上货物运输保险、航空货物运输保险以及邮包运输保险等。

（二）船舶保险（Hull Insurance）

船舶保险以各种水上交通运输工具及其附属设备为标的。这里所说的船舶，除了船体以外，还包括机器、锅炉、设备、燃料、救生艇，以及供给船舶和机器使用的储备物品等。保险人承保的船舶分为两大类，一类是普通商船，如各种货船（含油轮、集装箱船、液化天然气船）、客船等；另一类为特殊用途船，如渔船、游船、拖船、驳船、渡船、挖泥船、浮船坞、浮吊、趸船、水上仓库以及钻井平台等各种海上作业船。

（三）运费保险（Freight Insurance）

运费保险以运费为保险标的。运费可以分为普通运费和租船运费两种。

普通运费是承运人为他人运送货物所得到的报酬。在国际贸易实务中，运费支付的方式主要有两种：一种是预付运费，即约定在装货港预先付清的运费；另一种是到付运费，即约定在目的港支付运费。由于预付运费的危险承担者是货主，他可以将此种运费计入货物保险价值中去，作为货物保险一并处理。这样一来，能够成为运费保险标的物的运费，通常只是在目的港支付的到付运费。在这种情况下，运费保险的被保险人大都是船东或是向船东租船承担货物运输任务的营运人。

租船运费是船东与承租人签订租船合同规定的租船费用，亦称船舶租金，它是指船东以整个船舶或船舶的部分舱位出租给他人而收取的报酬。以这种报酬为保险标的投保的运费保险被称为租船运费保险。运费保险与船舶保险有着密切关系，运费保险单大都以船舶保险单作为基本保险单，然后附贴运费保险条款。

（四）责任保险（Liability Insurance）

海上保险中的责任保险主要指船舶的碰撞责任保险。船舶航行在海上，因技术上的原因或其他无法预防、控制的偶发事故的发生，致使第三者遭受损失的情况在所难免。损失一旦发生，事故责任者应承担法律赔偿责任。承保这种碰撞责任保险与承保船舶本身物质损失的船舶保险本来是有严格区别的，然而在实务上大都将碰撞责任保险并入船舶保险一同办理。不过，并入船舶保险以后的碰撞责任保险，其本身仍然是一个相对独立的合同内容。

碰撞责任保险只对被碰撞船舶及其所装货物的损失负赔偿责任，而对被保险人因碰撞事故的后果引起的对码头或其他类似建筑物或陆上财物的损失，依法清除残余物体、人员伤亡以及被保险船舶上货物的补偿责任等则不予负责。内河和沿海船舶的保险略有不同，具体内容见本书第十章的详细说明。这些一般商业保险公司通常不予承保的风险，大都由独立的责任保险人予以承保，如船东互保协会的保障与赔偿保险，就是专门承保这种性质的保险。

（五）保障与赔偿责任保险（Protection and Indemnity Insurance）

国际上，这种保险最初由船东相互保险组织——船东互保协会负责承保。由参加协会的船东会员提供资金，共同承担那些不属于保险公司负责的，包括由于航运管理上的错误和疏忽等原因引起的，在法律上对第三者应负的经济赔偿责任。

船东保障与赔偿责任保险（简称保赔险）是保障船东经营稳定，并使之社会化的一种形式。近几十年来，船东为了追求更多的利润，进一步把经过选择的一部分赔偿责任，通过协议从船东保赔协会转嫁给保险公司承担，并向保险公司支付规定数量的保险费，作为固定支出摊入运输成本。目前，也有一些商业保险公司在承保船东保障与赔偿责任保险。

（六）海上石油勘探开发保险（Marine Oil Prospecting & Developing Insurance）

海上石油勘探开发不但技术复杂、投资额高，而且风险很大，从勘探开始到打井探油、建立油田，进而生产石油直至油井枯竭报废为止，其全部工程的投资、财产设备以及各种费用和责任风险都要进行保险。海上石油勘探开发保险涉及船舶、设备、费用、人员、责任、工程建设和投资风险等各种内容，是一种有关海上作业特殊风险的综合性保险。

二、按保险价值分类（Classification by Insurance Value）

按保险价值分类，海上保险可以分为定值保险和不定值保险。

（一）定值保险（Valued Insurance）

定值保险是指保险人与被保险人事先对保险标的约定一个价值，按照该约定价值确定保险金额作为保险人收取保费和保险标的发生保险责任范围内的损失进行计算赔款的依据。约定的这个保险价值是固定的，被保险在保险金额限度内的损失可以得到十足赔偿。船舶保险和运输货物保险大多采用定值保险，例如，一台机器经保险人和被保险人双方约定价值为50万美元，保险金额即为50万美元。投保的是一切险，在运输途中船只搁浅，如果是局部损失，经鉴定损失程度为30%，保险公司就按照损失程度的30%乘以保险金额，赔付15万美元；如果是全部损失，保险公司就按照保险金额50万美元，给予全部赔偿。

除了海上保险外，其他财产保险一般不愿订立定值保险合同。海上保险特别是海上货物保险和船舶保险之所以采用此种方式，一方面是因为这些保险标的受时间和空间因素的影响，事后估计损失在技术上存在许多难以解决的困难；另一方面是由于这些保险标的不像其他财产保险那样直接掌握在被保险人手中，不易产生为了索赔而故意制造保险事故的行为。

（二）不定值保险（Unvalued Insurance）

不定值保险是指保险人与被保险人双方对保险标的事先不约定保险价值，保险合同上只注明保险金额，保险费依据保险金额计算。保险人对保障事故损失的赔偿，一般以保险标的发生损失时的实际价值为准。由于海上保险标的流动性大，确定保险标的发生损失时的实际价值比较困难，因此很少采用不定值保险。

三、按保险期限分类（Classification by Duration）

按保险期限分类，海上保险可以分为航程（次）保险、定期保险和混合保险三种。

（一）航程（次）保险（Voyage Insurance）

航程（次）保险是指按保险合同规定保险人只负责指明的港口之间的一次航程，单程、往返程或多次航程为责任起讫。货物运输保险及不定期航行的船舶往往采用这种保险。这种保险并不规定起讫时间，不受时间限制。但是，起运港从什么时候开始、目的港到什么时候终止必须加以明确，否则会造成责任上的争执。如果保险单上载有保险期限"从货物装船时起"，就意味着货物装上船以后，保险责任才算开始，保险人对装船前的风险，包括从岸上到船边的运输风险不承担责任。如附加驳运保险条款，则这段责任又可包括进去。保险单有关保险责任的终止，海上保险法规定，保险人负责到"安全卸岸"为止，但是货物运抵卸货港后，必须采取习惯做法，在合理的时间里卸到岸上。习惯方法还包括用驳船从大船上运到岸上。因此，责任的终止与责任的开始相比较为宽松。对于保险责任的开始，有的国家规定，货物一经到岸，就开始负责；有的国家规定，货物运到码头、准备装船时，就开始负责。

（二）定期保险（Term Insurance or Time Insurance）

定期保险承保一定航期内保险标的遭受的风险损失。船舶保险一般采用定期保险，保险期限可由保险合同的双方协商确定，绝大部分是一年，也可以是半年或三个月，其保险责任起讫同其他保险一样，通过约定载于保险单上。假如保险单上约定的保险期已满，而船舶仍在海上航行，需要被保险人事先通知保险人，保险合同才能继续有效，直至船舶抵达目的港为止。延续期间按月比例增收保险费。定期保险的索赔权利要受到保险单规定的航行区域的限制。

（三）混合保险（Miscellaneous Insurances）

这是一种既保航程又保定期相结合的保险。混合保险承保的是一定时间内特定航程过程中的风险，这种保险对规定的保险期限以外的期间所发生的损失不负责赔偿，因此具有定期保险的性质。混合保险对于原定航程以外航行区域发生的损失也不承担赔偿责任，因此又具有航程保险的性质。在海上保险实务中，混合保险以承保航程为主，但为避免航程中拖延时间过长，保险人常用时间加以限制。在这种情况下，保险人的责任期限终止以保单约定的两种情况中先发生者为标准。

四、按承保方式分类（Classification by Underwriting）

保险公司的承保方式不同，保险单也会随之而不一样。采取什么样的承保方式，是根据业务量的大小、保险人与被保险人之间的业务关系以及承保范围大小、内容简繁而定的。总之，要简化手续、节约人力物力、方便买卖双方，以利于业务的开展。按照承保方式分类，海上保险主要有逐笔保险、预约保险、流动保险。

（一）逐笔保险单（Specific Policy）

这种保险是指按一批货物，由投保人逐笔向保险人申请保险。保险人根据每批货物或每艘船舶的航程、危险程度、标的状况以及要保条件等情况考虑是否承保和确定费率，这是最普遍、最常用的承保方式。每张保险单上必须明确保险名称、保险数量、保险金额、运输工具、保险期限、保险条件和保险费率，不需要其他证明或文件。

（二）预约保险单（Open Cover Policy）

这种保险是由保险人与被保险人双方订立一个协议，规定总的保险范围，包括险别、费率、运输工具、航程区域以及每批货物的最高保险金额等。保险期限可以是定期的（如1年、2年等），也可以是长期的，即没有确切的终止期限，如果任何一方需要取消合同，仅需提前30天提交书面通知（战争险通知期限为7天）。被保险人的出口货物索赔将由保险人在目的港的分支机构直接处理，就地赔付方便又快捷。

由于这类保险单是保险公司与被保险人之间的保险合约。在拟定的条件下，保险公司同意承保投保人所有运输货物。投保人除按规定方式向保险人报告以外，无须为每次货运分别安排保险，可免除投保人个别安排保险之繁琐。保费为每月结算。预约保单的优点是保单长久生效（应有失效的具体规定），不需要续保。

一般保险单都需在保险标的起运之前办理，订了预约保险后，就可以不受这个限制。在每批保险标的出运之前，由被保险人填制起运通知，将这批起运的货物、价值、包装、数量、起讫港、船名、起运日期，通知保险人签发保险凭证，将来根据所签凭证结算保险费。这种起运通知如果延迟或者因疏忽而遗漏，被保险人仍需补办，即使在补办当时保险标的已经受损，保险人仍要负责。同样地，保险人事后发现被保险人因疏忽而遗漏通知，即使发现时保险标的已经安全抵达目的地，被保险人仍需缴付保险费。

（三）流动保险单（Floating Policy）

这是一种预约的定期保险，期限不少于3个月，一般不规定船名和航线，只对船型进行限制，并对每条船每次事故的货物损失确定一个限额。被保险人在保险期限内，对于需要运输货物的总价值进行估计，每批货物发运时，通知保险人自动承保。每批申报的出运金额，要在该流动保险单的保险总额内扣除，当保险总额被每批申报出运金额扣除完后，保险人的责任终止。当保险合同到期时再结算保险费，多退少补。这种流动保险的好处在于一次解决问题，不需要对每批货物逐一协议保险条件和临时确定保险费率。但是，它的适用范围比预约保险要狭窄得多。

课后练习题（一）

一、名称解释

1. 海上风险
2. 定值保险
3. 不定值保险
4. 航程保险
5. 定期保险

二、是非判断题

1. 海上风险是指船舶、货物在海上运输过程中可能发生损失的风险，即导致海上货物运输发生损失的不确定性。　　　　　　　　　　　　　　　（　　）

2. 风暴海啸是指由于海底的地壳发生变异或海底的火山喷发而引起海水剧烈地震荡产生巨浪。　　　　　　　　　　　　　　　　　　　　　　（　　）

3. 外来风险一般是指海上风险以外的其他外来原因所造成的风险。也就是说，外来原因是因外部因素引起的风险。　　　　　　　　　　　　　　（　　）

4. 保险公司也可以将自己所承担下来的这些风险全部地或部分地向其他再保险公司投保，这种方式是风险的保险转移。　　　　　　　　　　　　（　　）

5. 当船舶遇到海上灾害事故处于紧急情况下，船长为了共同安全，命令将船上货物及其他财产、物料等扔到海中，这种行为称为投弃。它可作为共同海损中的

一种特有的事故。　　　　　　　　　　　　　　　　　　　　　　　　（　　）

6. 船长、船员的恶意行为是指船长或船员故意损害船东或租船人利益的行为或是船员对船长的反抗行为。构成恶意行为的条件必须是船长或船员的行为，船东事先知情，也未纵容、共谋或授意。　　　　　　　　　　　　　　　　　（　　）

7. 海上保险是以海上货物运输有关的财产、利益或责任作为保险标的，海上保险涉及的主要标的物包括船舶、货物、运费及船东责任等。　　　　　　　（　　）

8. 1347 年 10 月 23 日，世界上发现的最早的保险单在罗马出现，它承保从热那亚到马乔卡的船舶保障，由商人乔治·勒克维伦承保。　　　　　　　（　　）

9. 善于经商的伦巴第人移居到英国，海上保险传入英国。今日伦敦的保险中心伦巴第街道就是因为当时意大利伦巴第商人聚居而得名。　　　　　　（　　）

10. 1886 年，仁和与济和两家保险公司经协议改组成仁济和保险公司，从事水险和人身险业务。这是中国民族资本创办的第一家保险公司，也是中国海上保险事业由中国人自己开办的保险公司。　　　　　　　　　　　　　　　　　（　　）

11. 欧洲保险市场以其雄厚的承保能力、优异的承保技术、广泛的信息联系、不断开发新的保险品种及优质的服务在世界保险市场上建立于良好的信誉，成为当之无愧的国际保险和再保险业的中心。　　　　　　　　　　　　　　　（　　）

12. 劳合社市场是一个类似交易所的法人组织，由劳合社团体进行统一管理，它起源于爱德华·劳埃德的著名咖啡馆。这家咖啡馆于 1688 年在伦敦开业，并成为伦敦商人做生意和交流信息的聚会场所。　　　　　　　　　　　　　（　　）

三、单项选择题

1. 意外事故是指船舶或其他海上运输工具遭遇外来的、突然的、非意料中的事故。下列选项中，不属于海上风险中意外事故的是（　　）。

A. 搁浅　　　　　　　　　　　　B. 沉没

C. 暴力盗窃或海盗　　　　　　　D. 洪水

2. 海上风险包括自然灾害和意外事故，此外，还有外来风险。下列选项中，不属于外来风险的是（　　）。

A. 破碎　　　　　　　　　　　　B. 锈损

C. 串味　　　　　　　　　　　　D. 恶劣气候

3. 船舶在航行或停泊中遭遇意外，使船舶底部与海底河床紧密接触，使之处于静止状态，失去继续航行能力，并造成停航 12 小时以上。这种情况属于（　　）。

A. 沉没　　　　　　　　　　　　B. 搁浅

C. 触礁　　　　　　　　　　　　D. 失踪

4. 火灾是指船舶在航海中，因意外起火失去控制，使货物被烧毁、烧焦、烟熏等造成货物的损失。在英国海上保险实务中，保险价值的（　　）遭受火灾损失，才构成火灾风险。保险公司才对火灾造成的损失给予赔偿。

A. 5%　　　　　　　　　　　　　B. 3%

C. 2%　　　　　　　　　　　　　D. 6%

5. 海上保险是以（　　　）运输有关的财产、利益或责任为保险标的物的一种保险。

A. 海上货物　　　　　　　　　　B. 陆上货物

C. 海底货物　　　　　　　　　　D. 航空货物

6. 海上保险财产的价值事先经保险合同关系双方约定，并载明在保险合同之中。这种保险称之为（　　　）。

A. 定额保险　　　　　　　　　　B. 综合保险

C. 预约保险　　　　　　　　　　D. 定值保险

7. 劳合社是目前世界上唯一允许个人经营保险业务的（　　　）。它与英国另一个由保险公司组成的公司市场并存，构成具有特色的双轨制保险市场。

A. 保险公司　　　　　　　　　　B. 私人公司

C. 保险市场　　　　　　　　　　D. 法人公司

8. （　　　）是指在航行开始以前，债权人向债务人以支付本金的形式买进船舶或货物。当船舶安全到达目的地时，事前所订立的买卖合同自动解除，债务人将事前接受的贷款加上定金或危险分担费归还债权人。

A. 冒险借贷　　　　　　　　　　B. 假装买卖

C. 一般借贷　　　　　　　　　　D. 保险借贷

9. 按保险期限进行分类，海上保险可分为航程保险、定期保险和混合保险。定期保险适应于（　　　）。

A. 船舶保险　　　　　　　　　　B. 责任保险

C. 运费保险　　　　　　　　　　D. 货物运输保险

10. 劳合社（　　　）是一个类似交易所的法人组织，由劳合社团体进行统一管理。它起源于爱德华·劳埃德的著名咖啡馆。

A. 公司　　　　　　　　　　　　B. 机关

C. 市场　　　　　　　　　　　　D. 集团

四、思考题

1. 简述海上保险承保风险的综合性。

2. 海上保险的作用表现为哪几个方面？

3. 为什么意大利是海上保险的发源地？

4. 举例说明英国是现代海上保险发展的中心。

5. 定期保险和航程保险有哪些不同？

第二章 海上保险遵循的原则

第二章 海上保险遵循的原则

学习目标

通过对本章的学习，学生应达到以下目标：
（1）掌握可保利益的定义与作用；
（2）理解最大诚信的内容及应用；
（3）了解近因的内涵及意义；
（4）掌握补偿与代位追偿的内容及应用。

本章内容

第一节　可保利益原则
第二节　最大诚信原则
第三节　近因原则
第四节　保险补偿原则

海上保险原则是海上保险活动应遵循的基本准则和生存基础。海上保险原则也是现代商业保险的基本原则。海上保险原则最早起源于海上保险，这些基本原则对海上保险之影响最大、最直接。

国际上公认的海上保险基本原则如下：

第一，可保利益原则；

第二，最大诚信原则；

第三，近因原则；

第四，保险补偿原则。

上述原则并未在有关法律文件中单独明确和定义，但是可以在国际上大多数国家的海商法中找到相关的内容和条文。国际上，极个别国家的保险界也将代位求偿原则列为保险的基本原则之一。

第一节　可保利益原则

一、海上保险可保利益的定义（Definition of Insurable Interest）

可保利益亦称保险利益。最早以法律的形式规定海上保险可保利益的是 1746 年英国《海上保险法》（Marine Insurance Act）。在这部法律颁布之前，海上保险人通常不要求被保险人证明他们对投保的船舶或货物拥有所有权或其他合乎法律规定的利益关系，也不要求被保险人出示他们对保险标的物具有某种利益的证据。结果海上保险出现了非常混乱的局面，许多投机商以承保的船舶能否完成其航程作为赌博的对象。1720 年，劳合社的个别承保人开始经营赌博保险。这部分投机商为了达到从赌博中获利的目的，故意破坏航程，使船舶或货物不能安全到达。由于没有可保利益也能买卖保险，道德风险随之产生，致使人为的海难事故不断发生。

在这种混乱的局面下，英国政府于 1746 年颁布了《海上保险法》，首次以法律的形式要求被保险人对承保财产具有利益。该法规定，任何个人或公司组织均不能对英国船舶及其装载货物以有或没有利益，或者保单即证明利益，或者以赌博的方式，或者对保险人无任何残值利益的方式进行保险，这种保险无效，并对各方不具有法律约束力。

到了 20 世纪初，英国政府进一步完善了海上保险的相关法律。英国政府于 1906 年颁布了更为完善的《海上保险法》[①]（Marine Insurance Act 1906），对可保利益做出了明确的解释：

（1）Subject to the provisions of this Act, every person has an insurable interest who is interested in a marine adventure.

（2）In particular, a person is interested in a marine adventure where he stands in any legal or equitable relation to the adventure or to any insurable property at risk therein, in consequence of which he may benefit by the safety or due arrival of insurable property, or may be prejudiced by its loss, or by damage thereto, or by the detention thereof, or may incur liability in respect thereof.

同时，也规定了何时应具有利益：

（1）The assured must be interested in the subject-matter insured at the time of loss though he need not be interested when the insurance is effected.

（2）Where the assured has no interest at the time of the loss, he cannot acquire in-

---

① 转引自北大法律信息网（www.chinalawinfo.com）。

terest by any act or election after he is aware of the loss.

此外，英国政府于 1909 年颁布了《海上保险（反保单欺诈）法》[The Marine Insurance（Gambling Policies Act 1909）]，进一步规定：没有可保利益的海上保险合同双方当事人应承担刑事责任，并由法庭直接裁决，判处不超过 6 个月的监禁或相应罚款，并没收这种非法保险合同项下所取得的保险金收入。该法对违反可保利益原则的人进行刑事处罚。

英国特许保险学会（Chartered Insurance Institute，CII）1991 年编写的《合同法与保险》（*Contract Law and Insurance*）一书中对可保利益的定义是：Insurable interest is the legal right to insure arising out of a financial relationship, recognized at law, between the insured and the subject matter of insurance.

2015 年第四次修订的《中华人民共和国保险法》（以下简称《保险法》）第十二条规定："保险利益是指投保人或者被保险人对保险标的具有的法律上承认的利益。"《保险法》第三十一条规定："订立合同时，投保人对被保险人不具有保险利益的，合同无效。"由此可见，《保险法》对可保利益的定义参照了国外的相关法规。

二、海上保险可保利益的特点和作用（Feature & Function）

（一）海上保险可保利益的特点

1. 海上保险可保利益是能用货币计算的经济利益

海上保险的可保利益同其他财产保险的可保利益一样，必须是能够用金钱来衡量的利益。如果可保利益不能用金钱来计算，即使发生损失也无法补偿。当然，像古代或现代的名人的书画等，如果可以用金钱标注其市场价值，就可以投保，从而在发生损失时得到补偿。

2. 海上保险可保利益是合法的利益

可保利益是被保险人与保险标的物之间的一种利害关系。这种关系必须合法，也就是必须是法律认可的利益。不合法的利益、法律禁止的利益，保险公司不能承保。即使已经承保的，一经发现，保险合同无效。例如，从事走私运输的船舶、海上走私的货物投保海上保险，就没有合法利益。

3. 海上保险可保利益是确定的利益

可保利益无论是已有的或预期的都可以成为海上保险合同的标的物。这种利益必须明确，并可以证明。例如，投保海上货物运输保险时，可以是预期的利润，这种利润是可以确定的。比如 10% 或 15%，即按货物成本加保险费加运费（Cost，Insurance and Freight，CIF，以下简称 CIF 价格）的 110% 或 115% 投保，而且在发生损失时，被保险人能够证明（行业习惯）这种利益的确存在。

4. 海上保险的可保利益是可以变化的利益

可保利益是一种可以转移、可以变化的利益关系。在一定条件下，可保利益可以从一个人或一个公司转移给另一个人或另一个公司。例如，A 公司可以将自己所拥有的船舶或货物出售给 B 公司，可保利益一般也就从 A 公司转移给 B 公司。

（二）海上保险可保利益的作用

1. 海上保险的可保利益能限制保险赔偿的范围

海上保险通过补偿被保险人的损失，保障了被保险人的利益。被保险人实际能够享有的保障不能超过其损失范围。例如，保险标的物价值 200 万元，在一般情况下，不论被保险人的保险金额是多少，他所获得的保险赔付最高也不能超过 200 万元。

2. 海上保险的可保利益可以防止赌博行为的发生

保险不是赌博，判断保险与赌博的界限就在于投保人对其投保的标的物是否具有可保利益。如果投保人或被保险人在没有可保利益的情况下，与保险人签订了保险合同，这就意味着以财产进行赌博。可保利益原则的存在可以从根本上避免把保险变为赌博。

3. 海上保险的可保利益可以防止被保险人道德风险的产生

道德危险是指被保险人为获取保险赔款而故意地毁坏保险标的损失。如果法律不规定保险必须具有可保利益，保险的经营势必纵容道德风险的产生，破坏社会公德，提高了社会财富受损的概率。

三、海上保险可保利益（Marine Insurable Interest）的对象

（一）船舶（Vessel）

船舶是指在水面或水中可供航行的船舶，包括商船和非商船。船舶是个整体概念，包括船上的主机、辅机和船壳以及船舶的附属器具和设备，如救生、救火、信号、救难设备、航行仪器、通信设备、居住、卫生、冷藏、通风、货物装卸、排水、操舵起锚等设备。但船舶的各种供应物，如燃料、物料、食物、淡水等消耗品不属于船舶概念的内容。

对船舶具有可保利益的人主要有两类：一类是船舶的所有权人，也就是船东。船舶的所有权人也包括船舶的共有人，船舶为数人所共有的时候，每个共有人对其所有的部分具有可保利益。另一类是其他与船舶有利害关系的人。例如，船东以船舶作为抵押物进行借贷，抵押贷款人对抵押船舶也具有可保利益。

（二）货物（Cargo）

海上保险货物是指托运人委托承运人运送的各种物品，但不包括船长、船员或旅客的个人物品，也不包括无运送目的的物品，如船舶的给养和燃料等。对货物具有可保利益的人是与货物获取有利害关系的人，包括从事进出口贸易的进口商或出口商、代理商、寄售商、接受进出口货做抵押而融资给进出口商的银行以及其他承担货物损失风险的人。

在国际贸易中，究竟是进口商还是出口商对货物具有可保利益，取决于谁与货物有直接的利害关系。在实际交货的情况下，谁占有货物，谁就拥有货物的所有权，因而对货物具有可保利益。同样，谁承担货物损失的风险，谁就具有可保利益。比如说，为出口商开立信用证的银行在出口商拒绝付款赎单时，货物的安全对

银行就非常重要，货物在运输途中的灭失可能会使它丧失补偿信用损失的机会，因此银行对货物具有可保利益。再如，国际承运人按照运输合同免责条款的规定，对很多情况下的货物损失不承担责任，即使承担责任也可以享受限制责任条款所规定的责任限额。但是承运人对于货物管理的疏忽仍然要承担一定的赔偿责任，因此承运人对货物具有相应的可保利益。

（三）运费（Freight）

海上保险承保的运费是指货物经过海上运输所支付的报酬。投保运费保险以订有运输合同为条件，也就是说存在运费的债权和债务关系。运费根据运输合同规定的托运人支付运费的时间不同，可以分为预付运费和到付运费。

到付运费是指根据运输合同，货物在运达目的港后由托运人向承运人支付运费。如果货物在途中灭失，托运人收不到货物就不需要向承运人支付运费，承运人也就无法补偿他已经支出的运输费用并得到预期利润。因此，承运人对到付运费具有可保利益。

（四）相关责任（Interrelated Liability）

海上保险除了以上传统的船舶、货物和运费以外，还包括相关的责任。例如，客舱在航行时，发生意外事故，造成了船上乘客的伤亡或残废；船舶航行途中或靠岸时，发生了碰撞责任事故，造成了第三者的伤亡、财产损失，承运人要承担经济赔偿责任。因此，承运人对此产生的责任具有可保利益。这部分内容我们将在第十章第五节"船东保赔保险"中介绍。

第二节　最大诚信原则

一、最大诚信原则的定义（Definition of Utmost Good Faith）

最大诚信原则又称为"最高诚信原则"。它要求签订保险合同的各方当事人均必须最大限度地按照诚实与信用精神协商签约。"诚信"就是各方当事人都必须把各自知道的有关事实告知对方，如实陈述，不得隐瞒、误报或欺骗。如果有一方当事人违反"最大诚信原则"，另一方有权解除保险合同。英国特许保险学会（CII）1991 年编写的《合同法与保险》（Contract Law and Insurance）一书对于最大诚信原则的解释是："Utmost good faith is a positive duty to voluntarily disclose, actually and fully, all facts material to the risk being proposed, whether asked for them or not."

最大诚信原则从产生至今已经有 200 多年，成为保险业的基本准则，特别是在海上保险合同中要求更加严格、更加具体。因为国际贸易范围广泛，海上运输是超国界的水上贸易活动，而作为保险标的物的船舶、货物及责任等处于船舶所有人或承运人手中，保险人对其所承保的海上风险和保险标的无法加以控制。因此，保险人一般是基于对投保人或被保险人的充分信任来接受投保和承担保险责任。对于海上保险合同中承保的船舶、货物是否存在、有无瑕疵、出航与否及其他有关保险事项，保险人主要靠投保人的书面或口头陈述，据以签订海上保险合同。

根据这种实际情况，法律要求投保人必须依诚实和信用原则办事，从而达到预防海上保险合同中诈欺行为的目的，确保海上保险合同真实有效，保护当事人合法权益，维持海上保险市场的正常秩序。英国 1906 年《海上保险法》第十七条规定："A contract of marine insurance is a contract based upon the utmost good faith and, if the utmost good faith be not observed by either party, the contract may be avoided by the other party."（海上保险合同是建立在最大诚信的基础上的合同。如果任何一方不遵守最大诚信，另一方可撤销该合同。）

二、最大诚信原则的内容 (Contents of Utmost Good Faith)

（一）告知 (Disclose)

告知也称"披露"，是指被保险人在签订保险合同时，应该将其知道的或推定应该知道的有关保险标的物的重要事实（Material Fact）如实向保险人进行说明，因为如实告知是保险人判断是否接受承保和确定保险费率的重要依据，所以告知是最大诚信原则的基本内容之一，为各国法律所确认。英国 1906 年《海上保险法》第十八条对于被保险人在订立海上保险合同的告知（披露）予以了明确规定。

1. 被保险人的告知 (Disclosure by Assured)

（1）Subject to the provisions of this section, the assured must disclose to the insurer, before the contract is concluded, every material circumstance which is known to the assured, and the assured is deemed to know every circumstance which, in the ordinary course of business, ought to be known by him. If the assured fails to make such disclosure, the insurer may avoid the contract.

（2）Every circumstance is material, which would influence the judgment of a prudent insurer in fixing the premium, or determining whether he will take the risk.

（3）Whether any particular circumstance, which is not disclosed, be material or not is, in each case, a question of fact.

（4）The term "circumstance" includes any communication made to, or information received by, the assured.

2. 投保代理人的告知 (Disclosure by Agent Effecting Insurance)

Subject to the provisions of the preceding section as to circumstances which need not be disclosed where an insurance is effected for the assured by an agent, the agent must disclose to the insurer.

（1）Every material circumstance which is known to himself, and an agent to insure is deemed to know every circumstance which in the ordinary course of business ought to be known by, or to have been communicated to him.

（2）Every material circumstance which the assured is bound to disclose, unless it came to his knowledge too late to communicate it to the agent.

1992 年《中华人民共和国海商法》第二百二十二条同样规定："合同订立前，被保险人应当将其知道的或者在通常业务中应当知道的有关影响保险人据以确定保险费率或者确定是否同意承保的重要情况，如实告知保险人。"

（二）陈述（Representation）

陈述不同于告知，具体指在洽谈签约过程中，被保险人对于保险人提出的问题进行的如实答复。由于陈述的内容也关系到保险人承保与否，涉及海上保险合同的真实有效，也成为最大诚信原则的另一基本内容。一些国家的法律将其规定为一项独立内容，如英国 1906 年《海上保险法》第二十条把"陈述"单独列出：

（1）Every material representation made by the assured or his agent to the insurer during the negotiations for the contract and before the contract is concluded, must be true. If it is untrue the insurer may avoid the contract.

（2）A representation is material which would influence the judgment of a prudent insurer in fixing the premium, or determining whether he will take the risk.

（3）A representation may be either a representation as to a matter of fact or as to a matter of expectation or belief.

（4）A representation as to a matter of fact is true, if it be substantially correct, that is to say, if the difference between what is represented and what is actually correct would not be considered material by a prudent insurer.

（5）A representation as to a matter of expectation or belief is true if it is made in good faith.

（6）A representation may be withdrawn or corrected before the contract is concluded.

值得注意的是，1992 年《中华人民共和国海商法》和现有的保险法律规范没有把"陈述"单独列出，而是把它列为"告知"的一部分。

（三）保证（Warranty）

英国 1906 年《海上保险法》对"保证"的解释是："保证"是指"允诺性保证，即被保险人保证去做或不去做某种特定事情，或者履行某项条件，或者肯定或否定存在某些事实的特定状态"。（A warranty means a promissory warranty, that is to say, a warranty by which the assured undertakes that some particular thing shall or shall not be done, or that some condition shall be fulfilled, or whereby he affirms or negatives the existence of a particular state of facts.）

由于保险人无法直接控制被保险船舶和货物的运动，只有在保险事故发生时才能了解事故发生的始末和保险标的物的受损原因以及受损状况。因此，为了保护保险人的合法权益，防止海上保险中的不道德行为，各国法律确认了"保证"这一法律手段作为最大诚信原则的组成部分。

无论保证对风险是否重要，都是一种必须严格遵守的原则。如果被保险人不遵守，除非保险单另有明示规定，从被保险人违反保证之日起，保险人可免除责任，但不妨碍在违反保证之前产生的任何责任。保证可分为明示保证和默示保证。

1. 明示保证（Express Warranty）

明示保证是在保险单中订明的保证，明示保证作为一种保证必须写入保险合同或写入与保险合同一起的其他文件内，如批单。明示保证通常用文字来表示，以文字的规定为依据。明示保证分为确认保证和承诺保证。确认保证事项涉及过去与现在，是对过去或现在某一特定事实存在或不存在的保证。承诺保证是指投保人对将来某一特定事项的作为或不作为，其保证事项涉及现在与将来，但不包括过去。英国1906年《海上保险法》对明示保证的解释是：An express warranty may be in any form of words from which the intention to warrant is to be inferred. An express warranty must be included in, or written upon, the policy, or must be contained in some document incorporated by reference into the policy. An express warranty does not exclude an implied warranty, unless it is inconsistent therewith.（明示保证可以用任何形式的文字说明保证意图；明示保证必须包含在或写进保险单，或包括在并入保险单的某些文件之中。除非明示保证与默示保证相抵触，否则明示保证不排除默示保证。）被保险人在保证保险标的物在某一特定日期内保持"良好"（Well）或"完好安全"（in Good Safety）的情况下，只要保险标的物在该日期的任何时候处于安全状态便已足够。

2. 默示保证（Implied Warranty）

默示保证是指在保单中并未载明，但为订约双方在订约时双方都非常清楚的一些重要保证。与明示保证不同，默示保证不通过文字来说明，而是根据有关的法律、惯例及行业习惯来决定。虽然没有文字规定，但是被保险人应按照习惯保证作为或不作为。默示保证与明示保证具有同等的法律效力，对被保险人具有同等的约束力。例如，海上保险合同的默示保证包括船舶的适航保证（Warranty of Seaworthiness of Ship）、适货保证（Warranty of Seaworthiness of Goods）以及航行合法的保证（Warranty of Legality）等。

拓展阅读

国内一些保险教科书认为，最大诚信原则的内容包括告知、保证、弃权与禁止反言4项。而国外的保险教科书认为，最大诚信原则的内容只包括告知、陈述与保证。

三、最大诚信原则的适用（Application of Utmost Good Faith）

国际贸易和海上航运的复杂性决定了在海上保险业务中适用最大诚信原则时，应区别告知与没有告知、正确陈述与错误陈述。

（一）告知与没有告知（Disclosure & Non-disclosure）

被保险人在签订海上保险合同之前，主动地将有关保险标的物的重要事实（Material Fact）如实向保险人说明，这就是告知。如果被保险人对其知道的事实不认为是重要的，而未告知或故意隐瞒不告知，属于没有告知。

按照1992年《中华人民共和国海商法》第二百二十三条的规定，被保险人出于故意没有告知的，保险人有权解除海上保险合同，并不退还保险费。合同解除前发生保险事故造成损失的，保险人不负赔偿责任。如果被保险人不是故意没有告知，保险人有权解除海上保险合同或者要求相应增加保险费。保险人解除合同的，对于合同解除前发生的保险事故所造成的损失，保险人应当负赔偿责任（比较《保险法》第十六条）。

"告知"中的"重要事实"指的是影响谨慎的保险人在确定收取保险费的数额，或者说影响决定保险人是否接受承保的事实。英国1906年《海上保险法》对"重要事实"的定义是：Every circumstance is material which would influence the judgement of a prudent insurer in fixing the premium, or determing whether he will take the risk.

一般来说，这些事实应当与承保标的物的风险密切相关。被保险人应当在海上保险合同签订之前把上述重要事实如实告知保险人。但是，如在签约之后才得知的重要事实，被保险人仍有义务及时通知保险人。这一点同样适用于被保险人的代理人或保险单受让人。

保险人在签订海上保险合同过程中，要求被保险人应如实陈述。如果被保险人所做的答复与事实大致相同，即为正确陈述。如果被保险人的答复与事实不符合，而且是重要的事实，就构成了错误陈述或误告。如果带有欺骗性错误陈述，诱使保险人签订海上保险合同，按照1992年《中华人民共和国海商法》的相关规定，保险人有权解除合同，不退保险费。

英国特许保险学会（CII）1991年编写的《合同法与保险》一书中，把错误陈述分为三种：无辜性错误陈述（Innocent Misrepresentation）、疏忽性错误陈述（Negligent Misrepresentation）和欺骗性错误陈述（Fraudulent Misrepresentation）。在英国，如果一个人欺骗性地诱导某人签订一个长期保险合同，按照英国1986年颁布的《误告与金融服务法》（Misrepresentation and Financial Services Act）的规定，将被处以7年的监禁。可见，英国的法律对误告者的处罚是相当严厉的。

四、违反最大诚信原则的法律责任（Legal liability）

（一）违反告知义务的法律责任

1. 投保方违反告知义务的法律责任

在海上保险中，投保方违反告知义务的情况包括误告、隐瞒、虚假告知等。不同的形式导致的法律责任不尽相同。

（1）投保人故意不履行如实告知义务的法律责任。如果投保人故意隐瞒事实，不履行告知义务，保险人有权解除保险合同，若在保险人解约之前发生保险事故造成保险标的物损失，保险人可不承担赔偿或给付责任，同时也不退还保险费。2015

年第四次修订的《保险法》第十六条规定："投保人故意或者因重大过失未履行前款规定的如实告知义务，足以影响保险人决定是否同意承保或者提高保险费率的，保险人有权解除合同。前款规定的合同解除权，自保险人知道有解除事由之日起，超过三十日不行使而消灭。自合同成立之日起超过二年的，保险人不得解除合同；发生保险事故的，保险人应当承担赔偿或者给付保险金的责任。投保人故意不履行如实告知义务的，保险人对于合同解除前发生的保险事故，不承担赔偿或者给付保险金的责任，并不退还保险费。"

（2）投保人过失不履行如实告知义务的法律责任。如果投保人违反告知义务的行为是因过失、疏忽而致，保险人可以解除保险合同，对在合同解除之前发生保险事故所致的损失，不承担赔偿或给付责任，但可以退还保险费。2015年第四次修订的《保险法》第十六条规定："投保人因重大过失未履行如实告知义务，对保险事故的发生有严重影响的，保险人对于合同解除前发生的保险事故，不承担赔偿或者给付保险金的责任，但应当退还保险费（比较《中华人民共和国海商法》第二百二十三条）。保险人在合同订立时已经知道投保人未如实告知的情况的，保险人不得解除合同；发生保险事故的，保险人应当承担赔偿或者给付保险金的责任。"

（3）投保方未就保险标的物危险程度增加的情况通知保险人的法律责任。这是针对财产保险而言的，当财产保险的保险标的物危险增加时，被保险人应及时通知保险人，保险人有权要求增加保险费，或者保险人有权解除合同。但是，若被保险人未及时通知保险人，对危险程度增加而导致的保险事故，保险人可以不承担赔偿责任。2015年第四次修订的《保险法》第五十二条规定："在合同有效期内，保险标的的危险程度显著增加的，被保险人应当按照合同约定及时通知保险人，保险人可以按照合同约定增加保险费或者解除合同。保险人解除合同的，应当将已收取的保险费，按照合同约定扣除自保险责任开始之日起至合同解除之日止应收的部分后，退还投保人。被保险人未履行前款规定的通知义务的，因保险标的的危险程度显著增加而发生的保险事故，保险人不承担赔偿保险金的责任。"

（4）投保方谎称发生了保险事故的法律责任。投保方在未发生保险事故的情况下，谎称发生了保险事故，向保险人提出赔偿或者给付保险金的请求的，保险人有权解除保险合同，并不退还保险费。2015年第四次修订的《保险法》第二十七条规定："未发生保险事故，被保险人或者受益人谎称发生了保险事故，向保险人提出赔偿或者给付保险金请求的，保险人有权解除合同，并不退还保险费。"

2. 保险人未尽告知义务的法律责任

在保险经营活动中，保险人未尽告知义务的情况主要有未对责任免除情况予以明确说明、隐瞒与保险合同有关的重要情况、欺骗投保方、拒不履行保险赔偿义务等。由此导致的法律责任也不尽相同。

如果保险人在订立合同时未履行责任免除条款的明确说明义务，该责任免除条款无效。2015年第四次修订的《保险法》第十七条规定："对保险合同中免除保险人责任的条款，保险人在订立合同时应当在投保单、保险单或者其他保险凭证上作出足以引起投保人注意的提示，并对该条款的内容以书面或者口头形式向投保人作出明确说明；未作提示或者明确说明的，该条款不产生效力。"

（二）违反保证的法律责任

任何不遵守保证条款或保证约定，不信守合同约定的承诺或担保的行为，均属于破坏保证。保险合同涉及的所有保证内容都是重要的内容，投保人与被保险人都必须严格遵守，如果有违背与破坏，其后果一般有两种情况：一种情况是保险人不承担赔偿或给付保险金的责任，另一种情况是保险人解除保险合同。

与告知不同，保证是对某个特定事项的作为与不作为，不是对整个保险合同的保证。因此，在某种情况下，违反保证条件只是部分地损害了保险人的利益，保险人只就违反保证部分拒绝承担履行赔偿义务，即被保险人什么时候、什么事项违反保证，保险人就从何时开始拒绝赔付，但是并不完全解除保险合同。例如，保险合同中订有要求被保险人外出时必须履行仓库门窗关闭和锁闭的保证条款。如果被保险人违反了该项保证，导致保险事故的发生。对此，保险人应就此次违反保证而拒绝赔偿，并非解除保险合同。被保险人破坏保证而使合同无效时，保险人无须退还保险费。

对于下列情况，保险人不得以被保险人破坏保证为由使合同无效或解除合同：

（1）因环境变化使被保险人无法履行保证事项；

（2）因国家法律、法令、行政规定等变更，使被保险人不能履行保险事项，或履行保证事项导致违法；

（3）被保险方违反保证是由保险人事先弃权所致，或保险人发现被保险人违反保证仍保持沉默，亦视为弃权。

拓展阅读

按照《中华人民共和国立法法》第八十三条规定的"同一机关制定的法律、行政法规、地方性法规、自治条例和单行条例、规章，特别规定与一般规定不一致的，适用特别规定；新的规定与旧的规定不一致的，适用新的规定"来理解，适用"特别法优于一般法"应同时符合两个前提条件：一是"立法机关是同一机关"，二是"同一概念、事实、事项不一致时"。

《中华人民共和国
立法法》

例如，《中华人民共和国教育法》与《中华人民共和国高等教育法》都是全国人民代表大会常务委员会颁布的，当高等教育方面存在同一事项规定不一致时，适用《中华人民共和国高等教育法》的规定而不适用《中华人民共和国教育法》的规定。

《中华人民共和国保险法》与《中华人民共和国海商法》都是全国人民代表大会常务委员会颁布的，当赔偿方面存在同一事项规定不一致时，适用《中华人民共和国海商法》的规定而不适用《中华人民共和国保险法》的规定。

第三节　近因原则

一、近因的定义（Definition of Proximate Cause）

近因（Proximate Cause）是引起保险标的物损失的直接、有效、起决定作用的原因。反之，引起保险标的物损失的间接的、不起决定作用的因素，称为远因。英国特许保险学会 1991 年编写的《合同法与保险》一书中对近因原则的定义是：Proximate cause means active, efficient cause that sets in motion a train of events which brings about a result, without the intervention of any force started and working actively from a new and independent source.

根据这一定义，近因可以解释为一种直接引起保险标的物损失的有效原因，是导致保险标的物损失发生过程中具有决定作用的或强有力的因素。但是，近因并不一定是与发生的损失在时间上最接近的原因。例如，船东为骗取赔偿，故意将船只驶往暗礁区域撞上礁石沉没，假如以时间上最接近的原因来确定近因，就会造成错误的判断。但是，如果有两个独立而不相关联的原因，则在时间上最接近的原因，可视为损失的近因。例如，保险船舶在航行中与他船发生碰撞，但不影响该船正常航行安全，因此船长决定继续行驶。在继续行驶中，船舶因遇台风，使船舶的损失扩大进而造成沉没，这时近因应归于时间上最近的原因，那就是台风。由于风险因素可能引起风险事故，风险事故可能导致损失，因此在海上保险意义上的近因，是在保险标的物发生损失时界定保险责任，从而决定是否理赔的前提和依据。

2006 年 2 月 2 日发生在红海的埃及"萨拉姆 98"号客轮沉没事件，造成近 1 000 人葬身海底的悲剧。造成该客轮沉没的主要原因有两个：该客轮从沙特港口出发开往埃及途中不到 90 分钟发生火灾，火灾是一个主要原因。如果船长下令返航，船舶就不会沉没。由于船长拒绝返航，结果造成客轮沉没，这也是一个主要原因。根据近因原则，造成这条客轮沉没的近因是船长的过失行为。

由于海上事故发生的原因往往不止一个，而是比较复杂的，因此在海上保险的赔付中，近因这一原则的运用具有普遍的意义。根据近因原则在处理赔案时，必须确定造成保险标的物损失的近因属于保险责任。如果近因导致保险责任范围内的事故发生，保险人则承担赔偿责任。如果造成保险标的物损失的近因属于除外责任，保险人不负赔偿责任。只有当保险事故的发生与损失的形成有直接因果关系时，保险人才对损失负责赔偿。

英国 1906 年《海上保险法》规定：Subject to the provisions of this Act, and unless the policy otherwise provides, the insurer is liable for any loss proximately caused by a peril insured against, but he is not liable for any loss which is not proximately caused by a peril insured against.（本法规定及除保险单另有规定外，保险人对承保风险作

为近因而导致的任何损失承担保险责任，但是保险人将不对承保风险并非近因而导致的任何损失承担保险责任。）

保险人在处理赔偿纠纷时，采用近因原则。按照近因原则，如果造成保险标的物受损的近因属于保险责任范围，则保险人应负赔偿责任，假如造成保险标的物受损的近因属于除外责任，则保险人不负赔偿责任。如果造成保险标的物受损的近因既有保险责任，又有责任免除，则按不同情况加以处理。

二、近因原则的确定（Decision of Proximate Cause）

损失与近因存在直接的因果关系，因此要确定近因，就要确定损失的因果关系。确定因果关系的基本方法有：

（一）从原因分析结果（Analyze the Result from the Cause）

这是指从事件链上的最初事件出发，按逻辑关系推断下一个可能的事件。若事件链是连续的，初始事件依次引起下一事件，直至最终事件损失发生，那么最初事件就是最终事件的近因。假如事件链是间断的，在这一过程的某一个阶段，事件链上的两个环节之间没有明显的联系，则损失的近因肯定是另外某一原因。

（二）从结果推断原因（Infer the Cause from the Result）

这是指从损失的结果出发，按逻辑关系自后往前推，在每一个阶段上按照"为什么这一事件发生"的思考找出前一事件。假如追溯到最初事件，事件链之间相互联系，则最初事件为近因。如果中间有间断，新介入的事件成为近因。

三、近因的认定规则（Rules for Decision of Proximate Cause）

早期对近因的认定大多简单地采用从时间距离、空间距离的角度排除远因从而确定近因的规则，过远的原因不构成近因，间隔时间过久的原因不构成近因。近代则直接采用认定近因的原则或通过保险条款对近因原则进行限制和修正，排除远因，以确定近因。

在实践中，近因也是从一般意义上来掌握的。其基本含义就是舍其远因，取其近因。因为在整个因果关系的链条中，往往是一环扣一环，甚至是没有尽头的。人们只从字面上理解近因，将它理解为时间上或空间上最近的、最后的或最终的原因。一般来说，这种理解是对的。但是，承保风险的发生与保险标的物的损失之间的因果关系是错综复杂的，如果过分地强调时间上、空间上最近的原因，有时也是不适当的。从近因认定和保险责任认定看，可分为损失由单一原因所致和损失由多种原因所致两种情况。

（一）损失由单一原因所致

如果保险标的物损失由单一原因所致，该原因即为近因。如果该原因引起保险责任事故，则保险人应负赔偿责任。相反，如果该原因不属于保险责任，则保险人不负赔偿责任。例如，货物在运输途中遭受雨淋而受损失，如果被保险人只投保了水渍险，则保险人不负赔偿责任；若被保险人在水渍险的基础上加保了淡水雨淋险，则保险人负赔偿责任。

（二）损失由多种原因所致

如果保险标的物遭受损失由两个或两个以上的原因所致，则应区别分析。

1. 多种原因同时发生导致损失

多种原因同时发生而没有先后之分，且均为保险标的物损失的近因，则应区别对待。

（1）如果同时发生导致损失的多种原因均属保险责任，则保险人应负全部损失赔偿责任。

（2）如果同时发生导致损失的多种原因均属于责任免除，则保险人不负任何损失赔偿责任。

（3）如果同时发生导致损失的多种原因不完全属于保险责任，要严格区分，对能区分保险责任和责任免除的，保险人只对保险责任所致的损失负赔偿责任。对不能区分保险责任和责任免除的，保险人不负赔偿责任。例如，船舶发生碰撞，海水涌入船舱，油罐破裂，装载的货物既遭水损，又受油污损。如果被保险人只投保了水渍险，则保险人只负水渍损失的赔偿责任。如果被保险人在水渍险的基础上加保了混杂玷污险或投保了一切险，则保险人负全部赔偿责任。又如，船舶在航行中遇到暴风雨，船上的货物被暴雨淋湿，然后甲板遭受海浪浸泡，由此产生了货物水渍损失和雨淋损失。如果被保险人只投保了平安险，则保险人不负赔偿责任。若被保险人在水渍险的基础上，加保淡水雨淋险，或投保了一切险，则保险人负全部赔偿责任。如果被保险人只投保了水渍险，并且货物水渍损失和淡水雨淋损失能够区分开来，则保险人只负水渍损失的赔偿责任。若货物水渍损失和淡水雨淋损失不能区分开来，水渍损失非常小，则保险人不负任何赔偿责任。再如，货物在运输途中遭受淡水雨淋和钩损，如果被保险人投保的是一切险，或在水渍险的基础上加保了淡水雨淋险和钩损险，那么保险人负全部赔偿责任。如果被保险人只投保水渍险，保险人就不负赔偿责任。

2. 多种原因连续发生导致损失

如果多种原因连续发生导致损失，前因与后因之间存在因果关系，而且各个原因之间的因果关系没有中断，则最先发生并造成一连串风险事故的原因就是近因。保险人的责任可根据下列情况来确定：

（1）如果连续发生导致损失的多种原因均属保险责任，则保险人应负损失的全部赔偿责任。如船舶在运输途中因遭雷击而引起火灾，火灾引起爆炸，由于三者均属于保险责任，则保险人对一切损失负全部赔偿责任。

（2）如果连续发生导致损失的多种原因均属于责任免除范围，则保险人不负任何赔偿责任。

（3）如果连续发生导致损失的多种原因不完全属于保险责任，而最先发生的原因属于保险责任，那么后因不属于责任免除，而近因属于保险责任，保险人负赔偿责任。例如，若包装粮食投保了水渍险，在运输中，海水浸湿外包装而受潮，后来发生霉变损失，霉变是海水浸湿外包装、水汽侵入造成的结果，则保险人应负赔偿责任。又如，皮革和烟草两样货物被承运人合理地装载于船舶的同一货舱，由于船舶在航行途中遭遇恶劣气候，海水进入货舱，浸湿了置放在货舱一侧的皮革，湿损的皮革腐烂发出的浓重气味将置放在货舱另一侧的烟草熏坏。烟草是被腐烂皮革散发出的气味熏坏的，而皮革发生腐烂是由进入货舱的海水浸湿所致。因此，烟草损失的近因是海难，属于保险责任。虽然烟草货主投保的是水渍险，并未加保串味险，但保险人仍应负赔偿责任。

（4）最先发生的原因属于责任免除，后因属于保险责任，则近因是责任免除项目，保险人不负赔偿责任。例如，船舶先被敌炮火击坏，影响了航行能力，以致撞礁沉没，船舶沉没的近因是战争。如果被保险人未加保战争险，则保险人不负赔偿责任。又如，船舶因航海延迟致使商品变质，虽说航海时气候变化也是造成保险货物变质的原因之一，但是如果经分析判断，延迟是致损的主要原因，而延迟又属于保险人的责任免除，那么保险人可以不负赔偿责任。又如，船舶因碰撞而起火，接着沉没，近因是碰撞。火灾、沉没均由碰撞所致，碰撞属于平安险的保险责任范围，则保险人负保险赔偿责任。再如，一批装载于某船货舱内的花生，在运输中，由于自身含水量过高发了霉，虽然货主投保了一切险，霉变属于保险责任，但这里的近因是花生含水量过高，属于责任免除，则保险人不负赔偿责任。

3. 多种原因间断发生导致损失

导致损失的原因有多个，它们是间断发生的，在一连串连续发生的原因中，有一种新的独立的原因介入，使原有的因果关系链断裂，并导致损失，则新介入的独立原因是近因。如果近因属于保险责任范围的事故。则保险人应负赔偿责任。如果近因不属于保险责任范围，保险人不负赔偿责任。

海上保险合同适用近因原则。其目的在于限制保险人的赔偿责任，使其权利和义务对等。在发生海上损失时，保险人只对保险责任范围内的近因所造成海上保险标的物的损失负赔偿责任，而对保险责任范围之外的近因所造成的海上保险标的物的损失不负赔偿责任。

确定近因原则的目的是分清与海损事故有关各方的责任，明确保险人承保的风险与海上保险标的物损失结果之间存在的因果关系。虽然确定近因有其原则的规定，但在实践中，由于导致损失的原因与损失结果之间的因果关系错综复杂，正确分析和确定近因，并根据近因原则处理索赔，需要认真分析。

总之，在实际处理复杂的海上理赔案时，要能正确判定致损的近因是相当不易的。除了掌握近因原则的理论以外，还要根据实际案情，仔细观察，认真辨别，实事求是，遵循国际惯例。特别要参照国际上重要的判例，对正确推断因果关系和最终确定近因具有重要意义。

第四节　保险补偿原则

补偿原则是非寿险业务中的基本原则。它不适用于人寿保险，因为人的身体和肢体不能用货币来衡量。

一、保险补偿的定义（Definition of Indemnity）

英国特许保险学会1991年编写的《合同法与保险》一书中，对保险补偿的定义是：Indemnity can be looked upon as exact financial compensation, sufficient to place the insured in the same financial position after a loss as he can enjoy immediately before it occurs.

根据这一定义，我们可以理解到，保险补偿原则是指当保险事故发生时，被保险人从保险人那里得到的赔偿应填补其因保险事故所造成的损失。这是海上保险中理赔的基本原则。在保险事故发生后，被保险人有权利要求保险人按合同给予补偿，保险人则有义务向被保险人对其损失进行补偿。

通过补偿，使被保险人的保险标的物在经济上恢复到受损前的状态，但不允许被保险人因损失而获得额外的利益。遵循补偿原则的目的在于真正发挥保险的经济补偿职能，避免将保险演变成赌博行为，防止诱发道德风险的发生。

对于保险补偿原则的方法，我们可以归纳为两个英文字母，即一个C、3个R，或者写成CRRR（Cash，Repair，Replacement and Reinstatement），即现金赔付、修理、更换和重置。

二、保险赔偿遵循的原则（Principle of Indemnity）

（一）保险补偿以实际损失为限原则

在超额保险条件下，由于保险金额超过保险价值，因此当保险标的物发生保险事故时，被保险人遭受的实际损失补偿最大为保险价值。按照补偿原则，被保险人的保险标的物在经济上恢复到损失前的状态，保险人只能以发生损失时的市场价格来确定赔偿金额，最多不得超过损失金额，以防止被保险人获得额外收益。

（二）保险补偿以保险金额为限原则

保险金额是保险人承担赔偿责任的最高限额，投保人因保险标的物的受损所获得的经济补偿，也就只能以保险金额为限。在不定值保险的条件下，保险标的物发生保险事故导致损失时，如果是足额保险（Full Insurance），赔偿金额等于损失金额。如果是超额保险（Over Insurance），超过部分无效，保险人只赔偿损失金额。如果是不足额保险（Under Insurance），赔偿金额则采用比例赔偿方式，不足额的部分视为被保险人自己承担。其计算公式如下：

赔偿金额=保险金额×保险保障程度

$$保险保障程度 = \frac{保险金额}{保险价值}$$

在定值保险条件下，保险金额等于保险价值。如果发生全损，损失金额等于保险价值，则赔偿金额等于保险金额。如果发生部分损失，损失金额小于保险价值，则赔偿金额采用比例赔偿方式。其计算公式如下：

$$赔偿金额 = 保险金额 \times 损失程度$$

$$损失程度 = \frac{损失价值}{保险标的完好价值}$$

（三）保险赔偿以被保险人对标的具有保险利益原则

被保险人的财产发生损失时，一定要对遭受损失的财产具有特征保险利益，索赔金额以他对该项财产具有保险利益为限。

（四）免赔额原则

免赔原则是指被保险人有自负额或保险人有免赔额的条件下，如果发生保险事故，要求被保险人自己首先负担一定金额或比例的损失，然后由保险人负责赔偿剩下的余额。免赔额可分为绝对免赔额和相对免赔额。前者是保险标的物的损失程度超过规定的免赔限度时，保险人只对超过限度的那部分损失承担赔偿责任。后者是保险标的物的损失程度达到或超过规定的免赔限度时，保险人按全部损失予以赔偿。采用这些限制方式的目的在于增强被保险人防灾的责任感。同时，可避免处理小额损失的麻烦。在海上保险中，如果船舶发生全部损失，则保险人在赔偿时不再扣除免赔额或自负额。保险人还规定了几种不扣除免赔额或自负额的情况，具体参见相关险种的内容。

保险赔偿原则的正确运用能防止道德危险的发生，保险人的赔偿责任以法律和海上保险合同为准。此外，保险人根据赔偿原则向被保险人赔付之后，如果保险责任由第三者引起，可代位向第三者责任方进行追偿。但是，保险人只能在赔偿责任范围内行使追偿权。在追偿中，如果保险人获得的追偿金额（扣除成本后）高于赔偿给被保险人的金额，根据赔偿原则，高出的部分应归于被保险人。

课后练习题（二）

一、名词解释

1. 保险利益
2. 告知
3. 明示保证
4. 默示保证
5. 近因

二、是非判断题

1. 最早以法律的形式规定海上保险必须具备可保利益的是法律是英国1906年《海上保险法》。（　　）

2. 英国政府于1909年颁布了《海上保险（反保单欺诈）法》，对没有可保利益的海上保险合同双方当事人进行刑事处罚，由法庭直接裁决，判处不超过一年的监禁。（　　）

3. 2015年第四次修订的《保险法》第十二条规定："保险利益是指投保人或者被保险人对保险标的具有法律上承认的利益。"（　　）

4. 海上保险中的可保利益同其他财产保险的可保利益一样，必须是能够用金钱或货币衡量的利益。（　　）

5. 被保险人在签订保险合同时，将其知道的或推定应该知道的有关保险标的物的重要事实如实向保险人说明称之为陈述。（　　）

6. 默示保证是指在保单中并未载明，无文字表达。这一保证与明示保证具有同等的法律效力。（　　）

7. 投保人故意不履行如实告知义务的，保险人对于保险合同解除前发生的保险事故，不承担赔偿或者给付保险金的责任，可以退还保险费。（　　）

8. 保险人欺骗投保方不构成犯罪的，由金融监管部门对保险公司处以5万元以上10万元以下的罚款。（　　）

9. 保险补偿原则是指当保险事故发生时，被保险人从保险人那里得到的赔偿应填补其因保险事故所造成的损失。（　　）

10. 在不定值保险条件下，保险标的物发生保险事故导致损失时，如果是足额保险，赔偿金额等于损失金额。（　　）

三、单项选择题

1. 最早以法律的形式规定海上保险可保利益的是（　　）。在这部法律颁布之前，海上保险人通常并不要求被保险人证明他们对投保的船舶或货物拥有所有权或其他合乎法律规定的利益关系。

　　A. 英国1764年《海上保险法》　　　B. 英国1906年《海上保险法》
　　C. 英国1746年《海上保险法》　　　D. 英国1960年《海上保险法》

2. 在英国《海上保险法》颁布之前，对保险标的物没有保险利益的任何人，都可以对保险标的投保险。这种保险称为（　　）。

　　A. 赌博保险　　　　　　　　　　　B. 合法保险
　　C. 自由保险　　　　　　　　　　　D. 不合理保险

3. 海上保险货物是指托运人委托承运人运送的各种物品，但不包括船长、船员或旅客的个人物品。船舶的给养和燃料（　　）。

　　A. 也属于货物保险的范畴　　　　　B. 不属于货物保险的范畴
　　C. 也属于承保责任的范畴　　　　　D. 属于投保的范畴

4. 海上保险承保的运费是指货物经过海上运输所支付的报酬。投保运费保险以订有运输合同为条件，运费有三种支付方式。承运人只对（　　）投保。

  A. 一部分预付、一部分到付运费 B. 预付运费

  C. 其中两种运费方式 D. 到付运费

5. 从事海上保险业务，保险人和被保险人都必须遵循相应的原则，因此，和其他财产保险一样，海上保险遵循的基本原则不包括（　　）。

  A. 最大诚信原则 B. 给付原则

  C. 保险利益原则 D. 损失补偿原则

  E. 近因原则

6. 某货轮被鱼雷击中后，被拖到某港口维修，两天后因狂风巨浪冲打，海水入舱，最后沉没。根据近因原则判断，舰艇损失的近因是（　　）。

  A. 鱼雷打中 B. 狂风巨浪冲打

  C. 海水入舱 D. 修补不及时

7. 海上保险中的近因是指造成保险事故（　　）的原因。

  A. 时间上最近 B. 空间上最近

  C. 最有效、起决定作用 D. 损失程度最重

8. 最大诚信原则是保险合同双方应遵循的重要原则之一。在我国的教科书中，下列选项中不属于最大诚信原则的基本内容是（　　）。

  A. 告知 B. 弃权与禁止反言

  C. 保证 D. 陈述

9. 错误陈述可分为无辜性错误陈述、疏忽性错误陈述和欺骗性错误陈述。在英国，如果一个人以欺骗性的手段诱导某人签订一个长期保险合同，按照英国1986 年颁布的《误告与金融服务法》的规定，将处以（　　）的惩罚。

  A 罚款 B. 监禁

  C. 拘留 D. 没收非法所得

10. 错误陈述可分为三种：第一种是无辜性错误陈述；第二种是疏忽性错误陈述；第三种是欺骗性错误陈述。其中性质最轻的一种是（　　）。

  A. 疏忽性错误陈述 B. 无辜性错误陈述

  C. 欺骗性错误陈述 D. A 和 C 选项

四、思考题

1. 简述海上保险可保利益的特点。

2. 如何区分海上保险中的明示保证与默示保证？

3. 保险人违反告知义务应承担哪些法律责任？

4. 被保险人违反告知义务应承担哪些法律责任？

5. 简述保险补偿应遵循的原则。

五、案例分析

第一次世界大战期间，莱兰航运公司的一艘船舶在英吉利海峡航行时被德国潜水艇发射的鱼雷击中，船壳被击出一个大洞。该船后来被拖轮拖到离出事地点 25 海里的法国勒阿弗尔港，系泊于内港码头待修。港口当局担心严重损坏的船舶会沉没以至于堵塞航道，遂下令将其拖到外港停泊。两天后，由于恶劣气候，船舶受狂风巨浪的冲击，海水从破洞口不断进入船舱内，船舶最后沉没。根据保险的相关原则和因果关系，说明该船沉没的原因与近因。

第三章 海上保险损失概述

学习目标

通过对本章的学习，学生应达到以下目标：

（1）区分实际全损与推定全损；

（2）掌握推定全损与委付的关系；

（3）了解共同海损与海上保险的关系；

（4）区分施救费用与救助费用；

（5）了解救助合同及其种类。

本章内容

第一节　全部损失

第二节　部分损失

第三节　费用损失

　　海上损失与海上风险是海上保险承保既有联系又有区别的两种客观事物。我们谈到保险产生时，总是谈到有风险发生，才有保险存在，即"无风险，无保险"。换句话说，也就是"有风险，才有保险"。保险被视为承保风险事故的一种可行性方法，这种说法当然有一定的理由，但是它毕竟不是对保险这一概念所做的完整的、确切的表述。

　　保险不仅是承保风险、处理风险的一种科学方法，更重要的是，保险是对这种风险造成的损失给予合理的经济补偿，以继续维持社会生产连续性的一种经济手段和措施。通过一保一赔，发挥其危险分散、损失消化的社会职能。从这个意义上说，"无风险，无保险；无损害，无保险"的表达更加能够充分地表达保险的确切含义。风险与损失是不同的，它们既有一定的区别，又有一定的联系。它们相互作用，共同构成保险这一特殊事物的因果关系。可以这样认为，没有风险的存在，就不会有损失的发生；没有损失的发生，风险也失去了意义。风险事故是造成损失的条件，损失是风险事故的必须结果，两者之间是辩证的统一，它们相辅相成，缺一不可。在分析了海上保险的风险事故以后，我们要进一步对海上保险的损失问题进行探讨和考察。

海上保险承保的损失包括风险事故（保险人所承保的）发生引起保险标的本身发生的损失以及相关的费用损失，由于两者之间的内容和产生的原因都不一样，我们要对此进行认真的分析。

第一节　全部损失

全部损失（Total Loss）指的是保险标的物遭受自然灾害或意外事故，造成保险标的之全部损失。全部损失可分为四种形式：实际全损、推定全损、协议全损和可划分的部分全损。

一、实际全损（Actual Total Loss）

（一）定义

实际全损（绝对全损）是保险标的物实际上根本不能恢复，或完全灭失或不可避免地要完全灭失。英国 1906 年《海上保险法》第五十七条对全损的解释是：Where the subject-matter is destroyed, or so damaged as to cease to be a thing of the kind insured, or where the assured is irretrievably deprived thereof. （当保险标的完全灭失，或者损坏程度严重到不再是与原保险标的的类似的事物，或者被保险人无可挽回地丧失了该保险标的的者，构成实际全损。）1992 年《中华人民共和国海商法》第二百四十五条对实际全损的解释是："保险标的发生保险事故后灭失，或者受到严重损坏完全失去原有形体、效用，或者不能再归被保险人所拥有的，为实际全损。"

（二）构成实际全损的条件

1. 保险标的发生保险事故后灭失

这种情况表现在海上运输货物被火烧毁、海上运输船舶遇险、船上货物沉入海底无法打捞、船舶本身沉入深海中等。

2. 保险标的发生保险事故后受到严重损坏完全失去原有形体、效用

这种情况表现在一些易腐烂变质性物质，如水泥遭海水浸泡后变成固体，面粉遭海水浸泡后不能使用等。虽然形式或实体还存在，但是已失去其使用价值。

3. 保险标的发生保险事故后不能再归被保险人所拥有

这种情况表现在一些被盗货物上。例如，船舶与货物被海盗劫走，或被敌对方捕获或没收。

4. 被保险船舶失踪达到规定的时限

如果船舶失踪达到6个月，音讯全无，可认为完全灭失。这种情况在联合国1985年草拟的《海上船舶保险条款范本》中称之为"假定全损"（Presumed Total Loss）。查明全损原因的责任在于被保险人或船东，如果查不出全损的原因，保险人可以拒赔。

二、推定全损（Constructive Total Loss）

（一）定义

推定全损是指保险标的在受损之后，虽然没有达到完全灭失的程度，但是其实际全损无法避免，或者其修理费、整理费、续运费用、施救费用、赎回费用等都超过获救后的保险标的物的价值。英国1906年《海上保险法》第六十条第一款和第二款对推定全损作了如下定义：Subject to any expressions provision in the policy, there is a constructive total loss where the subject-matter insured is reasonably abandoned on account of its actual total loss appearing to be avoidable or because it could not be preserved from actual total loss without expenditure which would exceed its value when the expenditure had been incurred.

1992年《中华人民共和国海商法》第二百四十六条对推定全损的解释是："船舶发生保险事故后，认为实际全损已经不可避免，或者为避免发生实际全损所需支付的费用超过保险价值的，为推定全损。货物发生保险事故后，认为实际全损已经不可避免，或者为避免发生实际全损所需支付的费用与继续将货物运抵目的地的费用之和超过保险价值的，为推定全损。"

（二）推定全损构成的条件

（1）保险船舶受损后，修复费用已超过船舶的保险金额或修复后的市场价值。

（2）保险货物受损后，修复费用加上续运到保险目的地的费用支出超过货物到达目的地的市场价值。

（3）保险标的实际全损已无法避免，或者为了避免实际全损所需的施救费用将超过获救后的保险标的市场价值，如航行中的船舶触礁而遭受严重损坏。

（4）保险标的遭受保险责任范围内的事故，而被保险人失去保险标的之所有权，为收回所有权所支出的费用将超过保险金额或收回后保险标的之市场价值。

保险标的只要是上述情况之一者，被保险人可按推定全损要求赔偿。

（三）推定全损与委付的关系

委付（Abandonment）是指受损保险标的物被认定为推定全损时，被保险人向保险人提出全部损失的赔偿要求，同时将该保险标的物的所有权转移给保险人的行为。委付是海上保险的一种特有的制度，是指在发生推定全损的情况下，被保险人将保险标的物的一切权利移交给保险人，然后请求保险人支付该保险标的物的全部保险金额。委付是构成推定全损索赔的先决条件，也是被保险人索赔的形式之一。

1992年《中华人民共和国海商法》第二百四十九条规定："保险标的发生推定

全损，被保险人要求保险人按照全部损失赔偿的，应当向保险人委付保险标的。保险人可以接受委付，也可以不接受委付，但是应当在合理的时间内将接受委付或者不接受委付的决定通知被保险人。委付不得附带任何条件。委付一经保险人接受，不得撤回。"该法第二百五十条规定："保险人接受委付的，被保险人对委付财产的全部权利和义务转移给保险人。"英国 1906 年《海上保险法》第六十三条规定：委付经确定后，所有保险标的物之剩余部分，及其一切所有权利，均让给保险人所有。

因此，委付的目的是通过被保险人通知保险人关于保险标的物发生的损失，以便保险人有机会采取措施，减少风险事故造成的损失。按照英国 1906 年《海上保险法》的规定，被保险人办理委付应注意以下几点：

（1）委付确定后，必须向保险人发出委付通知，否则其损失只能以部分损失处理。

（2）委付通知一般以书面形式，经保险人承诺后才能生效。

（3）委付应该在调查或评估的基础上发出，仅知道事故发生而不知道损失的详细情况，不得立即发出。委付必须是被保险标的之全部委付，不能只委付其中的一部分。但如果是同一张保单上的标的物分列清单，对其中的一种标的物，也可单独进行委付。被保险人要求委付不能附带任何条件。

（4）委付一旦成立，就不能反悔。此外，委付的条件还规定，修理费用、恢复原标的费用必须超过船舶的保险价值，才可以视为推定全损并得到赔偿。但损失由被保险人的恶意行为所致，则不能赔偿。

（5）委付通知发出后，被保险人的权利不因保险人是否接受而受到影响。虽然保险人对是否接受委付有选择权，但保险人仍按照保险合同的规定承担其应有的责任。

（四）委付的作用

委付是一种合同行为，需要经过保险人的承诺才能生效。按照英国 1906 年《海上保险法》第六十三条的规定：Where there is a valid abandonment, the insurer is entitled to take over the interest of the assured in whatever may remain of the subject-matter insured and all proprietary rights incidental thereto. Upon the abandonment of a ship, the insurer thereof is entitled to any freight in course of being earned, and which is earned by her subsequent to the casualty causing the loss, less the expenses of earning it incurred after the casualty; and, where the ship is carrying the owner's goods, the insurer is entitled to a reasonable remuneration for the carriage of them subsequent to the casualty causing the loss.

上述的意思是：如果被保险人就货物办理委付，保险人有权接管被保险人对货物的一切剩余利益以及与其有关的所有财产利益。如果是就船舶办理委付，船舶保险人有权得到正在赚取和在引起损失的事故发生后船舶收取的任何运费，减去在引起损失发生的事故后为获得该运费所支付的费用；如果船舶装载的是船舶所有人的货物，保险人有权获得因造成损失后运送货物的合理报酬。

当船舶被委付给保险人时，保险人有权得到被保险人残损标的物的权利和利益。但是保险人通常不准备行使这一权利，因为这意味着保险人承担与船舶相关的一切义务和责任。一般说来，保险人同意按推定全损赔付而不愿意接受船舶货物的残骸，因为沉没在航道上的船舶，按照有关航道部门的要求，必须将沉船打捞或移走，以保障海上航道的畅通。而这种打捞费、移动费非常昂贵，有时超过船舶货物的残值。这是任何保险人都不愿承担的。如果被保险人接到保险人的拒绝通知，被保险人必须负担将沉船打捞移走的责任。

综上所述，实际全损和推定全损都是全部损失，在赔偿的处理上也有所不同。实际全损是被保险船舶与货物无可挽回的完全损失，被保险人不需要办理委付手续，就可要求保险人按全损赔付。推定全损是被保险船舶与货物在受损后还没有完全丧失，根据情况，可以修复或可以收回，只是在修复和收回之中，所需费用超过获救后货物的原价值。被保险人可以向保险人办理委付，要求得到全损赔付，也可以不办理委付，保留对残余物的所有权，保险人按照部分损失负责赔款。

三、协议全损（Arranged Total Loss）

协议全损是指被保险标的物遭受的损害不是实际全损，又没有达到推定全损的要求。但是，为了维持被保险人与保险人之间良好的业务关系，双方都同意按全部损失进行赔偿。以利于双方今后业务的进一步发展和进一步合作，使保险人的客户相对稳定。因此，保险人按全部保额赔付给被保险人。按照这种方式进行的赔付，称之为协议全损。协议全损赔付可以"化繁为简"，提高赔付处理效率，使被保险人及时获得补偿。保险人在考虑协议全损时，也要考虑自己的利益，不要凭个人感情而牺牲公司的利益，过多地采用协议全损的方式处理理赔。

四、可划分的部分全损（Apportioned Partial Total Loss）

英国 1906 年《海上保险法》在谈到单独海损保证时规定：Where the subject-matter insured is warranted free from particular average, the assured cannot recover for a loss of part, other than a loss incurred by a general average sacrifice, unless the contract contained in the policy be apportionable; but, if the contract be apportionable, the assured may recover for a total loss of any apportionable part. Where the subject-matter insured is warranted free from particular average, either wholly or under a certain percentage, the insurer is nevertheless liable for salvage charges, and for particular charges and other expenses properly incurred pursuant to the provisions of the suing and laboring clause in order to avert a loss insured against.

这段话的意思是：如果保险标的按不赔单独海损条款投保，除非保险合同是可分割的，被保险人所遭受的部分损失不能获得赔偿，但属于共同海损牺牲的损失可获赔偿；如果保险合同是可分割的，被保险人可就任何可分割部分的全损获得赔偿。

假如保险标的按不赔单独海损条款投保，无论是全部单独海损，还是一定比例以下的不赔单独海损，保险人都只承担救助费用和根据施救条款为避免可保损失而合理发生的特殊费用和其他费用。

这种规定主要是针对货物而言，大部分货物是可以分割（不破坏原来的特性前提下）的。对于船舶来说，不存在任何可划分的部分，因为无论是绝对全损还是推定全损，都是以一艘船为单位。为了准确把握全损的范围，保险人一般要在保单上对全损做出十分明确的规定。以下几种情况属于可划分的全部损失的范畴：

（1）保险单上载有两项以上的保险金额，其中有一项发生全部损失。

（2）同一保险单上承保两种以上不同类别的货物，并且不同货物的数量和保险金额分别列出，其中有一类货物发生全部损失。

（3）在装货、卸货、转船时，整批货物中有一件或数件货物发生全部损失。

（4）使用驳船分批驳运时，装载于同一驳船的货物发生全部损失。

（5）保险单已载明若干件货物分别承保，分别承保的若干件货物发生全部损失。

在海上保险中，不论是实际全损还是推定全损，其赔偿金额都为该批货物的全部保险金额。但是，在发生可划分的部分全损时，其赔偿金额是全损部分的保险金额。当全损发生时，构成保险金额的部分费用尚未支出，以致不需要支出时，赔偿金额应减去不需要支付的部分。

例如，一批货物按 CIF 价格条件出口，货物价值为 400 万元，其中包括预期利润 10%、运输费用 50 万元，运输费用预定在货物装船后支付。这批货物在启运港码头船边等待装船时发生火灾，货物被大火烧毁。在支付赔款时，保险人支付的数额应扣除运输费用 50 万元，实际支付赔款 = 400 - 50 = 350 万元。

在货物没有全部运出的情况下，全部损失的赔偿金额也不是全部保险金额，而是已经运出部分的保险金额。

例如，出口到国外某一货物为 40 万吨，投保金额为 4 000 万元，结果只有 20 万吨货物在装船运输时遭受全部损失。根据这一情况，赔偿金额就是保险金额的 50%，即赔偿金额 = 4 000×50% = 2 000 万元。

至于船舶保险，不论是实际全损还是推定全损，赔偿金额都是投保金额，因为船舶保险是以船舶为一单位的。但是，如果船体与机器的价值分别载明在保险单上，保险人对于其中任何一项因承保风险所造成的全部损失，仍须承担赔偿责任。在这种情况下，赔偿金额是该项全损项目的保险金额。

第二节　部分损失

部分损失是指保险标的物受损尚未达到全部损失的程度。对于任何损失，不是全部损失，就是部分损失。掌握这一概念十分重要，因为在海洋运输货物保险中，有些险种对部分损失不负赔偿责任。部分损失可分为单独海损和共同海损两种。

一、单独海损（Particular Average Loss）

英国1906年《海上保险法》第六十四条对单独海损的解释是：A particular average loss is a partial loss of the subject-matter insured, caused by a peril insured against, and which is not a general average loss. 这段话的意思是：单独海损损失是指某种承保危险造成的保险标的物的部分损失，其并非共同海损损失。

单独海损又称"特别海损"，是共同海损的对称，是保险标的物因海上风险或其他意外事故造成局部损失。而这部分损失只与单方利益方有关，并由利益所有人或承保人单独负担赔偿。

例如，某外贸进出口公司出口衬衣100箱，运输途中遭受暴风雨袭击，使衬衣受到海水浸泡，造成损失，该项损失与船方和其他货主无关，属于单独海损。因此，单独海损纯粹是偶然的意外事故所致。单独海损主要可以分为以下几类：

（1）船舶损失。船舶损失主要是指船舶在航行中，发生海上风险及其他意外事故，导致船舶起火、搁浅或碰撞等，致使船体损坏。

（2）货物损失。货物损失是指货物在运输过程中，遇到突发性意外事故，致使货物在品质上的损毁、数量上的灭失、价值上的损失。货物的单独海损可分为货物的完全损毁、灭失和货物受到部分损失两种。

（3）运费损失。运费的种类很多，因此运费损失不同于船舶损失和货物损失。这一损失必须是因船舶或货物遭受到某种程度的损失而发生的运费损失。

二、共同海损（General Average Loss）

（一）共同海损的定义

共同海损是指载货船舶在运输中遭受海上风险或外来风险危及船与货的共同安全。为了挽救船舶与货物，采取合理措施而产生的合理费用和部分保险物的损失（习惯上叫牺牲）。这部分费用和损失由船舶、货物、运费有关受益各方根据船舶及货物到达目的港时的市场价值按比例分摊。英国1906年《海上保险法》第六十六条对共同海损做出了详细的解释：

（1）A general average loss is a loss caused by or directly consequential on a general average act. It includes a general average expenditure as well as a general average sacrifice. （共同海损损失是由共同海损行为造成的或其直接后果所致的损失。它包括共同海损牺牲和共同海损费用。）

（2）There is a general average act where any extraordinary sacrifice or expenditure is voluntarily and reasonably made or incurred in time of peril for the purpose of preserving the property imperiled in the common adventure. （在危险发生时，为保护共同冒险同一航程中处于危险的财产，如果有意而合理地做出或产生任何特殊牺牲或费用，即构成共同海损行为。）

（3）When there is a general average loss, the party on whom it falls is entitled, subject to the conditions imposed by maritime law, to a ratable contribution from the other parties interested, and such contribution is called a general average contribution. （若发生共同海损损失，根据海商法规定的条件，遭受损失的一方有权从其他利益方得到比例分摊，这种分摊称为共同海损分摊。）

（4）Subject to any express provision in the policy, where the assured has incurred a general average expenditure, he may recover from the insurer in respect of the proportion of the loss which falls upon him; and, in the case of a general average sacrifice, he may recover from the insurer in respect of the whole loss without having enforced his right of contribution from the other parties liable to contribute. （除保险单另有明确规定外，被保险人遭受的共同海损费用，可以按其承担的损失比例，从保险人处获得赔偿，而对于共同海损牺牲，被保险人无须先请求其他利益方进行分摊，即可从保险人处获得全部损失的赔偿。）

（5）Subject to any express provision in the policy, when the assured has paid, or is liable to pay, a general average contribution in respect of the subject insured, he may recover therefor from the insurer. （除保险单另有规定外，在被保险人已经支付或有责任支付有关保险标的的共同海损分摊时，他可以从保险人处得到相应的赔偿。）

（6）In the absence of express stipulation, the insurer is not liable for any general average loss or contribution where the loss was not incurred for the purpose of avoiding, or in connection with the avoidance of, a peril insured against. （在无明文规定时，保险人对不是为了避免承保危险或与此有关的共同海损损失和共同海损分摊不负责任。）

（7）Where ship, freight and cargo, or any two of those interests, are owned by the same assured, the liability of the insurer in respect of general average losses and contributions is to be determined as if those subjects were owned by different persons. （如果船舶、运费和货物，或者其中任何两种利益属于同一被保险人，保险人对共同海损损失及分摊所负的责任，如同上列利益由不同所有人享有一样。）

共同海损与单独海损均属于部分损失，但从其损失的起因和性质看，两者有本质的区别，应严格根据其损失的起因和性质加以区分，不能混淆。例如，船舶搁浅、起火或碰撞所造成的船舶损坏，货物变质、受损、灭失或因船舶、货物的损失影响运费的收入等，都不属于共同海损的范畴。

（二）共同海损的起源

共同海损的建立可以追溯到古希腊时期。古希腊南部的爱琴海岛屿众多，岛上农产品十分丰富。起初船舶和货物往往同属一个人所有，即使是船与货在海上遇到意外事故造成损害和灭失，那也是个人的损失。随着贸易的不断发展，船和货物不再是同属一人的，于是就出现了船东受他人委托而携带他人货物往返于各岛之间，代为交换的这种形式。船上货物不属船东所有，在船舶遇到危险时，为了摆脱危险，或降低危险程度，船东有时不得不将船舶桅杆和帆篷砍断，以减小风浪压力，或者抛弃部分承运货物，避免船舶、货物全部损失。造成的这种损失由船东返回岛后与货主共同承担。当时的这种做法只是流传的一种习惯。后来，这种习惯被写成文字刻在铜牌上："为了大家而牺牲的财产，应由大家来补偿。"这样，共同海损的基本原则开始建立。

古希腊、罗马帝国的法律先后被欧洲各国加以引用，并在此基础上形成各国的法律。在这些法律中，对船舶在航行中遇到危险而抛弃货物或者砍断桅杆以减轻船载、增加稳定及船舶搁浅后如何减轻船载货物使之脱离搁浅等，都做出了相应的规定。

由于海上贸易的地区逐渐拓展，货物交换的范围跨出了地中海，扩大到非洲的西海岸。商人为了获利，在自己经济能力不够时，便向他人借款买货、增加资本，以进行更大的贸易。当时，借贷双方商定，如果获利归来要加倍偿还；如果在航行中遭遇事故，货物完全灭失则不要归还贷款。此种业务后来传到英国，借贷业务均在咖啡馆中进行。而在咖啡馆经营中，信誉最好、信息最灵通的是劳埃德咖啡馆。因此，海外传来的信息和采取的措施，经商人口述后，由劳埃德咖啡馆记载成册。当时英国公布的"实用规则"就是根据这些记载制定的，从而这成了建立英国共同海损理算的基础。

19世纪以后，随着航海贸易的迅速发展，共同海损的发生日益频繁。为了统一各国的实际操作，更好地运用共同海损规则，经欧洲各国互相探讨，并在英国的约克郡（York）和比利时的安特卫普城（Antwerp）轮流开会讨论，形成了统一的欧洲共同海损理算规则，定名为《约克—安特卫普规则》。该规则经多次修改和补充，明确规定了如下两点：

（1）在海上运输中，船舶和货物等遭受自然灾害、意外事故或其他特殊情况，为了减少损失而采取的合理措施所引起的特殊损失属于共同海损。

（2）采取有意和合理措施所引起的额外费用损失也属于共同海损。

这一规则现已被世界上大多数国家的航海、贸易界采用，并作为共同海损理算的依据。

（三）共同海损成立的先决条件

共同海损行为仅限于在海上冒险遭遇海难时。为了共同安全以保存船舶与货物为目的，有意的、合理的行为或发生的任何牺牲或费用，所以，共同海损必须具备以下条件：

1. 危险必须是真实的，并危及船舶与货物的共同安全

海上事故很多，只有为了解除航程中船舶与货物共同危险的损失与费用，才能称为共同海损。而所谓共同危险，其原因必须是同一的。这种共同危险必须是真实的存在或者是不可避免的。所谓不可避免的共同危险，主要是指船舶发生事故或发生特殊情况，当时虽然没有实际危及船舶和货物的共同安全。但是，如果不采取措施，最后将不可避免地给船舶与货物带来共同损失。此外，在一般情况下，导致共同海损的危险是不可预测的。可以预测或臆测的危险均不能构成共同海损。

既然是共同危险，当然危险是相同的，利益也是相同的。危险的存在会影响船舶与货物和其他利益方，船长所采取的措施必须使所有利益方受益，也就是为了共同安全和共同利益，并不是因为某一方的单独利益而采取的措施。例如，一艘装运原油的船舶，在运输途中因发动机发生故障而被迫驶向附近海港进行修理或更换发动机，在停靠期间发生的修理费或更换发动机费用以及停靠在码头的费用，不能视为共同海损的范围。

2. 措施必须是为了解除船舶和货物的共同危险而采取有意、合理的措施

共同海损所采取的措施，必须是为了船舶与货物的共同安全，因为共同海损行为是构成共同海损损失或费用的直接原因。但是这种直接解除船舶与货物共同危险的措施必须是故意的、合理的。

"故意"或"有意"的措施是指明知采取这种措施会引起一部分船舶与货物的损失或支付一定的额外费用，但是为了船舶与全部货物的安全，不得不这样做。例如，一艘船舶触礁后严重渗漏，船方决定立即进码头抢修，但潮水并不适合触礁船马上进码头抢修，因为这样做可能会造成码头的损坏。为了摆脱船舶与货物以及其他利益方的共同危险，船方不得不采取果断措施，将船舶驶进码头进行抢修，结果造成码头损坏。这种因抢修触礁船舶造成码头损坏的行为可视为共同海损的损失，由各利益方分摊赔付。

"合理"的措施是指在当时看来，这种措施可以有成效和节约的行为。有时候船方认为所采取的措施是合情合理的，但是有时候得不到保险人的确认或者在打官司时得不到法院法官的认可。因此，"合理"措施应该是名副其实的合理，是一种客观存在的事实，而不是一个人或几个人的主观臆断。船方的措施是否合理，大部分由法庭综合各种因素进行分析后做出结论。合理的标准在于采取的措施是否有成效，是否节约了其他的费用。例如，船舶遇到搁浅后，要抛弃一部分货物才能保住船舶与其他货物的安全，船长首先要考虑的是抛弃（牺牲）货物是不是价值低廉的、便于抛弃的货物。这样做既做到了有成效，又考虑到了节约的问题，是合理的抛弃行为，因而也符合全体关系方的利益。

3. 共同海损损失是特殊性质的费用，必须是额外支付的

这也就是说，共同海损损失必须在船舶营运核算以外的费用中支出。因此，判断一项损失是否属于共同海损的损失，首先必须从造成损失的原因开始进行分析。例如，船舶由于船方原因造成搁浅后，经过堵漏可以继续航行。为了使船舶脱离搁浅，非正常地使用船上轮机，造成轮机的损失，属于共同海损范围。

此外，该项损失必须是共同海损行为的直接后果所致。也就是说，一部分保险标的物的牺牲必须构成其他部分保险标的安全，而其他部分保险标的物的安全有赖于该部分保险标的物的牺牲。如果牺牲的部分保险标的物的行为与安全的部分保险标的物之间没有因果关系，那么就不能认为是共同海损的损失。例如，船舶在航行中发生意外火灾，为了货物与船舶的共同安全，船方采取紧急措施，将海水引入舱内，以扑灭大火，以致全部货物泡水。

在进行共同海损鉴定时，凡无火烧灼或烟熏痕迹而仅受到水泡的货物，其损失应列为共同海损的范围。对于那些既有火烧灼或烟熏痕迹而又受到水泡的货物，其损失不能视为共同海损范围。因为被水浸泡的情况是共同海损行为所致，即引水灭火是直接造成损失的原因。而被火烧灼或烟熏的情况则不是共同海损行为而是因火烧意外事故原因造成的损失。

4. 共同海损的牺牲或支付的费用必须有效果

形成共同海损是以船与货的获救为前提的，因此无论是抛弃货物或支付费用必须使船与货有获救的效果。如果没有效果，仍出现船与货的全损，也就不存在共同海损分摊的基础。

当保险标的遭受共同海损的牺牲后，按照惯例，可以先由保险人负责赔偿。然后将其损失列入共同海损理算的总损失额中，实施代位追偿，向各有关得益方收回这部分共同海损分摊额，保险人也应赔付保险标的项下应负的共同海损分摊额。船舶和货物保险人也应赔付保险标的项下应负的共同海损分摊额。

综合上述，宣布共同海损必须弄清楚是否全部具备以上条件。这些条件是一个统一的整体，缺一不可。只有全部具备了以上条件，才可以构成共同海损。

（四）共同海损的损失范围

共同海损牺牲和共同海损费用统称为共同海损损失。归纳起来，共同海损损失的内容可划分为货物的共同海损损失、船舶的共同海损损失和费用的共同海损损失三大类。在此，我们仅介绍前两种共同海损损失。

1. 货物的共同海损损失

货物的共同海损损失有以下三种表现形式：

（1）抛弃货物造成的损失。在海上运输途中，船长负有将货物安全运抵目的港的责任和义务，一般来讲，他对货物的处置没有任何权力。只有当船舶与货物在遭受到海上危险时，船长才有权处置货物，决定抛弃货物的种类和数量，造成的共同海损损失由船、货各受益方共同分担。在某种特别紧急的情况下，船长为保证船上人员的人身安全，可以将船上所有货物抛弃，其损失由船方单独分担。值得注意的是，抛弃舱面货物与抛弃舱内货物是有区别的。因为抛弃舱面货物一般情况下不构成共同海损，把货物放置在舱面的做法不尽合理，所以经常发生一些争议，为了解决这一问题，《约克—安特卫普规则》规定，凡是装载在甲板上的货物因抛弃而造成的损失，不能以共同海损分摊的方式得到补偿，除非是在习惯上被认为可以装载在甲板上的货物。换句话说，作为共同海损的只是那些商业习惯认可的舱面货物被抛弃造成的损失。例如，木材只能放在舱面，将舱面木材抛弃入海，可作为共同海损来处理。

另外，被抛弃的货物是所有货主在合同中同意装载于舱面的货物，那么可视为共同海损，并予以分摊。由于科技的发展，抛弃货物的情况已不是常见的情况了。

（2）因扑灭大火行为造成的损失。船舶在海上航行中发生火灾是常有的事，火灾造成的损失属于单独海损。为扑灭大火而采取的措施造成的货物损失或船舶损失和运费损失属于共同海损。常见的灭火造成的损失有货物湿损、消防费用支出、船舶损坏、火灾后的现场清理费用以及装卸费用等。此外，凿洞灭火造成的其他损失也被认为是共同海损。

（3）其他货物损失。这种损失包括使搁浅的船舶重新浮起引起的卸货损失，因遇到海上突发事件而有意搁浅造成的货物损失，船舶为了能继续航行，在资金不足的情况下出售或抵押货物造成的损失等。此外，抛弃旅客行李和物品也视同货物一样，作为共同海损来处理，行李所有人可从其他获救财产中得到损失的补偿。但商业货运船舶中是不允许有旅客的。

2. 船舶的共同海损损失

船舶是载货的主体，船舶如果没有安全保障，货物的安全保障根本无从谈起。船舶的共同海损包括以下几个方面：

（1）被抛弃的船舶附属物品。这里有两种观点：一种观点认为，被抛弃的与船体直接相连的附属物品和船舶航行所必需的甲板上的物品，都属于共同海损的范围；另一种观点认为，船舶的附属物品是指与船体直接相连的附属物品，如救生艇、船帆、传动装置、零件、船锚等，这些附属物品的抛弃是一种共同海损损失，而对于甲板上的物品，如燃料等被抛弃造成的损失，则不属于共同海损的损失。

（2）抢滩故意搁浅时的船体及机器和锅炉的损害。为了船舶和货物的安全而进行的故意搁浅措施造成船舶的损害，都被认为是共同海损牺牲。为了使搁浅的船舶重新浮起而造成的船体和机器或锅炉损坏，船方如能证明采取的这种措施是为了共同的安全而故意采取的冒险行为，也可以视为共同海损。但是，船舶如果处于漂浮的状态而使用推进器或者锅炉等设备造成的损失则不能认为是共同海损的范围。此外，根据1974年《约克—安特卫普规则》的规定，为共同安全进行的抛弃货物、开舱、凿舱、凿洞造成的船舶损失、为扑灭船上火灾造成的船舶损失以及因故意搁浅造成的船舶本身的损失等都视为共同海损。

（五）共同海损分摊

共同海损的分摊是指由共同海损的得救财产共同承担共同海损的损失费用。在这种共同海损中，受到损失的是同一航程中一个或若干个利益方，损失的程度各不一样，但受益的则是参与航运的全体。船方在遇到海上危险时以牺牲局部利益而保全全部的利益，这样牺牲的局部损失在全体利益方进行分配，使各利益方在航程结束时在经济上处于平等地位。在一般情况下，货物都投保了货物运输保险，货物保险人对于所承保风险引起的共同海损事故，不仅要赔偿单独海损的货物损失（如果有的话），还要承担共同海损牺牲和费用的货物获救价值承担的分摊额。共同海损分摊价值是指由于共同海损行为而受益的财产价值（包括船舶、货物、运费等）与因遭受共同海损损失而将要获得补偿的财产金额总和。

一般来说，共同海损的分摊价值是以获救财产的价值为基础的，因此凡因共同海损行为而受益的财产都应对其进行估价。此外，有些财产虽然因共同海损行为而暂时被牺牲掉了，但其中的一部分将要从其他各受益方那里得到补偿。这部分财产的价值虽然当时尚未兑现，但是最终是会得到的。因此，也应计算在共同海损分摊价值之内。下面就船舶的分摊价值和货物的分摊价值进行简单的阐述。

1. 船舶的分摊价值

船舶的共同海损分摊价值，是指可以参加共同海损分摊的价值。其有两种计算方法：第一种方法是按照船舶在航程终止时的当地完好价值，减除属于单独海损的损失金额计算；第二种方法是按照船舶在航程终止时的当地实际价值（残值），加上共同海损补偿额计算。例如，一艘船舶完好价值为 200 万美元，因遭受海损而支出修理费用 120 万美元，其中属于单独海损的修理费用 80 万美元，属于共同海损性质的修理费 40 万美元，按照两种方法计算船舶的共同海损分摊金额如下：

第一种方法 = 200（完好价值）- 80（单独海损）= 120（万美元）

第二种方法 = 80（实际价值，即 200 - 80 - 40）+ 40（共损补偿）= 120（万美元）

实际上，这两种计算方法的结果是一样的。在实务中，大部分采用第一种计算方法。

2. 货物的分摊（获救）价值

货物的共同海损分摊价值是货物在抵达目的地或在此之前航程终止的中途港的完好市价或受损市价，减去运输费、卸货费和进口税等，再加上共同海损补偿金额之和。例如，有一艘装有 2 000 箱货物的船舶在运输途中搁浅，为了使船舶重新浮起，被迫抛弃 600 箱货物，剩下的 1 400 箱货物安全运达目的港。如果每箱货物按批发价 200 元计算，进口税按每箱 10 元计算，运费按每箱 5 元计算，卸货费按每箱3 元计算，计算结果如下：

货物完好价值	200 × 1 400 = 280 000
减：进口税	-10 × 1 400 = -14 000
减：运输费	-5 × 1 400 = -7 000
减：卸货费	-3 × 1 400 = -4 200
	= 254 800（元）

3. 运费的分摊（获救）价值

运费可以分为提单运费和租船运费两种。提单运费是由托运人的支付给船方或租船人的运费。有如下三种支付手段：

（1）预付运费。货物装船之后，船方预收货主的运费，如果货物在船运当中遭受灭失，不会影响船方的运费收入。由于这种运费包括在货物价值之中，所以运费的共同海损分摊已经计算在货物的共同海损分摊价值中了。

（2）到付运费。船方在目的港交货后才能收取货物运输费。如果发生共同海损事故，货主将按到港货物数量与总货物数量的比例支付"到付运费"。因此，到达目的港后"到付运费"的分摊价值是货主在目的港实际支付的运费。

（3）部分预付运费和部分到付运费。按货物运费的价值比率支付，在一般情况下，按 50%的比率支付预付运费和部分到付运费。同样，对于预付部分运费，不论货物是否灭失均不退回。对于到付的部分运费，其风险由船方承担，其计算方式与第二种计算方法进行。

拓展阅读　　　　　含有牺牲项目的共同海损分摊计算方法

为了体现共同海损的公平原则，被牺牲的共同海损关系人也应该分摊海损牺牲。一方面，被牺牲关系人不能因为共同海损行为而不受到任何不利影响；另一方面，被牺牲关系人也不能因此而受益。因此，不论是货物得救者还是货物牺牲者，在航行结束时，都按照共同分摊的原则进行分摊。例如，有一艘船舶在航行中遇到海上风险发生了共同海损事故，共同海损有关数据如表3-1所示。

表3-1　共同海损事故有关数据

项目	金额/元
共同海损的牺牲和费用（摊水费）	700 000
船舶的分摊价值	3 000 000
货物甲的分摊价值	400 000
货物乙的分摊价值（已牺牲）	300 000
货物丙的分摊价值	500 000
共同海损的分摊价值总额	4 200 000

根据共同海损分摊原则，结果如下：

①船舶分摊金额 $= 700\,000 \times \dfrac{3\,000\,000}{4\,200\,000} \approx 500\,000$（元）

②货物甲分摊金额 $= 700\,000 \times \dfrac{400\,000}{4\,200\,000} \approx 66\,667$（元）

③货物乙分摊金额 $= 700\,000 \times \dfrac{300\,000}{4\,200\,000} \approx 50\,000$（元）

④货物丙分摊金额 $= 700\,000 \times \dfrac{500\,000}{4\,200\,000} \approx 83\,333$（元）

从上述的计算结果可以看出：共同海损损失和费用总额为700 000元，共同海损的分摊价值总额是4 200 000元，损失和费用额占分摊价值总额的16.67%。共同海损关系各方均应负担16.67%的共同海损的"损失和费用"（或称共损成本）。船方应分摊共同海损的"损失和费用"500 000元。货物甲没有损失，但应分摊共同海损的"损失和费用"66 667元；货物乙全部牺牲而损失，但应分摊共同海损的"损失和费用"50 000元；货物丙没有损失，但应分摊共同海损的"损失和费用"83 333元。货物甲和货物丙在共同海损行动中，本身没有受到损失，但作为获救的代价，也要额外承担共同海损"损失和费用"的分摊。货物乙因牺牲而全部损失，但考虑到利益一致的原则，在共损理算报告中，可以获得的补偿是250 000元（300 000-50 000）。这样，有关各方的获救比例都是83.33%（100%-16.67%）。

（六）单独海损与共同海损的区别

单独海损和共同海损都属于部分损失的范畴，但还是有很大区别的。现就其不同点分别阐述如下：

1. 原因不同

尽管单独海损与共同海损都属于部分损失，但是发生的起因是不同的。单独海损的损失是由于意外事故的原因造成的。例如，船舶搁浅、起火、碰撞等所造成的船舶损坏、货物受损或由于货物的受损影响船东的运费收入，都属于单独海损的范围。而共同海损的损失是由于人们有意的行为引起的，它是在船舶和货物面临共同危险或者在遭到危险之后，为了船、货的共同安全，人为地采取措施，如抛弃一部分货物，减轻船载，避免沉没，造成一部分货物损失。这种抛弃货物造成一部分损失就是共同海损的损失。因此，从发生损失的起因不同，就可以分辨出是否属单独海损和共同海损。

2. 补偿方式不同

单独海损的补偿方式比较简单，而共同海损的补偿方式较为复杂。在单独海损中，如果不涉及第三者责任，由受损方自行负责补偿；如果单独海损的损失是由第三者的责任造成的，则由第三者负责补偿。一般来讲，货物受损方投保了运输保险，因此其损失由保险人承担赔偿责任。共同海损的损失补偿比单独海损要复杂得多。由于共同海损的损失是为了船、货的共同安全而自愿做出的牺牲，所以由共同海损行为引起的损失，应在船、货各利害关系人之间，按照船舶与货物到达目的地的价值，按比例分摊。如果没有投保货物运输保险的货主自行承担按比例分摊的份额，已投保货物运输保险的货主对于应承担的分摊份额由保险人支付。然而，投保货运保险与承担共同海损分摊本身并不发生影响，所影响的只是分摊给关系人的分摊额，不是由自己支付，而是由保险人支付。

第三节 费用损失

海上风险除了使被保险标的本身遭受损失之外，还会带来费用上的损失（Loss of Expenses）。一般情况下，保险人对费用损失负责赔偿。海上保险的费用损失有以下几种：

一、施救费用（Sue and Labor Expenses）

施救费用是保险标的在遭受保险责任范围内的灾害事故时，被保险人及其代理人有责任对此进行施救，在施救、保护和清理过程中就会产生合理的施救费用。保险人鼓励被保险人对受损标的物进行施救，目的是减少损失或防止保险标的的损失的扩大。如果施救取得成功，它既减少了社会财富的损失，也可减少保险人的赔款支出。因此，保险人除了对保险标的物的损失给予赔偿外，对合理的施救费用也负责赔偿。

《伦敦保险协会货物条款》中对被保险人采取施救做出了明确的规定：It is the duty of the Assured and their servants and their servants and agents in respect of loss recoverable hereunder to take such measures as may be reasonable for the purpose of averting or minimizing such loss, and to ensure that all rights against carriers, bailees or other third parties are properly preserved and exercised and the Underwriters will, in addition to any loss recoverable hereunder, reimburse the Assured for any charges properly and reasonably incurred in pursuance of these duties.

这段话的意思是说，对于本保险应予以赔偿的损失，被保险人、其雇佣人和代理人有义务采取合理措施，以避免或减少这种损失。同时，确保对承运人、受托人或其他第三者的追偿权利得以适当地保留和行使。保险人除赔偿其承保的任何损失外，还应就被保险人为履行上述义务而适当和合理发生的任何费用，赔偿给被保险人。

但是，如果被保险人经过积极抢救，并无效果，保险标的仍然发生全损，那么保险人除按全损赔付给被保险人之外，应酌情支付适当的施救费用。保险人对保险标的物的损失和对施救费用的赔偿应有一个保险金额的限制，施救费用的赔偿以保险金额为限。各国的保险条款对此项都进行了明确的规定。

二、救助费用（Salvage Charges）

救助费用是保险标的在运输途中遭受到承保范围内的灾害事故时，由第三者采取救助行为，使得保险标的获救，由被救方付给救助方的报酬。它不是保险人和被保险人之间对标的物的救助，因此应与施救费用区别开来。支付救助费用的目的同样是为了避免或减少保险标的物的损失。

英国1906年《海上保险法》第六十五条对救助的解释是：

"Salvage charges" means the charges recoverable under maritime law by a salvor independently of contract. They do not include the expenses of services in the nature of salvage rendered by the assured or his agents, or any person employed for hire by them, for the purpose of averting a peril insured against. Such expenses, where properly incurred, may be recovered as particular charges or as a general average loss, according to the circumstances under which they were incurred. （"救助费用"是指非契约救助人根据海商法主张的费用。救助费用不包括被保险人或其代理人或其雇佣的其他人为避免承保危险而提供具有救助性质的服务所支出的费用。此种费用的支出如属正当，则应根据提供服务的具体情况而将其作为特别费用或共同海损损失得到补偿。）

Subject to any express provision in the policy, salvage charges incurred in preventing a loss by perils insured against may be recovered as a loss by those perils. （除保险单另有明确规定外，为防止承保危险发生以致造成损失而产生的费用可以像承保危险造成的损失一样得到赔偿。）

同时，英国1906年《海上保险法》对救助费用产生的条件进行了规定：

（一）救助人必须是海难中财产关系方的第三者

被保险人或其代理人、雇用人员，如船员、水手所进行的救助不是救助行为，因此而支付的费用不得视为救助费用，因为他们是按自己的职责履行义务，但是，一旦船长宣布弃船，原来船上的船员、水手对船舶自愿进行的救助，则可被看成第三者的救助行为，因而应该获得救助报酬。

（二）救助行为必须是自愿的

救助人必须是自愿者，而不是事先与被救助方签订了合同而出于合同的义务，对遇难船舶与货物进行救助。救助合同是指危险发生时才签订的合同，在这种合同下产生的费用，应属于救助费用。例如，船东担心船舶在航行中发生事故，在开航时就雇用一艘拖轮对其进行拖带，显然这不应视为救助行为。反之，如果船舶在事故发生时，船东与某打捞公司签订救助合同，对该船舶进行救助所支付的救助报酬则属于救助费用。

（三）救助行为必须具有实际效果

目前，大多数国家采用"无效果则无报酬"的原则确定救助报酬，若无救助效果，即使救助方付出相当大的代价，被救助人也不给予报酬。但是随着时代的发展，对这一原则做了修改。其目的是鼓励救助人尽其所能对船舶与货物进行救助，尤其是当被救船舶或货物可能对海洋环境、人类生命等造成严重威胁和损害时，救助人有义务尽可能地防止或减少对环境的污染或损害，即使救助不成功，救助人也有权获得特殊补偿。

1992 年《中华人民共和国海商法》第一百八十二条规定，救助人进行本法第一百八十条①规定的救助作业，取得防止或者减少环境污染损害效果的，船舶所有人依照前款规定应当向救助方支付的特别补偿可以另行增加，增加的数额可以达到救助费用的 30%。

三、救助契约（Salvage Contract）

（一）无效果则无报酬合同（No Beneficial Result, No Remuneration is Due）

在无效果则无报酬合同项下，如果救助没有取得成功，被救助人不支付救助报酬。

1. 劳合社救助契约标准格式

1980 年制定的劳合社救助契约标准格式是目前被广泛采用的一种标准合同，由遇难船舶的船长同救助人签订，主要内容如下：

---

① 《中华人民共和国海商法》第一百八十条规定："确定救助报酬，应当体现对救助作业的鼓励，并综合考虑下列各项因素：（一）船舶和其他财产的获救的价值；（二）救助方在防止或者减少环境污染损害方面的技能和努力；（三）救助方的救助成效；（四）危险的性质和程度；（五）救助方在救助船舶、其他财产和人命方面的技能和努力；（六）救助方所用的时间、支出的费用和遭受的损失；（七）救助方或者救助设备所冒的责任风险和其他风险；（八）救助方提供救助服务的及时性；（九）用于救助作业的船舶和其他设备的可用性和使用情况；（十）救助设备的备用状况、效能和设备的价值。救助报酬不得超过船舶和其他财产的获救价值。"

（1）救助人同意尽最大努力救助遇难船舶和货物。

（2）若救助作业未取得任何效果，被救助人可不支付救助报酬。但是如果被救财产是满载或部分载货的油轮，即使救助未成功或部分成功或未能完成救助工作，被救助人也要支付合理的费用和不超过该项费用15%的利润。

（3）救助人可免费使用遇险船舶的某些设备，用于救助。

（4）救助工作完毕，救助人立即通知劳合社委员会收取担保金。担保金收取前，救助人对获救财产享有留置权。

2. 中国的救助契约

中国国际贸易促进委员会海事仲裁委员会制定的"无效果则无报酬"救助契约（Salvage Contract-No Cure，No Pay），共10条，主要内容如下：

（1）救助人应当把救助的船舶和货物送到商定的地点。

（2）救助人可免费使用被救船舶上的机器设备。

（3）救助成功，可得到报酬；救助部分成功，只能获得适当报酬。如果对报酬金额未达成协议，向中国国际贸易促进委员会海事仲裁委员会提请仲裁。

（4）双方当事人协议，被救船舶在救助工作完成后，立即向中国国际贸易促进委员会海事仲裁委员提交保证金。

（5）如果没有救助人或中国国际贸易促进委员会海事仲裁委员的书面同意，被救船舶和财产不得从获救地点转移。

（6）船舶代表船主、货主等签订契约，船主、货主等应当各自履行本契约的规定。

（二）雇佣救助契约（Salvage Contract by Employment）

雇佣救助契约是指救助人和被救助人在救助前或救助过程中签订的，按实际支出计算报酬。在这种合同项下，救助报酬是依据救助人花费的人力、物力和时间来计算的，救助效果不是取得救助报酬的前提条件，无论救助成功与否，被救船舶均需向救助人支付实际救助费用。

一般说来，"无效果则无报酬"契约对被救助人有利，而雇佣救助契约对救助人有利。但雇佣救助契约报酬相对较低，遇险船舶的船主和货主只有在救助有把握情况下，才会签订雇佣救助合同。

拓展阅读

英国1906年《海上保险法》（*Marine Insurance Act*）是麦凯尼齐·达尔泽尔·查默斯（Mackenizie Dalzell Chalmers）爵士于1894年起草完成的。当年该法案提交给贵族院讨论，然后由赫舍尔（Herschell）勋爵指定给一个由律师、船东、保险人和理算师组成的委员会进行讨论。1900年，该法案被提交给一个由英国上议院及大法官哈尔斯布蒂（Halsbuty）勋爵组成的委员会讨论。1900年，该法案在英国上议院获得通过，但在英国众议院受阻。1906年，该法案由兼任上议院议长的洛尔本（Loreburn）大法官提议并最终获得通过。1906年12月31日，该法案获得英国女王御准。

课后练习题（三）

一、名词解释

1. 实际全损
2. 推定全损
3. 委付
4. 施救费用
5. 救助费用

二、是非判断题

1. 保险标的发生保险事故后灭失或者受到严重损坏完全失去原有形体、效用或者不能再归保险人所拥有的，为实际全损。（　　）

2. 被保险船舶失踪达到一定时间，国际上一般为 3 个月，音讯全无，可视为完全灭失。联合国 1985 年草拟的《海上船舶保险条款范本》中称之为"假定全损"。（　　）

3. 查明全部损失原因的举证责任在于被保险人或船东，如果查不出造成全部损失的原因，保险人可以拒赔。（　　）

4. 船舶发生保险责任事故后，如果实际全损已经不可避免或者为避免发生实际全损所需支付的费用没有超过保险价值，被认为推定全损。（　　）

5. 委付是指在发生推定全损的情况下，被保险人将保险标的物的一切权力移交给保险人，然后请求保险人支付该保险标的物的全部保险金额。（　　）

6. 共同海损是指载货船舶在运输中遭受海上风险或外来风险，为了船舶与货物的共同安全，采取合理措施而导致船船与货物一部分财产损失，这部分损失由船舶、货物、运费有关受益各方根据船舶及货物到达目的港时的价值按比例分摊。（　　）

7. 船舶在海上航行中发生火灾是常有的事。为扑灭大火而采取的措施造成的货物损失或船舶损失和运费损失不属于共同海损的范围。（　　）

8. 施救费用是保险标的在遭受保险责任范围内的灾害事故时，第三方及其代理人进行施救，在施救、保护和清理过程中产生合理的施救费用。（　　）

9. 救助费用是保险标的在运输途中遭受到承保范围内的灾害事故时，被保险人采取救助行为而使得保险标的获救的行为。（　　）

10. 《劳合社救助契约》是一种标准格式合同。如果救助作业未取得任何效果，被救助人可不支付救助报酬。但是如果被救财产是满载或部分载货的油轮，即使救助未成功，被救助人也要支付合理的费用和不超过该项费用 15% 的利润。（　　）

三、单项选择题

1. 委付是指保险人向被保险人支付赔偿后，由被保险人提出把权利转交给保险人。下列选项中，不是委付成立的必要条件是（　　）。

    A. 委付应是就保险标的全部提出要求

    B. 委付不得附有条件

    C. 委付必须经过被保险人同意

    D. 委付必须由被保险人向保险人提出

2. 委付是指保险人向被保险人支付赔偿后，由被保险人提出来的行为。只有在（　　）的前提下，才有可能出现委付的情况。

    A. 实际全损　　　　　　　　　　B. 协议全损

    C. 部分全损　　　　　　　　　　D. 推定全损

3. 共同海损是指当船舶、货物遭遇共同危险时，为了（　　），有意地、合理地采取措施造成船舶与货物一部分财产损失的特殊牺牲、支付的特殊费用，由各受益方按比例分摊。

    A. 个人财产　　　　　　　　　　B. 船方利益

    C. 货方利益　　　　　　　　　　D. 共同利益

    E. 公共利益

4. （　　）是指被保险货物遭遇承保灾害事故时，被保险人为避免、减少损失采取各种抢救、防护措施时所支付的合理费用。保险人对施救费用的赔偿金额不得超过保险合同所载明的保险金额。

    A. 共同海损费用　　　　　　　　B. 救助费用

    C. 分摊费用　　　　　　　　　　D. 施救费用

5. 船舶或货物发生保险责任事故后，为避免或减少损失的进一步扩大，要采取施救措施，发生的施救费用是一种（　　）。

    A. 单独费用　　　　　　　　　　B. 共同费用

    C. 分摊费用　　　　　　　　　　D. 特别费用

6. 船舶或货物遭受危险，要求请第三方进行救助，所发生的救助费用由（　　）支付给救助方作为救助报酬。

    A. 政府　　　　　　　　　　　　B. 保险公司

    C. 被救助方　　　　　　　　　　D. 船主

7. 单独海损损失的分摊原则是（　　）。

    A. 受损方承担　　　　　　　　　B. 所有货主共同分摊

    C. 由受损方承担一部分　　　　　D. 所有货主共同分摊一部分

8. 船舶在航行或停泊中遭遇意外，使船舶底部与海底河床紧密接触，使之处于静止状态，失去继续航行能力，并造成停航 12 小时以上。这种情况属于（　　）。

A. 沉没   B. 搁浅

C. 触碰   D. 失踪

9. 如果共同海损牺牲或费用支出之后，船舶、货物仍然遭受全部损失，正确的处理方法是（　　）。

    A. 视为共同海损

    B. 不视为共同海损，损失由各方自行承担

    C. 可以分担

    D. 对其他利害关系人主张分摊

10. 在确定共同海损分摊时，要区分哪些属于共同海损分摊，哪些不属于共同海损分摊。下列选项中，不属于船舶共同海损分摊的是（　　）。

    A. 船舶甲板中的燃料   B. 船舶中的救生圈

    C. 船舶中储存的零件   D. 搁浅、机器和锅炉的损失

四、思考题

1. 怎样区分实际全损与推定全损？
2. 共同海损成立的条件是什么？
3. 施救费用与救助费用的区别是什么？
4. 单独海损与共同海损有什么不同？
5. 海上保险委付的构成条件是什么？

五、案例分析

V 轮是某国一艘载重量近 2 万吨的巨型油轮，建造于 1967 年。1994 年 9 月，该油轮受我国一家大型外贸企业的委派，前往南美洲阿根廷巴拉那河上游的罗萨里奥港装载一批毛豆油前往我国青岛。同时，该外贸企业在 A 保险公司投保了货物运输保险。

由于 V 轮上一航次装载的是原油，必须经过洗舱方可继续装载毛豆油。洗舱期间，巴拉那河水位一直在下降，该油轮不得不比预计装载 18 000 吨毛豆油少装了 6 000 多吨。9 月 8 日，V 轮在罗萨里奥港装载了 11 425 吨毛豆油后，起航向我国青岛驶去。然而，当罗萨里奥港的身影尚未消失殆尽，该油轮已搁浅在巴拉那河中。显然，河水水位的下降是造成 V 轮搁浅的重要原因之一。在试图用自身动力起浮几次均未获得成功后，V 轮不得不向当地救助公司发出求救电报。随后，一艘拖轮来到现场，与 V 轮船长签订了劳氏"无效果则无报酬"救助合约，前拖后推使 V 轮脱离了险境。而 V 轮经过潜水检查，发现船体未明显受损，故又继续了航程。

请根据救助成立的必要条件，分析本案的救助行为是否有效？V 轮是否应支付救助报酬？

第四章 海上保险合同概述

英国 1906 年《海上保险法》① 第一条对海上保险合同的解释是：A contract of marine insurance is a contract whereby the insurer undertakes to indemnify the assured, in manner and to the extent thereby agreed, against marine losses, that is to say, the losses incident to marine adventure. （海上保险合同是指保险人按照约定的方式和范围，对与海上保险有关的海上损失，向被保险人承担赔偿责任的合同。）

1992 年《中华人民共和国海商法》第二百一十六条规定："海上保险合同，是指保险人按照约定，对被保险人遭受保险事故造成保险标的的损失和产生的责任负

---

① 转引自北大法律信息网（www.chinalawinfo.com）。

责赔偿，而由被保险人支付保险费的合同。"

根据以上两种解释，我们可以对海上保险合同的概念做一个概括：海上保险合同是财产保险合同的一种，是海上运输中的投保人或被保险人按规定向保险人交纳一定的保险费，保险人对投保人或被保险人遭受保险事故造成保险标的损失，承担经济补偿的一种具有法律约束力的协议（Agreement）。

第一节　海上保险合同的要素与法律特征

一、海上保险合同的要素（Elements of Marine Insurance Contract）

海上保险合同与其他保险合同一样，其法律要求基本是一致的。为了使海上保险合同在法律上能够得到执行，必须具备以下六个基本要素：

（一）协议（Agreement）

协议是一方提出要约、另一方接受要约，双方达成的一个口头的或书面的约定，也是对要约的一种承诺。对于海上保险合同来说，首先由投保人提出订立海上保险合同的要求，这一要求在法律上称为要约（Offer），实务中称为"投保单"。这是签订合同的一个重要步骤。保险人接受投保人或被保险人提出要约的行为，在法律上称为承诺（Acceptance）。这是签订合同的另一个重要步骤。有时候，从要约的提出到要约的接受需要较长的一段时间。这是因为海上保险标的物（金额较大、内容复杂）的投保或承保过程比较复杂，经常需要保险代理人或保险经纪人参与才能完成。

（二）建立法律关系的意向（Intention to Create Legal Relations）

前面谈到，合同是一个具有法律约束力的协议。因此，即使双方就某一项目达成了一个协议或意向，可能还不能算是一个合同，因为他们所达成的协议没有法律约束力。例如，社交活动与一些家庭协议也没有法律约束力，没有人会认为参加一个朋友婚礼的邀请或接受朋友聚会的邀请就是建立了一个合同关系，被邀请者是否接受邀请都不会产生法律责任。

（三）对价（Consideration）

在一般的合同中，一方享有的权利是以另一方承担义务为基础的。保险合同（含海上保险合同）是射幸合同，因此合同双方之间的关系并不一定是义务完全对等，只需双方有对价的特点就可以。英国特许保险学会（CII）1991 年编写的《合同法与保险》（Contract Law & insurance）一书中，给"对价"下的定义是："Consideration means 'some right, interest, profit or benefit accruing to one party, or some forbearance, detriment, loss or responsibility given, suffered or undertaken by the other'."（对价是指一方产生的权利、利益、利润或受益，或者由另一方承受的忍耐、遭受的损害、损失或给予的责任。）根据这一定义，对价可以简述为：对价是指许诺人的一种利润或利益，或者是承诺人的一种损害。

在海上保险合同中，作为被保险人，对价体现在获得保险人风险承保的"利益"（Benifit），同时也要付出支付保险费的"损害"（Detriment）；作为保险人，对价体现在得到了被保险人交纳的保险费"利益"（Benifit），同时也付出了承担赔偿责任的"损害"（Detriment）。唯一的条件是必须有特定偶然事件的发生。某一保险标的物的保险金额为 500 000 元，火灾费率为 2‰，投保人支付保险费 1 000元。当保险标的发生全损时，保险人必须支付 500 000 元的赔款。这种 1 000 元与500 000 元的对价是用书面形式，真实、具体和合法地体现在保险合同中的。英国和欧美其他国家制定的合同法规当中，除另有约定外，没有对价的合同不能成立，是无效的。

（四）履行合同的能力（Contractual Capacity）

当事人签订保险合同，必须是具有行为能力的自然人或法人，能以自己的行为依法参与民事活动，行使民事权利和承担民事义务。自然人成为有行为能力人的要求是达到法定年龄，比如说年满 18 周岁、大脑清醒、心态健康、能够以自己的行为行使民事权利和承担义务。法人的行为由法人（企业、机构）的代表即法定代表人行使。只有具有行为能力的自然人或法人才有资格签订保险合同。

（五）合法的目的（Legal Purpose）

保险合同一经签订，便具有法律效力，并受国家法律的保护，由国家的法制力量保证其实现，因此保险合同的订立必须合乎法律的规定。合同的内容、主体和客体必须具有合法性，遵守公共秩序，尊重社会公德。非法的保险合同或协议，即使双方自愿订立，在法律上也不能认为有效，得不到法律的认可与保障。例如，毒品、违禁品不能投保货物运输保险，无驾驶执照的人员不得投保车辆的第三者责任险等。

（六）合同的形式（Form）

在我国，法律要求保险合同都采用书面形式（保险单），以确保合同的严肃性。但在涉外业务往来中，按国际惯例，只要双方当事人对有关保险内容和条款协商一致，保险合同在保险单签发之前已经成立。制式保险单和保险凭证只起到凭证的作用，不是保险合同成立的必备条件。

二、海上保险合同的法律特征（Legal Features of Insurance Contract）

合同行为是双方当事人之间明确相互权利和义务关系的法律行为。任何一种民事合同的成立都意味着当事人之间发生的权利和义务关系。由于海上保险合同所发生的权利和义务关系有其特殊性，海上保险合同除具有一般经济合同的共同属性外，还有以下特点：

（一）海上保险合同是射幸合同（Aleatory Contract）

一般合同多数属于交换性质，即当事人因合同所致的利益或损失具有等价关系。例如，房屋租赁合同，每年房租 6 000 元，使用一年，就付 6 000 元的租金；如果不使用或使用到期就不用支付。但保险合同不一样，权利和义务在性质上并不完全确定，要因偶然事件的发生才履行权利与义务。由于约定的保险事故是一种不确定的事件，它是否发生、何时发生以及发生以后保险标的物遭受损失的程度如何，都带有偶然性的性质，因此被保险人支付保险费的义务是确定的，而保险人是否必须履行，或者如何履行其补偿义务就带有不确定的性质。

因此，海上保险合同是一种射幸合同。根据这一特点，保险人对大部分保险合同无需履行赔偿义务，只有一小部分合同需要履行赔偿义务。

（二）海上保险合同是有条件的双务合同（Bilateral Contract）

对于投保人或被保险人而言，海上保险合同的双务性质表现在交纳保险费的义务而取得保险保障的权利。就保险人而言，是以履行损失补偿责任为义务而取得收取保险费的权利。双方的权利和义务是相互关联、互为条件的。但是，在海上保险合同中，被保险人交纳保险费的义务是确定的，即被保险人必须支付保险费后，才能取得损害赔偿的索赔权利。保险人承担的义务是有条件的，即保险人承担的损失补偿责任是以货物在海上运途中遭受保险事故，造成损失和产生责任为条件，如果被保险货物在运输途中没有发生损失或产生责任，则保险人只有收取保险费的权利，而没有履行损失补偿的义务。因此，海上保险合同是有条件的双务合同。

（三）海上保险合同是保证合同（Guarantee Contract）

在海上保险合同中，投保人向保险人交纳保险费，目的在于通过保险，保障保险标的物的经济利益。保险人以收取保险费为条件，当保险标的物遭受损失时，向被保险人提供保障，这就表明海上保险合同是保障性合同。海上保险合同的保障性是绝对的，因为被保险货物遭受损失这种随机现象是客观存在的，不可能完全避免。在海上保险合同的有效期内，无论保险标的物是否会遭受保险责任范围内的损失，保险人随时都承担着保障承保标的物的经济利益。

（四）海上保险合同是最大诚信合同（Utmost Good Faith）

签订任何合同都必须诚信。诚信原则是指合同双方在签订合同时，必须遵循的原则。凡以欺诈手段骗取对方签订合同，都是无效合同。而签订海上保险合同必须遵循最大诚信原则，因为诚信对保险合同更为重要。前面谈到，保险合同是射幸合同，容易发生被保险人为了图利而故意制造损害的行为，保险人在不能掌握每一保险标的物的具体情况，而只能根据投保人的申报和介绍来决定是否承保，这是保险合同的一个特点。因此，投保人要把有关主要危险的重要事实如实地告知保险人，否则，保险人有权解除保险合同或者不负赔偿责任。

（五）海上保险合同是附合性合同（Adhesive Contract）

海上保险合同不同于一般的经济合同，它不是商议合同。根据国际商法的规定，保险合同是一种附合性合同。附合性合同不是完全通过当事人双方协商后确定，而是由保险人根据过去承保、理赔工作的经验以及有关资料事先制定。被保险人在投保时，只能根据制作好的合同基本条款做出选择。即使有特别的情况需要扩大或限制基本条款的权利和义务，也只能作为附加条款。原来的基本条款，原则上不能改变。

第二节　海上保险合同的民事法律关系

保险合同是一种经济合同，是调整合同当事人之间符合民事法律规定、具有民事权利义务内容的社会关系。任何一种民事法律关系都包括主体、客体和内容三个方面。

一、海上保险合同的主体（Subject of Marine Insurance Contract）

海上保险合同的主体可分为与保险合同有直接关系的当事人（如保险人、投保人、被保险人等），与保险合同有间接关系的关系人（如被保险人、受益人等），与保险合同发生间接关系的辅助人（如保险代理人、保险经纪人和保险公估人）。

（一）海上保险合同当事人

1. 保险人（Insurer）

在海上保险合同中，保险人是指按照合同约定，收取保险费并承担赔偿责任的一方当事人。根据各国保险业的实际情况，保险人是经营保险业务的经济组织或个人。它们的组织形式各不一样，其形式包括股份有限公司、相互保险公司、保险合作社、国家经营保险及个人经营保险等。不论哪种形式的保险组织，要成为海上保险合同的保险人，必须经过政府机构的批准，取得保险人资格，应当具有经营海上保险业务范围的资格。在我国，财产保险公司都可以经营海上保险业务。

2. 投保人（Proposer）

投保人又称邀保人（Applicant），是指经申请与保险人订立海上保险合同、负有交纳保险费义务的一方当事人。投保人应具备如下条件：

（1）应当具有民事行为能力。订立海上保险合同是一种民事法律行为，它会引起相应的法律后果。因此，要求投保人必须具有民事行为能力，能够正确地分析判断其投保海上保险合同的性质和后果。根据《中华人民共和国民法通则》的规定，有民事行为能力的自然人必须年满18周岁或者年满16周岁并以自己的劳动收入为主要生活来源的精神正常的自然人。

（2）应当具有保险利益。投保人应当与保险标的之间存在着某种利害关系。没有这种保险利益的自然人或法人不能向保险公司投保，也就不会成为海上保险合同的投保人。如果依此条件确认投保人资格的话，具体包括：船舶所有人（船东）对其拥有的船舶具有保险利益；货物所有人对其享有所有权的货物具有保险利益；运费所有人对相应的运费具有保险利益；租船合同中的出租人对其应得的租金具有保险利益；船舶抵押中的抵押人对其抵押的船舶或抵押权人对其支出的抵押贷款均有保险利益。

（二）海上保险合同的关系人

1. 被保险人（Insured）

海上保险合同的被保险人是指承受保险事故所造成保险标的损失的后果，并有权请求赔偿的一方当事人。被保险人是在海上保险合同中获取保险保障的直接承受者。被保险人应具备以下两个条件：

（1）与保险标的之间有切身利害关系，即具有保险利益；

（2）在保险事故发生时将直接承受损害后果。

在海上保险实践中，如果投保人为自身利益投保，则投保人与被保险人是同一个当事人。如果投保人为他人利益投保，被保险人就是另一个当事人。有时候被保险人和投保人是同一个人。

2. 受益人（Beneficiary）

受益人是指根据海上保险合同的约定，在保险事故发生时享有赔偿请求权的人。受益人是一方独立的当事人，享有独立的权利。在海上保险业务范围内，一般存在于海上人身保险合同中。从法律上说，受益人是由被保险人在海上保险合同中指定的。被保险人可以指定自己为受益人，也可以指定投保人为受益人，还可以指定第三人为受益人。

（三）海上保险合同的辅助人

1. 保险代理人（Insurance Agent）

保险代理人受保险人委托，在规定的授权范围内，从事接受保险业务、出具暂保单或保险单、代收保险费以及代表保险人查勘出险案件、赔款等，从中收取代理手续费。代理人是保险人与被保险人之间的中介人，保险代理人对保险公司业务的发展起到关键性的作用。保险代理人公司需取得政府发给的执照，代理人员要参加监管机关组织的考试，获得经营资格。代理人在执行业务时，如有违法行为，监管部门有权撤销其执照，保险公司亦可解除其代理合同。保险代理人在保险人授权的范围内从事代理业务，因此法律将保险人与其代理人视为一体。保险人应对代理人为履行其应尽职责的行为和主张承担责任。

我国的国内业务主要采用代理制度来拓展保险业务，如委托铁路运输部门、航空公司、进出口公司、邮局、银行组织代办货运、航空意外险等。我国成立了许多从事保险业务的代理公司。截至 2018 年年底，全国共有保险中介集团公司 5 家，全国性保险代理公司 240 家，区域性保险代理公司 1 550 家，保险经纪公司 499 家，已备案保险公估公司 353 家，个人保险代理人 871 万人，保险兼业代理机构 3.2 万家，代理网点 22 万余家。2018 年，保险中介渠道实现保费收入 3.37 万亿元，占全国总保费收入的 87.4%。近 5 年保险中介渠道的保费占比始终在 80% 以上，保险中介渠道是保险销售的重要渠道。[①] 保险代理业务的运作逐步走向规范和成熟。

---

① 数据来源：2019 中国保险中介发展高峰论坛暨第二届于家堡论坛。

2. 保险经纪人（Insurance Broker）

保险经纪人是投保人的代理人，受投保人的委托代向保险人办理投保手续、代交保险费以及提出索赔。经纪人为投保人设计投保方案，其宗旨是以最低的保险费获得最大的保障。经纪人代为委托人选择保险人。国际上，大量保险业务是通过保险经纪人办理的。例如，在英国，保险公司80%以上的保险业务是由保险经纪人带来的。在劳合社保险市场上，辛迪加90%以上的保险业务由劳合社保险经纪人带来。而保险公司或辛迪加的直接业务只占业务的很小一部分。中国保险经纪公司从无到有，发展迅速。1998年中国保险监督管理委员会成立后，批准了三家保险经纪公司，分别是广州长城保险经纪有限公司、北京江泰保险经纪有限公司和上海东大保险经纪有限公司。

拓展阅读

保险经纪人数据显示，2016年，全国有483家保险经纪公司（含省级分支机构），营业收入123亿元，其中收入1亿元以上的有27家，收入在5 000万~1亿元的有23家，收入在1 000万~5 000万元的有103家，全年营业收入不足1 000万元的保险经纪机构占比68%，全年营业收入不足100万元的保险经纪机构占比为30%。483家保险经纪机构（含省级分支机构）总利润

保险中介机构

（净利润）为17亿元，有近58%的经纪机构盈利，42%的经纪公司亏损，净利润1 000万元以上的机构仅有36家，净利润5 000万元以上的机构仅有11家。2017年我国保险经纪人公司收入排名前10位的[1]如表4-1所示。

表4-1　2017年我国保险经纪公司收入排名前10位

名次	经纪公司名称	收入/百万元	利润/百万元	总部所在地
1	英大长安保险经纪有限公司	1 249.75	510.71	北京
2	明亚保险经纪有限公司	914.44	72.26	北京
3	江泰保险经纪股份有限公司	880.92	79.02	北京
4	永达理保险经纪有限公司	672.02	81.57	北京
5	泛华博成保险经纪有限公司	641.72	1.59	北京
6	达信（中国）保险经纪有限公司	629.50	226.89	北京
7	北京联合保险经纪有限公司	493.45	60.01	北京
8	泛华卡富斯保险经纪有限公司	294.64	2.22	广东
9	昆仑保险经纪股份有限公司	267.22	114.90	广州
10	中联金安保险经纪有限公司	178.33	-2.76	宁波

---

[1]　数据来源：https://www.360kuai.com/pc/9a76748b45303e855？cota＝4&tj_url＝so_rec&sign＝360_57c3bbd1&refer_scene＝so_1.

2016 年全球最大的 10 家保险经纪人公司如表 4-2 所示。

表 4-2　2016 年全球最大的 10 家保险经纪人公司

名次	公司名称	收入/亿美元	公司地址及网址	所属国家
1	Marsh & McLennan Cos.Inc.	129.660	1166 Ave. of the Americas, New York, N.Y. 10036. www.mmc.com	U.S.A
2	Aon P.L.C	120.190	8 Devonshire Square, London, EC2M 4PL England. www.aon.com	U.K
3	Willis Group Holdings P.L.C.	37.670	51 Lime St., London, EC3M 7DQ England. www.willis.com	U.K
4	Arthur J.Gallagher & Co.	35.300	The Gallagher Centre, 2 Pierce Place, Itasca, Ill. www.ajg.com	U.S.A
5	Jardine Lloyd Thompson Group P.L.C	17.140	6 Crutched Friars, London, EC3N 2PH England. www.jltgroup.com	U.K
6	BB&T Insurance Services Inc.	17.135	P.O.Box 31128, Raleigh, N.C. 27622. www.bbt.com	U.S.A
7	Brown & Brown Inc.	15.675	220 S. Ridgewood Ave., Daytona Beach, Fla. 32114. www.bbinsurance.com	U.S.A
8	Wells Fargo Insurance Services USA Inc.	12.989	USA Inc. 150 N. Michigan Ave., Suite 3900, Chicago, Ill.60601. wfis.wellsfargo.com	U.S.A
9	Hub International Ltd.	12.958	55 E.Jackson Blvd., Floor 14A, Chicago, Ill. 60604-4187. www.hubinternational.com	U.S.A
10	Lockton Cos. L.L.C.	12.305	444 W. 47th St., Suite 900, Kansas City, Mo. 64112-1906 www.lockton.com	U.S.A

资料来源：www.businessinsurance.com.

3. 保险公估人（Insurance Surveyor）

保险公估公司也称保险公估人，是以第三者的身份为保险人和被保险人办理保险标的物的查勘、鉴定和估损等工作，对事故原因提供技术分析和责任公证，并出具书面公证报告。保险公估人做出的书面报告，可作为保险人赔偿的依据。公估报告对投保人而言，更容易接受。在我国，保险公估人已经起步多年，相信将会有较大的发展。截至 2013 年 1 季度，全国保险公估机构共 322 家，公估业务收入为 3.73 亿元，同比增长 24.75%，其中财产险公估服务费收入为 3.59 亿元，人身险公估服务费收入为 263.69 万元，其他收入为 1 084.70 万元。

为了及时处理国外的理赔业务，我国的财产保险公司在世界各地主要港口和城市聘请了货物检验理赔代理、船舶检验代理等机构。同时，我国保险公司也作为外国保险公司在中国的通信代理。

二、海上保险合同的客体（Object of Marine Insurance Contract）

海上保险合同的客体是指当事人的权利义务所指向的事物，即通过保险人在海上保险合同中获得保险保障的对象。

海上保险合同所保障的是投保人的船舶、货物、运费等，只有保险利益才是海上保险合同各方当事人追求的保障对象。保险标的因海上风险造成保险事故时，由保险人赔偿被保险人的经济损失，即被保险人的经济利益。所以说，海上保险合同的客体是保险利益（关于保险利益，参见本书"第二章 海上保险遵循的原则"）。

三、海上保险合同的内容（Content of Marine insurance Contract）

1992 年《中华人民共和国海商法》第二百一十七条对海上保险合同的内容进行了规定：

（一）保险人名称（Name of Insurer）

应在此条款中写明保险人名称的全称，作为确定保险人身份，承担保险责任的法律依据。海上保险实践中，因为采用格式合同，所以保险人名称一般是事先印制的。

（二）被保险人名称（Name of Insured）

该条款是由当事人在签订海上保险合同时进行填写的。为了保证合同的有效性，明确权利义务关系，应当注意填写被保险人的法定名称的全称。如果有多个被保险人，需要一一写明。

（三）保险标的（Subject Matter of Insurance）

保险标的是投保人向保险人投保的对象，是海上保险利益的载体。海上保险合同标的的范围，取决于法律和具体海上保险合同条款的规定。一般包括有形财产、法律责任等。

1992 年《中华人民共和国海商法》第二百一十八条规定了海上保险合同的保险标的的内容：

(1) 船舶（Vessel）；

(2) 货物（Cargo）；

(3) 船舶营运收入（Income）；

(4) 货物预期利润（Profit）；

(5) 船员工资和其他报酬（Wage and Remuneration）；

(6) 对第三人的责任（Liability）；

（7）因保险事故可能受到损失的其他财产和产生的责任、费用（Liablity and Expenses）。

（四）保险价值（Insured Value）

保险价值指的是保险标的所具有的实际价值。法律要求被保险人向保险人投保时，应当声明保险标的物的保险价值。海上保险标的物的保险价值，一般是由被保险人和保险人协商约定。当事人没有约定的，则要按照法律规定来确认保险标的物的保险价值。保险价值一经确定，就必须写入合同内容之中。

1992年《中华人民共和国海商法》第二百一十九条确认了上述认定保险标的的保险价值的确定方法：

（1）船舶的保险价值是保险责任开始时船舶的价值，包括船壳、机器、设备的价值以及燃料、物料、索具、给养、淡水的价值和保险费的总和。

（2）货物的保险价值是保险责任开始时货物在起运地的发票价格或者非贸易商品在起运地的实际价值以及运费和保险费的总和。

（3）运费的保险价值是保险责任开始时承运人应收运费总额和保险费的总和。

（4）其他保险标的物的保险价值是保险责任开始时，保险标的物的实际价值和保险费的总和。

（五）保险金额（Sum Insured）

保险金额是被保险人向保险人实际投保的货币数额。它在海上保险合同中具有重要意义。保险金额是被保险人享有保险利益的货币表现，成为被保险人获取保险保障的法律标准，是保险人计收保险费的依据和承担赔偿责任的最大限额。

在海上保险合同中，如果被保险人投保的保险金额与保险标的物的保险价值相一致，构成"足额保险"；如果被保险人只将保险标的之保险价值的一部分予以投保，就为"不足额保险"。具体方式由被保险人与保险人协商约定。但法律禁止保险金额超过保险价值的海上保险合同。1992年《中华人民共和国海商法》第二百二十条明确规定："保险金额不得超过保险价值；超过保险价值的，超过部分无效。"

（六）保险责任和除外责任（Coverage and Exclusion）

保险责任是指保险人按照海上保险合同的约定所应承担的损害赔偿责任，是保险人在海上保险合同中所承担的基本义务。

在保险合同条款的责任范围内，如果发生海上风险造成保险标的损失，保险人负责赔偿。保险责任可分为基本责任、附加责任和特约责任。

与保险责任相反的是除外责任，是海上保险合同中约定的条款，如果发生除外责任的风险事故，保险人不承担赔偿责任。

（七）保险期间（Duration）

保险期间是指保险人承担保险责任的一段时间，即保险责任从开始到终止的时间。在此期间内发生保险事故导致保险标的的损害，保险人承担保险责任。因此，所有保险合同，包括海上保险合同，都规定了保险的期间。

（八）保险费（Premium）

保险费是指被保险人按约定，向保险人交纳的货币金额。保险费是被保险人从保险人获取保险保障应支出的对价。保险费是根据保险费率计算出来的。海上保险合同中，要求写明被保险人应支付的保险费数额。

第三节　海上保险合同的订立、解除与转让

一、海上保险合同的订立（Conclusion of Marine Insurance Contract）

海上保险合同的订立须经过要约和承诺两个基本步骤。

（一）要约

要约或订约提议，是一方向他方提出订立海上保险合同的建议。海上保险合同双方当事人订立合同的目的是获得或提供保险保障。保险人为了科学、合理地接受风险，并将风险在投保人中进行消化或分散，把承保风险规范化，订立统一的承保条件和保险费率标准。这样，海上保险合同的有关法律文书包括投保单、暂保单及保险单等均由保险人一方事先拟定。投保人填写投保单并将其送交保险人，才具有法律效力的要约行为。

（二）承诺

承诺或接受订约提议，是承诺人对要约人提出的要约表示完全接受。在海上保险合同订立的过程中，保险人表示同意要约的形式包括保险人签章、向投保人出具保险费收据、向投保人出具暂保单和保险单等单证以及保险人以书信、电传等其他书面形式表示同意要约。如果保险人收到投保人提交的投保单后又提出新的要约，这种新的要约构成"反要约"或"还价"（Counteroffer），保险人成为新的要约人，投保人成为要约接受人。一般情况下，投保人交纳了第一次保险费，则表明他接受保险人新的要约，海上保险合同宣告成立；反之，海上保险合同则没有成立。

二、海上保险合同的形式（Form of Marine Insurance Contract）

海上保险合同的形式大致可分为以下五种：

第一，投保单（Proposal Form）；

第二，暂保单（Temporary Cover Note）；

第三，保险单（Insurance Policy）；

第四，保险凭证（Insurance Certificate）；

第五，批单（Endorsement）。

三、海上保险合同的变更（Alteration of Marine Insurance Contract）

海上保险合同的变更是指合同主体的变更和合同内容的变更。

（一）海上保险合同主体的变更

海上保险合同主体的变更是常有的事，随着国际贸易的需要，被保险货物在转让时，可由被保险人背书转让给受让人。此时，保险单中载明的权利和义务将随同货物的转让而转让，海上保险合同主体的变更通常是指被保险人的变更。

在海上保险中，保险人变更的情况并不多见。保险人变更的原因，或是经营破产，或是违法经营。对于保险人的破产，其合同责任由其他保险人或政府或有关基金承担，对于保险人违法经营保险业务，其保险合同也可根据保险监管部门的有关规定转让给其他保险人。

（二）海上保险合同客体的变更

海上保险合同客体的变更是指保险人提供保险保障范围的变更。客体变更一般是由投保人提出变更要求，经保险人同意，并在保险单上批注方才生效。客体变更后，保险人根据变更的内容增收或退还保险费。

（三）海上保险合同内容的变更

海上保险合同内容的变更是指合同中约定事项的变更，一般发生在定期船舶保险中。船舶被保险人经常会因航运或贸易的需要，要求变更船名、变更航行区域、变更承保险别等。这些内容的变更会引起承保风险的变化，加重保险人的责任，因此保险人对此有权决定解除保险合同或增加保费，保险合同继续有效。

海上保险合同内容的变更一般由被保险人提出申请，经保险人同意后产生法律效力。保险人对被保险人提出的合同内容变更的承诺，可以明示方式表示，也可以默示方式表示。有些国家的法律规定，保险人对被保险人的变更请求在一定期间内不明确表示拒绝者，可视为承诺。海上保险合同内容变更的效力，从保险人承诺之日或双方当事人约定之日起生效。在此之前，合同仍按原规定内容履行。

四、海上保险合同的解除（Discharge of Marine Insurance Contract）

合同的解除是指根据法律规定或约定事项使其法律效力丧失。保险合同解除形式有以下三种：

（一）无效而解除

海上保险合同无效是指合同订立时或订立后违反法律或约定事项自始至终不产生法律效力。按照《中华人民共和国民法通则》第五十五条的规定，民事法律行为应当具备下列条件：行为人具有相应的民事行为能力；意思表示真实；不违反法律或社会公共利益。海上保险合同与其他经济合同一样，不同时具备上述三个条件的，合同无效。比如行为人没有保险业务经营许可证而从事保险业务经营、保险人超出其管理机构核准的业务经营范围等，所订合同均属无效。除此之外，海上保险合同还因下列情况而无效：

（1）海上保险合同因没有保险利益而无效。保险利益是海上保险合同成立的基础，没有保险利益的保险合同与赌博契约无异，并会导致道德风险的产生。如果投保人或被保险人对保险标的没有保险利益，那么即使发生保险事故，其也不会遭受经济损失，因而保险人不需要履行保险赔偿义务。没有权利和义务存在的合同是一种无效的合同。

（2）海上保险合同因风险不再存在而无效。保险合同承保的风险在法律上是不确定的，具有或然性，它是保险合同成立的实质要件。风险不存在，就失去了投保的意义。

（3）海上保险合同因非法活动而无效。法律只保护正当的、合法的行为，这是公认的准则。投保违法的风险，如进行违法的贸易或承运非法贸易货物均可导致货物运输保险合同和船舶保险合同无效。

（二）失效而解除

海上保险合同的失效是指订立合同后违反约定事项而失去效力。海上保险合同因下列原因失效：

（1）海上保险合同在成立后因危险已消灭而失效。根据 1992 年《中华人民共和国海商法》第二百二十四条的规定，订立合同时，被保险人已经知道或者应当知道被保险标的已经发生保险事故而遭受损失的，保险人不负赔偿责任，但是有权收取保险费；保险人已经知道或者应当知道保险标的已经不可能因发生保险事故而遭受损失的，被保险人有权收回已经支付的保险费。前者指订立保险合同时，被保险人已经知道或者应当知道保险标的已经发生保险事故而遭受损失，保险人不仅不负赔偿责任，而且有权收取保险费。后者通常指订立保险合同时，保险标的已安全抵达目的地，已经不可能因发生保险事故而遭受损失，被保险人有权收回已支付的保险费。

（2）海上保险合同在保险期内，因投保人或被保险人的事由致使危险显著变更或增加时，保险合同即失去效力。

（3）海上保险合同在保险期内，因危险显著变更或增加时，投保人或被保险人获知这种情况后，未及时通知保险人或故意隐瞒而不报，保险合同也失去效力。

（4）海上保险合同因被保险人故意造成的损失而失去效力。

（三）终止而解除

海上保险合同的终止是指合同成立之后因法定或约定事由发生使其永久消失法律效力的一种行为。海上保险合同终止的方式有下列几种：

（1）自然终止。自然终止亦称期满终止。保险期间没有发生保险事故，或发生保险事故导致保险标的物部分损失，保险人已履行赔偿义务，当保险期间届满时海上保险合同自然终止。自然终止是海上保险合同终止的最一般、最常见的原因。

（2）协议终止。经双方当事人协商同意并载于海上保险合同，在保险合同有效期间发生某种特殊情况海上保险合同可以随即注销。例如，我国船舶战争险条款规定，保险人有权在任何时候向被保险人发出注销战争险责任的通知，通知发出后七天期满时生效。

（3）义务全部履行终止。按照海上保险合同的一般规定，当保险人全部履行保险合同规定的义务之后即行终止。例如，保险标的发生全部损失，保险人对此进行了全部赔付，或是保险标的因保险责任以外的原因而发生全部灭失。

值得注意的是，2015 年第四次修订的《保险法》第五十条规定："货物运输保险合同和运输工具航程保险合同，保险责任开始后，合同当事人不得解除合同。"

五、海上保险合同的转让（Assignment of Insurance Contract）

海上保险合同的转让，一般是指被保险人将其合同让与第三人，而由受让人取代被保险人地位的法律行为。由此可见，海上保险合同的转让的实质是合同主体的变更。

在实践中，海上保险合同的转让往往是由于买卖、赠与、继承等法律行为导致保险标的权益转移而引起的。但是，保险合同不是保险标的物的附属品，不能随保险标的权益的转移而必然转让。因此，应当把保险标的物的转移与海上保险合同的转让区分开来。

根据国际海上保险的惯例和各国法律的规定，海上保险合同可以转让。不过，海上货物运输保险合同和船舶保险合同的转让条件是不一样的。1992 年《中华人民共和国海商法》第二百二十九条和第二百三十条，分别规定了海上货物运输保险合同和船舶保险合同的转让条件。

（一）海上货物运输保险合同的转让

海上货物运输的范围广泛、流动性大，货物在运输途中发生物权转移的事经常出现，因此货物在运输保险合同中的保险利益也随之转移。在转让中，转让方和受让方不需要征得保险人同意，这样做主要是给货物买卖双方带来便利，有利于商品流转和国际贸易往来。这也是海上货物运输保险中的一大特点。

1992 年《中华人民共和国海商法》第二百二十九条规定："海上货物运输保险合同可以由被保险人背书或者以其他方式转让，合同的权利、义务随之转移。"

如果在海上货物运输保险合同转让时，还有未支付的保险费，一些国家的法律规定，由合同受让人支付。而 1992 年《中华人民共和国海商法》第二百二十九条规定："合同转让时尚未支付保险费的，被保险人和合同受让人负连带支付责任。"以此加重被保险人的责任，保证其具有认真负责的态度。

（二）船舶保险合同的转让

各国法律对于船舶保险合同的转让规定十分严格，因为船舶所有权转移有可能改变船舶的管理状况，从而使不确定风险加大，影响保险人承保风险及其保险费率的确定，所以对于船舶保险合同的转让，必须经保险人同意。保险人也需在船舶保险合同中规定"所有权变更条款"，并约定在保险人书面同意之前，船舶保险合同从船舶所有权转移之时起自动终止效力。1992 年《中华人民共和国海商法》第二百三十条有明确规定："因船舶转让而转让船舶保险合同的，应当取得保险人同意。"具体方法是由保险人在保险单上批注或加贴批单，以确认合同的转让。否则，未经保险人同意，船舶保险合同从船舶转让时起解除。

第四节　海上保险合同履行的法律规定

一、法律对投保人的义务规定（Duty of Applicant）

根据 2015 年第四次修订的《保险法》第二章的规定，投保人的义务履行包括下列几项：

（一）支付保险费的义务

支付保险费义务的履行方式。根据 2015 年第四次修订的《保险法》第十四条的规定，保险合同成立后，投保人应按照合同约定向保险人支付保险费。投保人支付保险费义务的正确履行方式有下列两种情况：

1. 在合同无特别约定时

在合同无特别约定时，支付保险费义务的履行必须在合同成立时进行，其数额必须是全额，如果在合同成立时没有立即支付保险费或部分支付保险费，均构成对支付保险费义务的违反。

2. 在合同有特别约定时

在合同有特别约定时，其支付保险费的办法依照约定内容进行，分为：

（1）约定延期交费，即在合同中约定推迟支付保险费的时间。

（2）约定分期交费，即在合同中约定其分阶段支付保险费。

在这两种情况下，投保人必须按合同约定的办法，如数、如期支付保险费，否则，构成对保险合同的违约。

3. 违反支付保险费义务的认定

根据投保人履行支付保险费、义务的上述情形，投保人违反支付保险费义务的情况包括以下两种表现形式：

（1）在保险合同期限内完全不支付保险费；

（2）在保险合同期限内只支付部分保险费。

4. 投保人违反支付保险费义务的处理

投保人违反支付保险费义务时，保险人依法可采取相应的措施。实践中的做法是，如果投保人不按期支付保险费，保险人可以分别情况要求其支付保险费及利息或者终止保险合同。如果保险人终止合同，对终止合同前投保方应交的保险费及利息，可以要求投保人如数交足。

（二）维护保险标的安全的义务

2015 年第四次修订的《保险法》第五十一条规定："被保险人应当遵守国家有关消防、安全、生产操作、劳动保护等方面的规定，维护保险标的的安全。"

为了促使被保险人尽力履行维护保险标的安全的义务，立法授予保险人可以对保险标的的安全状况进行检查，经被保险人同意，还可以采取安全措施，消除不安全因素和灾害隐患的权利。其目的是对事故或灾害以预防为主。但是，如果保险人依照法律或保险合同的规定，在对保险标的进行安全防灾检查时，发现不安全因素或灾害隐患，并提出了整改意见，被保险人却不予理睬，对保险标的物的安全没有尽到职责的情况下，保险人则享有增加保险费或者解除保险合同的权利。

（三）保险标的危险程度增加的通知义务

2015 年第四次修订的《保险法》第五十二条规定："在合同有效期内，保险标的的危险程度显著增加的，被保险人应当按照合同约定应当及时通知保险人。"这即是危险程度增加的通知义务。

在海上保险合同中，危险程度增加对保险人具有重大影响。保险人收取保险费是根据保险标的在特定情况下的危险程度，按照保险统计学制定出来的费率表核定的。如果保险标的在保险合同期限内增加危险程度，被保险人不将此情况及时通知保险人，就会导致保险人收取较低的保险费，承担较高的危险责任。显然，这与订立保险合同的公平原则是相悖的。

如果被保险人在保险标的危险程度增加的情况下，不通知或不及时通知保险人，则违反了法律规定。对被保险人因保险标的危险程度增加所发生的损失，有权拒绝承担赔偿责任。

（四）防止或减少损失的义务

2015 年第四次修订的《保险法》第五十七条规定了被保险人防止或减少损失的义务。其含义是被保险人在保险标的发生保险事故时，应采取一切必要的措施，防止保险标的遭受损失或者避免保险标的的损失扩大。社会财富在一定时刻总是表现为一定的价值量，尽管保险标的有保险合同的保障，造成的损失可以由保险人依法或依照合同予以补偿，但作为社会财富的总量，总是表现为减少。即便是保险合同存在，也不能使已减少的社会财富总量在数量上复归。法律规定被保险人有防止或减少损失的义务，目的是确保保险标的不致因保险事故发生损失或将这种损失降到最低限度。

1. 防止或减少损失义务的两种表现形式

（1）防止保险标的发生损失，即在保险事故已发生但未造成保险标的的损失时，被保险人应尽力采取一切必要的措施，阻止保险标的遭受损失。

（2）减少保险标的物的损失，即在保险事故已经发生并已造成保险标的的损失时，被保险人应当采取一切必要和可能的措施，避免损失继续扩大。

2. 防止或减少损失义务的前提条件

尽管 2015 年第四次修订的《保险法》规定了被保险人防止或减少损失的义务，但是从司法实践的情况来看，被保险人履行这一义务具有主观和客观两方面的条件。主观条件，即被保险人在主观上知道保险事故已发生；客观条件，即被保险人在客观上能够采取一定措施防止或减少保险标的的损失。

二、法律对保险人的义务规定（Duty of Insured）

在海上保险合同中，保险人的义务履行就是其依照法律规定或保险合同的约定，完全地、适当地、及时地履行自己对被保险人负有的赔偿义务。从 2015 年第四次修订的《保险法》的规定内容与海上保险合同的实际履行情况考察，保险人义务的履行包括支付保险赔偿义务的履行与特殊义务的履行。

（一）履行支付保险赔偿的义务

1. 支付保险赔偿义务履行的条件

保险人支付保险赔偿义务的履行，就是当保险标的发生保险责任范围内的事故，并造成保险标的经济损失时，保险人依照法律规定或保险合同的约定，向被保险人支付一定货币的行为。支付保险赔偿金是保险人收取保险费后，依照合同而应承担的基本义务和被保险人订立保险合同希望达到的目的。同时，也是体现保险制度补偿功能的重要标志。不过，即使有保险合同，被保险人请求保险人履行支付赔偿义务，也不一定完全成功。保险人最终是否应当履行此项义务，还必须具备一系列的条件。支付保险赔偿义务履行的条件包括：

（1）保险合同有效。保险合同有效是保险人承担保险责任和支付保险赔偿金的首要条件。

（2）保险标的发生保险事故，即保险合同中约定的保险事故条件成立。

（3）保险标的物的损失已客观存在。

（4）保险事故与保险标的损失之间有因果关系，有内在的、必然的联系。

2. 支付保险赔偿金的数额限度

在海上保险合同中，保险人支付保险赔偿义务要受到保险金额的限制，在部分损失情况下，若保险标的物的保险价值在发生事故时高于保险金额，则应实行比例赔偿方式，并在保险金额以内支付赔偿金；若保险标的物的保险价值低于保险金额，则按实际损失支付保险赔偿金。在全损或推定全损的情况下，若保险标的物的保险价值高于保险金额，则按保险金额支付保险赔偿金；若保险标的物的保险价值低于保险金额，则按保险事故发生时的实际价值确定保险赔偿金。

3. 支付保险赔偿金的方式

保险人支付保险金的履行方式是以现金方式进行，但在结算时，必须依照《中华人民共和国经济合同法》第十三条的规定执行。

4. 履行支付保险金的期限

2015 年第四次修订的《保险法》第二十三条、第二十五条对支付保险金义务履行有两个期限的限制：

（1）保险人收到被保险人或者受益人的赔偿或者给付保险金的请求后，应当及时做出核定；情形复杂的，应当在三十日内做出核定，但合同另有约定的除外。保险人应当将核定结果通知被保险人或者受益人；对属于保险责任的，在与被保险人或者受益人达成赔偿或者给付保险金的协议后十日内，履行赔偿或者给付保险金义务。保险合同对赔偿或者给付保险金的期限有约定的，保险人应当按照约定履行赔偿或者给付保险金义务。

（2）保险人自收到赔偿或者给付保险金的请求和有关证明、资料之日起六十日内，对其赔偿或者给付保险金的数额不能确定的，应当根据已有证明和资料可以确定的数额先行支付；保险人最终确定赔偿或者给付保险金的数额后，应当支付相应的差额。

（二）特殊义务的履行

特殊义务是针对保险人支付保险赔偿金这一合同基本义务而言的。在海上保险合同中，保险人除了向被保险人承担保险责任并支付保险赔偿金外，在某些特殊情况下，还要履行某些特殊的义务。

1. 支付施救费的义务

施救费是在保险标的发生保险事故时，被保险人为防止损失或减少损失而发生的抢救、保护、整理保险标的物的合理费用。2015 年第四次修订的《保险法》第五十七条对保险人的这一特殊义务进行了规定。关于施救费用是否合理，首先应看其支出是否以防止或减少保险标的损失为目的，凡不是用于该项目的，就不是合理的施救费；其次应看案件中支出的额度是否合理，如属明显超出合理标准，其超出部分也不属于合理的施救费。保险人对不合理的施救费，可以拒绝承担赔偿责任。

2. 承担为查明和确定保险事故的性质、原因和保险标的损失程度所支付的必要的、合理的费用的义务

保险标的发生保险事故，为确定保险人应当承担保险责任以及应当支付的赔偿金额，必须对保险事故的原因、性质及保险标的的损失程度、损失数量及价值进行调查和认定。在实践中，这项工作一般由保险人与被保险人直接协商处理。但是，当双方之间不能就上述内容达成一致意见时，会聘请有关的技术专家或公估行的技术人员进行专业调查和评估，为此所花费的费用，应当由保险人承担。上述费用不论是应保险人的请求而发生还是应被保险人的请求而发生，都应当由保险人承担。2015 年第四次修订的《保险法》第六十四条中对此已进行了明确规定。

3. 承担必要的诉讼费用的义务

在特殊情况下，被保险人为了确定保险标的损失，可能与第三者发生法律诉讼。例如，在保险标的遭受保险责任的损失时，保险标的损失是由被保险人还是第三者造成的或各自承担责任问题上发生争议时，可能会发生诉讼。在此情况下，保险人对被保险人依法而承担的诉讼费用，应承担赔偿责任。

课后练习题（四）

一、名词解释

1. 海上保险合同
2. 协议
3. 保险价值
4. 保险金额
5. 保险标的

二、是非判断题

1. 海上保险合同是指保险人按照约定，对被保险人遭受保险事故造成保险标的物的损失和产生的责任负责赔偿，而由被保险人支付保险费的合同。（　　）

2. 参加一个朋友婚礼的邀请或接受朋友聚会的邀请能产生一个合同关系，因而产生法律责任。（　　）

3. 在海上保险合同中，作为被保险人，对价表现在他获得了保险人承保风险的"利益"，同时也要付出支付保险费的"损害"。（　　）

4. 在海上保险合同中，作为保险人，对价体现在得到了被保险人交纳的保险费"损害"，同时也付出了承担赔偿责任的"利益"。（　　）

5. 当事人签订保险合同，必须具有行为能力的自然人或法人，能以自己的行为依法参与民事活动，行使民事权利和承担民事义务。（　　）

6. 海上保险合同中有直接关系的当事人包括保险人、投保人、被保险人、保险代理人、受益人和保险经纪人。（　　）

7. 我国目前已成立许多保险经纪人公司，其中最早的三家是广州长城保险经纪有限公司、北京江泰保险经纪有限公司和上海东方保险经纪有限公司。（　　）

8. 1992年《中华人民共和国海商法》第二百二十条明确规定，保险金额不得超过保险价值；超过保险价值的，超过部分无效。（　　）

9. 在海上保险合同中，如果船舶需要转让而转让船舶保险合同，也不需要征得取得保险人的同意。（　　）

10. 海上货物运输保险合同可以由被保险人背书或者以其他方式转让，合同的权利、义务随之转移，不需要征得保险人的同意。（　　）

三、单项选择题

1. "海上保险合同，是指保险人按照约定的方式和范围，对与海上冒险有关的海上损失，向被保险人承担赔偿责任的合同。"这一定义出自（　　）。

A. 日本《商法》   B. 英国 1960 年《海上保险法》

C. 1992 年《中华人民共和国海商法》 D. 英国 1906 年《海上保险法》

2. 海上保险合同的客体是指当事人的权利义务所指向的事物，即通过保险人在海上保险合同中获得保险保障的对象。具体地说，就是（ ）。

  A. 被保险的货物   B. 保险利益

  C. 被保险的船舶   D. A 和 B

3. 海上保险合同包括主体和客体。其中，海上保险合同的客体是指（ ）。

  A. 保险人   B. 保险标的

  C. 被保险人   D. 保险利益

4. 在海上保险合同中，作为（ ），对价体现在获得保险人风险承保的"利益"，同时也要付出支付保险费的"损害"。

  A. 保险人   B. 代理人

  C. 被保险人   D. 受益人

5. 在海上保险合同中，作为（ ），对价体现在得到了被保险人交纳的保险费"利益"，同时也付出了承担赔偿责任的"损害"。

  A. 被保险人   B. 保险人

  C. 经纪人   D. 受益人

6. 保险合同包括当事人和关系人。海上保险合同的当事人包括（ ）。

  A. 投保人、保险人   B. 投保人、受益人

  C. 被保险人、受益人   D. 公估人、代理人

7. 海上保险合同与其他保险合同一样，其法律要求基本是一致的。为了使海上保险合同在法律上能够等到执行，必须符合合同的（ ）基本要素。

  A. 五个   B. 四个

  C. 三个   D. 六个

8. 海上货物运输的范围广泛、流动性大，货物在运输途中发生物权转移的事经常出现，因此货物在运输保险合同中的保险利益也随之转移。在转让中，（ ）征得保险人同意。

  A. 必须   B. 有必要

  C. 不需要   D. 不得不

9. 船舶所有权转移有可能改变船舶的管理状况，从而使不确定风险加大，影响保险人承保风险及其保险费率的确定。对于船舶保险合同的转让，必须经（ ）同意。

  A. 投保险人   B. 被保险人

  C. 经纪人   D. 保险人

10. 货物所有权转移不可能改变海上风险的性质，也不能改变货物的管理状况，从而不会影响保险人承保风险及其保险费率的确定。对于货物保险合同的转让，（ ）。

A. 需要投保险人同意　　　　　B. 不需要征求保险人同意

C. 需要经纪人同意　　　　　　D. 要征求保险人同意

四、思考题

1. 简述海上保险合同的要素。

2. 海上保险合同的法律特点有哪些？

3. 保险合同的主体包括哪些？

4. 保险合同解除的形式有几种？

5. 货物运输保险合同的转让与船舶保险合同的转让有什么区别？

五、案例分析

2005 年 8 月 19 日，上海海通贸易公司通过华泰财产保险公司上海分公司投保海上货物运输险，承保条件为一切险，仓至仓条款。该保险单由华泰财产保险公司签章，并取得运输保险单。保险单上载明：被保险人为上海海通贸易公司，保险标的为鞋子，保险金额为 1 611 878 港元，运输航线是香港至上海。货物运抵上海后，开箱发现部分货物发生严重湿损，在拆箱过程中，发现集装箱底部有积水、底部货物受水损。检验报告认为：上述货物遭损系在本港拆集装箱之前的运输过程中有水进入上述集装箱所致。涉案货物买卖合同的贸易术语为 FOB，买方收到货物后 240天内通过 T/T（Telegraphic Transfer）方式付款，尚未支付货款。试分析以下问题：

1. 如何判断保险合同关系是否成立？

2. 谁是货物运输保险人？

3. 保险事故是否发生于保险责任期间？

4. 上海海通贸易公司对涉案货物是否有保险利益？

5. 假设有证据证明货损发生在起运地的集装箱堆场，请回答以下小问题：

（1）上海海通贸易公司提货后发现货损，尚未付款的话，可否不付款？

（2）在上述情况下，买方还可否选择付款给卖方，转而向货物运输保险人索赔？

（3）买方可否不付价款，而将保险合同转让给卖方，使卖方获得相应的保险赔偿？

第五章 海上保险承保

学习目标

通过对本章的学习，学生应达到以下目标：

（1）了解投保险种的选择；

（2）熟悉国际贸易价格条件；

（3）掌握进出口贸易合同保险条款英文；

（4）学会保险单英文条款的撰写；

（5）注意签订保险合同的事项；

（6）掌握保险单的批改与批单。

本章内容

第一节　海上保险的承保原则

第二节　海上保险的投保

第三节　海上保险的核保

保险的承保主要是保险人的叫法。保险的承保是保险工作的一个重要步骤，相对应的还有保险的展业、保险的理赔、保险的追偿、保险的管理等。

保险的投保是被保险人的行为。

保险的核保是保险人的内部行为或动作，与客户无关。

实务中承保工作的流程如下：

第一，被保险人投保（要约）；

第二，保险人的询问（被保险人的披露）；

第三，保险人的风险评估；

第四，确定保险金额；

第五，厘定费率；

第六，签发保险单（出单承保）。

第一节 海上保险的承保原则

海上保险的承保原则实际上也是所有保险业务的承保原则。对此，2015 年第四次修订的《保险法》第十一条规定："订立保险合同，应当协商一致，遵循公平原则确定各方的权利和义务。除法律、行政法规规定必须保险的外，保险合同自愿订立。"考虑到海上保险的特殊性，我们认为保险人与被保险人都应遵循下列原则：

一、最大诚信原则（Utmost Good Faith）

海上保险中，货物是移动的，投保人、保险人都无法控制其风险；作为运输工具的船舶也是移动中的，在保险的大部分时间内，投保人、保险人同样无法控制其风险。因此，在承保时，保险人的询问和被保险人（投保人）的披露遵循最大诚信原则特别重要。

二、公平原则（Fairness）

公平原则包含两层意思，一是合同双方的地位是平等的，二是保险人对每个参加保险的人都要做到公平。这条原则也是《中华人民共和国保险法》规定的基本原则。

三、协商原则（Negotiations）

保险合同的建立，基于保险要约与保险承诺的统一。这种统一体现了合同双方的共同意愿。被保险人（投保人）与保险人在正式签订保险合同前，要进行充分的协商，并取得一致的结果。

所谓协商一致原则，主要是指双方的意向原则达成了一致。为了缩短协商成本的时间，保险合同的条款是制式（保险人预先确定的）的，不能把协商一致理解为对条款所有内容做新的调整和修订。这条原则也是 2015 年第四次修订的《保险法》规定的基本原则。

四、自愿原则（Voluntariness）

保险合同是经济合同的一种，除法律法规规定的强制性保险外，任何人不能强制他人签订商业保险合同。

五、不得损害社会公共利益原则（Unharm the Public Interest）

任何合同（当然包括保险合同）都不得损害国家利益和社会公共利益，否则这类合同从签订之日起就是无效的。例如，进口的货物必须符合国家的规定，投保的船舶不得从事走私、偷渡等非法活动。

第二节　海上保险的投保

海上保险的投保是指投保人或被保险人向保险公司表示订立保险合同的意向的一种要约行为。投保是海上保险合同成立的要件，也是保险承保活动的基本内容之一。在全球保险市场上，海上保险的投保一般以书面的形式进行。书面形式是指保险公司依据核保实务上需要了解有关承揽风险的主要事项，制定出书面表达格式，这种书面表达格式称之为投保单（关于投保单的样式，参见本书"实训一　客户投保"）。

海上保险的投保实务，一般包括货物运输保险投保实务和船舶保险投保实务，由于两者的实务处理较为接近，而货物运输保险又有一定的特点，因此这里着重介绍货物运输保险投保实务。货物运输保险的投保实务主要涉及贸易的价格条件、险种的选择、保险金额的确定、保险费的计算以及投保手续等。

一、投保人对保险产品的选择（Selection of Insurance Products）

商人在投保时需要选择恰当的保险产品，既要考虑能获得所需的经济保障，又要适当节省保险费的支出。例如，投保一切险加保战争险、罢工险，虽然能得到较全面的保障，但有些商品不一定需要这样的保障，而要负担更多的保险费。如果只考虑节省保险费，只投保责任最小的平安险，虽然保险费少多了，但往往得不到应有的保障。因此，投保人应根据货物的种类、性质、特点、包装、运输工具、运输路程以及港口等不同情况来选择保险产品。以下是几种商品容易受损的情况以及适合投保的险种。

（一）粮油食品类（Grains & Food Stuff）

1. 食品类

食品类商品因随时随地能食用，因此遭受偷窃的情况较常见。投保人可以投保一切险，也可以在平安险和水渍险的基础上加保包装破裂险、碰损险、锈损险和偷窃提货不着险等。

2. 冻品类

冻品类商品的运输都是由设有冷藏设备的运输工具承载的，最容易遭受的损失是冷藏机器损坏使冷冻商品化冻变质或腐坏。对于这类商品，投保人一定要投保冷藏货物险，以便获得充分的保障。

3. 粮谷类

粮谷类商品含有水分，经过长途运输水分蒸发，造成短斤少两。增加的水分会发生霉烂，导致霉烂的原因有海水浸入、渍水渗入、水管漏水等。在运输途中遭遇恶劣气候封闭通风舱或者因为气候骤变温度突然上升和下降都会造成发汗、发热，造成货物的损失。这类商品的运输包装的方式有两种，一种是袋装，另一种是散装。保险人对这类商品规定免赔率。在售货合同拟订保险条件时，要注意加上免赔率的规定。如果投保人要求取消免赔率，保险人可以同意，但保险费率就会提高。对于这种商品，投保人可以投保一切险，也可以在水渍险的基础上加保短量险和受潮受热险。

4. 油脂类

油脂类商品在海上运输途中，容器的破裂会造成渗漏损失，也会因沾染杂质而产生沾污损失。这类商品的运输包装的方式有两种，一种是桶装，另一种是散装。油脂本身沾在舱壁和在装卸过程中消耗都可能发生短量损失。对于这种散装的油脂，保险人都规定免赔率。一般来说，投保人可在水渍险的基础上，加保短量险和沾污险。

5. 活牲畜、活禽、活鱼类

活牲畜、活禽、活鱼类商品的主要风险是牲畜遭遇死亡。对这类商品，投保人要投保活牲畜、活家禽死亡险，以便得到应有的保障。

(二) 土产畜产类 (Local & Livestock Products)

1. 麻类

麻类商品受潮发热会引起变质、自燃等损失，投保人可以在平安险或水渍险的基础上加保受热、受潮险，以便得到应有的保障。

2. 鱼粉

这种商品在一定的温度与湿度下，因受潮、受热，会引起变质等损失。投保人可以在平安险或水渍险的基础上加保受热、受潮险，以便得到应有的保障。

3. 毛绒类

毛绒类商品沾污后会影响质量。投保人可在平安险或水渍险的基础上加保混杂、沾污险，以便得到应有的保障。

4. 皮张类

皮张类商品易受损失的情况包括沾污、受潮、受热引起的变质。投保人可以投保平安险或水渍险加保受潮、受热、沾污险。此外，皮张遭受偷窃的可能性也较大，投保人还可加保偷窃提货不着险。为简单起见，也可保一切险，以便得到应有的保障。

5. 盐渍肠衣、兽皮类

皮张，如没有经过鞣制的原皮，盐水渗漏会引起变质损失。投保人可以在平安险、水渍险的基础上加保渗漏险，以便得到应有的保障。

（三）轻工品类（Products of Light Industry）

1. 玻璃制品类

玻璃制品类商品的风险主要是破碎。投保人可在平安险、水渍险的基础上加保破碎险，以便得到应有的保障。

2. 陶、瓷制品类

陶、瓷制品类商品的风险主要是破碎。投保人可以在平安险、水渍险的基础上加保破碎险，以便得到应有的保障。

这类商品的包装好坏对损失的影响很大。包装较精细的，如用塑料泡沫衬垫包装或者泡沫按商品形状定型包装，损失通常较小，保险人通常愿意承保。包装粗糙的，如木条箱装，损失就较严重，保险人可能拒绝承保。

3. 家用产品类

家用产品类商品比较常见的风险是碰损和被窃。投保人可以投保平安险、水渍险，加保碰损险和提货不着险。由于价值很高的电器设备最容易被窃，保险人对于不太安全的港口，有时拒绝承保或采取控制责任的措施，如加贴码头、海关检验条款，只负责保险货物卸离海轮后，在码头、仓库等地被窃不承担责任等。

4. 杂货类

杂货类商品如仪表、金属餐具、文体用品、各类鞋帽等。这类商品比较复杂，价值大小不一。对于仪表等价值高的商品，投保人可投保水渍险，加偷窃提货不着险和破碎险。对于其他的杂货类商品，投保人可投保水渍险和淡水雨淋险，以便得到应有的保障。

（四）工艺品类（Arts & Crafts）

1. 首饰类

首饰类商品价值高，偷窃的风险特别大，投保人一定要加保偷窃提货不着险或者投保一切险，才能得到有效的保障。

2. 珐琅类

珐琅类商品是以金属为毛坯的艺术品，最容易遭到碰损，如脱瓷、凹陷、弯曲。投保人可投保平安险或水渍险，加保碰损险，以便得到应有的保障。

3. 雕刻品

雕刻品类商品破碎、碰损的可能性非常大，还容易被盗窃。投保人要加保破碎、碰损险。这类商品的包装条件很重要，如果包装不适当，保险人不愿承保。

4. 漆器类

漆器类商品都是具有观赏性的工艺品和用具，价值较高，本身比较娇脆，一旦碰撞，就会影响商业价值，投保人投保基本险后，要加保碰损险。

5. 陶瓷器类

陶瓷器类商品造型精细，形状各异，包装特别重要，一般的风险为破碎，因此，投保人应加保破碎险，以便得到应有的保障。

（五）五金类（Hardware）

1. 金属条、板、管、块等

这些商品比较粗重，投保人投保平安险就可以了。但是，由于这些商品较为大宗，到达目的港时，经常会发生短少现象。投保人可以加保偷窃提货不着险。保险人对这类商品不承保一切险。因为一切险对于外来原因的损失，如生锈等都要赔偿，保险人在确定责任时不易掌握。

2. 铸铁制品

这些商品比较笨重，有时是裸装的，只是在货物外边缠绕一些草绳作为防护，发生破碎的可能性大。投保人可以加保破碎险，虽然费率较高，但是得到了充分的保障。

3. 小五金类

对于这种商品，投保人可投保水渍险。因为它不可能发生碰损、破碎之类的损失，也不能被偷窃。

（六）矿产类（Mineral Products）

1. 矿石、矿砂

这些商品一般都是大宗散舱运输，容易发生短少。投保人可以加保短量险。这些商品在投保时，保险人有免赔额的规定。

2. 建筑材料类

这些商品主要的风险是破碎，投保人可加保破碎险。保险人对这些商品规定了免赔率。

3. 水泥

水泥是指一种细磨材料，加入适量水后成为塑性浆体，既能在空气中硬化，又能在水中硬化，并能把砂、石等材料牢固地黏结在一起，形成坚固的石状体的水硬性胶凝材料。因此，一旦进水很快就会凝固并失去使用价值。投保人可以加保短量险、淡水雨淋险和包装破裂险。

（七）化工类（Chemical Products）

1. 液体商品

这些商品都是用散舱运输的，容易发生短量和沾污。因此，投保人应投保散舱油类险，以便得到应有的保障。对于这种散舱油类，保险人都规定了免赔率。另外，用铁桶、铁听、塑料桶和玻璃瓶装的液体化工品，容易发生渗漏损失，投保人应加保渗漏险。

2. 粉粒状化工产品

这些商品有桶装和包装的，主要的危险是包装破裂造成外漏短少，投保人可加保包装破裂险。

（八）机械类（Machinery）

1. 各种机床

这类商品往往因遭受碰损而影响机器使用的效能，特别是精密机床，自动化程度高。由于控制性部分失灵，修理或置换部件的费用很高，经过修理后，又会降低机床的质量。因此，投保人应加保碰损险。

2. 通用、电力机械类

这类商品易发生碰坏、擦伤等，投保人可在平安险、水渍险的基础上加保碰损险。

3. 车辆类

这类商品中的各类汽车，一般是裸装，即停放于露天甲板上，采取加固防滑动措施后进行运输，很容易发生碰触、凹陷、擦伤等损失。另外，车上的零件也可能会被窃，如备胎、工具箱、车上附装的音响设备和冷风器等。因此，投保人可在平安险、水渍险的基础上加保碰损险、破碎和偷窃提货不着险。放置于甲板上运输的，还要加保舱面险。

（九）纺织纤维类（Textile & Fabric Products）

1. 纤维匹头类

这类商品的价值较高，容易遭受的损失比较多，如沾污、钩损、偷窃、短少、雨淋等。一般情况下，投保人可以投保一切险，以便得到充分的保障。

2. 抽纱制品

这类商品价值比较高，遭受损失的情况很多，如沾污、钩损、偷窃、短少、雨淋等，投保人可投保一切险，以便得到充分的保障。

3. 服装

高级毛料服装和丝绸绣制服装价值相当高，一般的布料、服装价值并不高。因此，投保人可根据其价值的高低，分别加以考虑。可投保一切险或者在水渍险基础上，加保沾污、钩损、淡水雨淋险等。

总之，从目前对投保险种选择的趋势看，对某些价值较高的商品，都倾向于投保一切险，以取得全面保障。从投保人的心理看，是可以理解的。但是，从贸易商核算角度考虑，也不一定统统投保一切险。

二、投保人选择保险产品的依据（Basis of Selecting Insurance Products）

海上保险业务投保作为国际贸易的重要组成部分。主要是依据国际贸易的价格条件的有关规定来确定的。在国际贸易中，货价是由货物本身的成本、运费和保险费三部分组成的。保险由卖方办理还是由买方办理，取决于不同的价格条件。海上运输贸易价格条件是国际贸易中构成单价条款的重要组成部分，在对外报价和签订合同时所必然涉及的内容。它的产生解决了卖方在什么地方，以什么方式办理交货，风险何时由卖方转移给买方，由谁负责办理货物的运输、保险、通关、过境的手续，由谁承担办理上述事项所需的各项费用，买卖双方需交接哪些有关的单据等问题。贸易价格条件的运用可以简化交易手续、缩短洽商时间、节省费用开支。

（一）FOB（Free on Board）价格条件

FOB 的意思是"装运港船上交货"，即货物装上运载工具为价格条件，卖方负责将货物装到买方指定的运输工具，承担将货物装上运输工具前的费用和风险。FOB 价格条件本身还有许多附加条件，如 FOB 吊钩下交货（FOB under Tackle）、FOB 船上交货带理舱（FOB Stowed）、FOB 船上交货带平舱（FOB Trimmed）等。附加条件是进一步明确交货的细节以及一些费用的承担，总体来说都是 FOB 价格条件。这种价格条件规定，当货物越过船舷或装上船只，风险由卖方转移给买方，买方负责租船订舱、支付运费等，并将船期、船名及时通知卖方。因此，货物运输保险由买方办理。

（二）CFR（Cost & Freight）价格条件

CFR 的意思是"成本加运费"，即卖方负责将货物运送到买方指定的口岸，货物价格中包含运费在内，不包含保险费。货物在运输途中的保险由买方办理。由于这一价格条件是由卖方负责运输，包括托运、租船、订舱等，这就产生了装船通知的问题。按照《国际贸易术语解释通则》的解释，卖方在货物装船后，必须无延迟地通知买方。有些国家规定，按照贸易条件成交的货物，当货物装船后，卖方必须立即通知买方办理保险，如有疏漏，买方因而未办理保险，则卖方应承担货物在运输途中的风险。因此，按照这种价格条件成交的贸易，卖方必须注意及时发出装船通知，以避免不必要的损失。

（三）CIF（Cost，Insurance and Freight）价格条件

CIF 的意思是"成本加保险费加运费"，也称为到岸价格，即卖方将货物装上船只，并支付启运港口到目的港口的运费和保险费。也就是说，货物价格中包含运费和保险费在内。这种价格条件对货物风险的转移，同前述的 FOB 价格和 CFR 价格条件都是一样的，但是保险由卖方办理并由其承担保险费用。2000 年《国际贸易术语解释通则》中的 CIF 价格条件对卖方在保险方面的责任和费用规定：根据合同约定自行负担费用取得货物保险，使买方和任何其他对货物拥有保险利益的人有权直接向保险人索赔，并向买方提供保险单或其他保险凭证；应与良好信誉的保险人或保险公司订立保险合同。如无相反的明示协议，应根据《伦敦保险人协会》或其他类似的条款中的保险险种投保。在买方要求时，卖方应提供由买方负担费用的可以投保的战争、罢工、暴乱和民变险。最低保险金额应包括合同规定的价款另加成 10%，并应采用合同中规定的币制。

根据以上三种贸易价格条件可知，以 FOB 和 CFR 价格条件成交合同，货物的投保均由买方负责办理，以 CIF 价格条件成交的合同，货物的投保由卖方办理，并负担保险费的支付。

上述三种贸易价格条件的风险都是从起运港，越过船舷后转移给买方（收货方）。上述三种贸易价格术语主要是讲"谁出钱"的，则风险是推理出来的。三种贸易价格条件如表 5-1 所示。

表 5-1　三种贸易价格条件

习惯称呼	卖方和买方	FOB 离岸价	CFR 成本加运费	CIF 到岸价
风险界限	卖方（供）	装货港船舷前	装货港船舷前	装货港船舷前
	买方（收）	装货港船舷后	装货港船舷后	装货港船舷后
非经济责任（运输）	卖方（供）	通知装货情况	租船或订舱 通知装货情况	租船或订舱 通知到港时间
	买方（收）	租船或订舱 通知船期/船名		
非经济责任（保险）	卖方（供）			负责办理保险
	买方（收）	负责办理保险	负责办理保险	
非经济责任（保险要求）	卖方（供）			条件/保额/币别
	买方（收）	自行决定	自行决定	
经济责任（保险费）	卖方（供）			承担保险费
	买方（收）	承担保险费	承担保险费	
经济责任（陆运费）	卖方（供）	装船前	装船前	装船前
	买方（收）	卸船后	卸船后	卸船后
经济责任（装船费）	卖方（供）	承担	承担	承担
	买方（收）			
经济责任（海运费）	卖方（供）		负责运费	负责运费
	买方（收）	负责运费		
经济责任（卸船费）	卖方（供）			
	买方（收）	承担	承担	承担

三、选择投保考虑的因素（Factors to be Considered）

一般来说，在投保时，被保险人应按实际需要选择投保条件和险种。就被保险人的利益来说，选择符合实际投保需要的险种和保险条件，通常要考虑下列因素：

（一）货物的种类与价值

货物的种类及其价值是考虑投保条件的首要因素。如果货物价值较低而又不易受到损毁，如原木、煤炭等，或者价值虽高但不易受损，如重型机械等，就不需要投保一切险；如果货物价值较高而又易毁损，如高级成衣、手表、精密仪器或电子零件等，则需要投保一切险。

（二）包装情形

包装材料及包装方式会直接影响到货物的损毁。货物的包装或由贸易当事人约定，或按国际贸易惯例的规定。有的包装虽已符合约定或国际惯例，但仍避免不了在运输过程中的损害。因此，货物的包装情形是投保人选择运输保险条件时应予以考虑的重要因素。

（三）运输方式

货物适用于何种运输方式运输是经海运、空运、陆运或是联合运输，这对危险事故的发生有着直接的影响，由于运输方式的不同，运输过程中可能遭遇的危险事故也不同，所以选择保险条件必须考虑运输方式的因素及其对保险的影响。

（四）战争及罢工的危险

货物在运输过程中，从起运地到目的地之间有无发生战争或罢工等危险事故的可能，如果有则必须考虑加保战争及罢工险，以求得保险保障。

（五）附加危险

如果投保人选择投保伦敦协会货物保险条款（A）险，感觉到承保范围超过了实际需要而浪费了保险费，如果要投保协会货物保险条款（B）险、（C）险，又感觉到承保范围过窄，那么投保人可在投保协会货物保险条款（B）险或（C）险外，另加保约定的附加险。例如，投保人投保协会货物保险条款（B）险，可以另外加保"短量险"或"偷窃提货不着险"等，以减少商品的成本。

（六）国际贸易条件

国际贸易条件关系到买卖双方的权利和义务。如果买卖双方对货物运输保险种类已有约定，应从其约定；否则，应按国际商会制定的《跟单信用证统一惯例》（*Uniform Customs and Practice for Documentary Credits*）中关于货物保险投保的规定执行，即按第三十四条、第三十五条和第三十六条执行。

第三十四条对保险单据的规定如下：

（1）保险单据必须由保险公司或承保人或其代理人开立并签署。

（2）如果保单签发一份以上的正本，除非信用证另有授权，所有正本都必须提交。

（3）除非信用证特别授权，保险经纪人开立的暂保单将不被接受。

（4）除非信用证另有规定，银行将接受由保险公司或承保人或他们的代理人预签的预约保险单项下的保险证明书或保险声明书。如果信用证特别要求预约保险单项下的保险证明书或保险声明书，银行可接受保险单作为代替。

（5）除非信用证另有规定或除非保险单据表明保险责任最迟于装船或发运或接受监管之日起生效，银行将拒绝接受出单的日期迟于运输单据注明的装船或发运或接受监管日期的保险单据。

（6）除非信用证另有规定，保险单据必须以与信用证同样的货币表示。

（7）除非信用证另有规定，保险单据必须表明投保最低投保金额应为货物的成本加保险费加运费（CIF）价加成10%。

第三十五条对投保险种的规定如下：

（1）信用证应规定所需投保的险种以及应投保的附加险种，不应使用诸如"通常险种"或"惯常险种"一类含义不明的条款。

（2）信用证如无具体规定，银行将按照所提交的保险单据予以接受，对于未经投保的任何险种不予负责。

（3）除非信用证另有规定，银行将接受标明免赔率、免赔额约定的保险单据。

第三十六条对投保一切险的规定是：当信用证规定"投保一切险"时，如保险单据含有任何"一切险"批注或条款，不论是否有"一切险"标题，甚至注明不包括某些险种，银行都将接受。对于未经投保的任何险种，银行将不负责任。

四、贸易合同中的保险条文（Insurance Wordings in the Trade Contract）

在签订贸易合同时，买卖双方必须将保险相关事项在合同中加以明确，明确合同双方各自的责任，以免发生损失时，因责任不清而引起纠纷。

（一）签订售货合同应注意事项

在签订贸易合同时，必须明确双方成交的价格条件。当价格条件确定为成本加保险费加运费（CIF）价格时，由卖方办理保险。此外，还要明确保险的险种和保险金额及其加成率。如果买方对保险有特殊要求，应将这种要求写清楚，并明确由谁承担增加的保险费。按照货物加成本加运费（CFR）价格条件或者按装运港船上交货（FOB）价格条件成交的，由买方自己办理保险。

此外，也可以经买卖双方商定由卖方代办保险，但这完全是受委托的代理关系。应明确代办保险的险别、保险金额等。尤其要明确保险费由买方另行负担以及保险费支付的方法。如果采用信用证方式付款，要在信用证上详细写清楚。

如果货物目的地在内陆，保险责任应延伸至内陆。如果只保到港口，客户将得不到全面保障。保险金额的加成、使用哪种条款也应当明确。一些客户要求投保特殊险，而这些险种又不包括在"一切险"责任范围的，如拒收险、进口关税险等，要事先征得保险人的同意。

（二）国际贸易合同中的保险条款英文表达

1. 贸易合同中约定投保平安险（F. P. A）

如要求"卖方按发票金额加成 10% 投保平安险"，其英文表达是："Insurance to be effected by the Sellers for 10% of invoice value against F. P. A."

2. 贸易合同中约定投保水渍险（W. P. A）

如要求"卖方按发票金额加成 10% 投保水渍险"，其英文表达是："Insurance to be effected by the Sellers for 10% of invoice value against W. P. A."

3. 贸易合同中约定投保一切（All Risks）

如要求"卖方按发票金额加成 10% 投保一切险"，其英文表达是："Insurance to be effected by the Sellers for 10% of invoice value against All Risks."

4. 贸易合同中约定投保附加险

如要求"卖方按发票金额加成 10% 投保平安险或（水渍险）加保特别附加险"，其英文表达是："Insurance to be effected by the Sellers for 10% of invoice value against F. P. A or (W. P. A) including Special Additional Risk."

5. 贸易合同中双方约定投保平安险或（水渍险）加保进口关税险

如要求"卖方按发票金额加成 10% 投保平安险或（水渍险）加保进口关税险"，其英文表达是："Insurance to be effected by the Sellers for 10% of invoice value against F. P. A or（W. P. A）including Risk of Import Duty."

6. 贸易合同中约定投保平安险或（水渍险）加保罢工险

如要求"卖方按发票金额加成 10% 投保平安险或（水渍险）加保罢工险"，其英文表达是："Insurance to be effected by the Sellers for 10% of invoice value against F. P. A or（W. P. A）and Strike Risks."

7. 国际贸易中有关保险期间的英文表达

如要求"卖方按发票金额加成 10% 投保平安险，包括目的港 60 天期限"，其英文表达是："Insurance to be effected by the Sellers for 10% of invoice value against F. P. A including 60 days at port of destination."

8. 国际贸易中保险责任延长到内陆目的地的英文表达

如要求"卖方按发票金额加成 10% 投保水渍险，保险责任延至湖南省长沙市"，其英文表达是："Insurance to be effected by the Sellers for 10% of invoice value against W. P. A up to Changsha, Hunan, China."

9. 双方商定合同按装运港船上交货（FOB）价格或成本加运费（CFR）价格成交，但由卖方为买方办理保险事宜

如要求"保险由买方委托卖方按发票金额加成 10% 代为投保一切险，保险费由买方承担"，其英文表达是："Insurance to be effected by the Sellers on behalf of buyers for 10% of invoice value against All Risks, premium to be paid by buyers."

五、投保手续（Procedures）

当一个贸易商需要对一笔货物进行保险时，首先要与保险公司联系，通常是填制一张投保单，经保险公司接受后，就开始生效。有时由于时间比较紧，经投保人以口头或电话向保险公司申请，如获允诺，保险也生效，然后即补送投保单。保险公司出具保险单，以投保人的填报内容为准。填报内容时，对以下项目要写明确：

（一）被保险人名称（Name of the Insured）

被保险人名称要按照保险利益的实际有关人填写，如果买方或卖方投保的，应分别写上他们的名称。因为保险是否有效与被保险人保险利益直接有关。买卖双方的风险转移，从货物过船舷开始。买方为被保险人时，保险责任从货物装上船时才开始。反之，卖方为被保险人时，保险自保单载明起运地运出时开始负责。

（二）标记（Marks）

标记又称 Mark，应该和提单上所载的标记符号相一致，特别要同印在货物外包装上的实际标记符号一样，以免发生赔案时，引起检验、核赔、确定责任的混乱。

（三）包装数量（Package & Quantity）

投保人要将包装的性质，如箱、包、件、捆以及数量都写清楚。

（四）货物名称（Name of the Cargo）

要将货物的名称写得详细，如"棉布""袜子""玻璃器具"等。一般不要笼统地写"纺织品""百货""杂货"等。

（五）保险金额（Sum Insured）

要按照发票的成本加保险费加运费（CIF）价值加适当加成，加成的比例一般是 10%，也可以根据实际情况加二成或三成等。如果发票价为装运港船上交货（FOB）价格或者成本加运费（CFR）价格，投保人应将运费、保费相应加上去，再另行加成。

（六）船名或装运工具（Per Conveyance）

如果是用轮船的应写明船名，需转运的也要写明。如果火车或航空运输的，只要写明火车、空运即可。联运的最好写明联运方式，如空、陆联运或海、空联运等。

（七）开航日期（Date of Commencement）

有确切日期的，填上"X 年 Y 月 Z 日"。无确切日期的，填上"约于 X 年 Y 月 Z 日"。

（八）发票或提单号码（Invoice or Bill of Lading No）

写上发票或提单的号码以备保险公司核对。

（九）航程或路程（Voyage or Line）

写明"自 X 港（地）到 Y 港（地）"，如果到目的地的路线有两条，则要写上"自 X 港经 Y 港到 Z 港"。

（十）承保险种（Coverage）

需要投保哪种险种，要写明确，不要含糊。如果对保险条款有特别要求的，也要在这一栏内注明。

（十一）赔款地点（Claims Payable at）

一般都是在保险目的地支付赔款，如果要求在保险目的地以外的地方给付赔款，应该声明。

（十二）投保日期（Applicant's Date）

投保日期应在船舶开航或运输工具开行之前。

六、投保注意事项（Notes to be Mentioned）

（一）投保时所申报的情况必须属实

投保时所申报的情况包括货物的名称、装载的工具以及包装的性质等。因为保险公司是按照投保人所申报情况来确定是否接受承保以及确定哪种费率。错误申报和隐瞒真实情况的，保险公司将按照违反诚信原则、违反保险契约的原则，在发生损失时拒绝赔偿。

（二）投保的险种、币制与其他条件必须和信用证上所列保险条件的要求相一致

卖方、买方银行在审查运输单证时，对保险单上所列各项内容按照信用证的要

求进行核对。如有不符合可拒绝接受保险单。而且即使卖方银行未发现不符通过了，买方银行在审查时，也可以拒绝付款。

（三）投保的险种和条件要和售货合同上所列的保险条件相符合，重合同守信用

投保险种的责任小于售货合同规定，如合同载明投保一切险，而投保了水渍险。保险条件不符售货合同约定，如合同载明保险赔款不计免赔率，而投保时发现有免赔率的规定，这些都会构成违反合同而产生不必要的纠纷。

（四）尽可能投保到内陆目的地

由于贸易以成本加保险费加运费（CIF）价格条件都是卖到目的港的，但实际上收货人往往在内陆。如果同贸易价格条件一样，保险责任到港口终止，从港口到内陆段发生损失就得不到保险保障。尤其是一切险，很多损失在港口是无法发现的，只有在货物到达内陆目的地经检验才能肯定，如果保险责任在港口终止，就会对责任的确定造成困难。为了解决收货人的实际需要，避免工作上的纠纷，保险责任延长至内陆目的地。不过，有些内陆城市由于运输条件很差，保险公司明确不保，这就要按照保险公司的规定办理。

（五）注意一些特殊情况的发生

除一般的贸易情况按照正常的要求办理保险外，对一些较为特殊的贸易情况，如买方所购的货物要求承保拒收险等特殊险种的，还要事先同保险公司商量是否接受，即使接受，还要弄清保险费率是多少，以便收取保险费。

（六）投保后发现投保项目有错漏，要及时向保险公司申请批改

特别是涉及保险金额的增减、保险目的地的变动、船名的错误，都应该马上向保险公司提出，否则会影响合同双方的利益。

关于货物运输保险投保单样本，参见本书"实训一 客户投保"。

第三节 海上保险的核保

在海上保险承保活动中，无论是以何种承保方式（直接或代理或经纪）承揽的业务，都不是保险关系的正式建立，而是属于要约。这些要约必须经过保险公司的专业人员按设定的标准审核、估价、确认后，方可正式承保。这种承保要约的审定工作称之为核保。

核保过程是海上保险承保活动中的关键环节，是保险公司对投保标的物的选择和风险的控制，一般包括如下内容：

一、投保风险因素审核（Risks Verified）

（一）保险标的（Subject Matter of Insurance）

保险标的是保险公司承担风险责任的对象，保险标的本身的特性、客观条件与灾害事故危及标的物的可能性及其损失程度有着密切关系，也是保险公司确定是否予以承保和厘定保险费率的依据，因此，保险公司对投保标的物的危险性质、管理的情况，在核保过程中，必须进行调查。例如，货物是否有易遭破损、渗漏、串味、有毒、易移动、易燃烧等损害，是否属于危险性货物，货物的包装是何种材料、何种方式包装等。

（二）被保险人的信誉（Reputation of the Insured）

在保险承保活动中，调查被保险人的信誉与道德风险是至关重要的。其原因在于风险的发生在很大程度上与人的因素有关。不诚实、不道德的被保险人会给保险公司带来难以预料的风险。因此，在核保过程中，应追踪审查被保险人的信誉和其他事项，如经营状况、财务状况、金融联系和业务往来状况等。

（三）运输工具（Per Conveyance）

运输工具包括船舶及陆上运输工具等。以船舶运输工具为例，要查对与投保有关船舶的建造年份、吨位、配备及各方面性能，还要审查投保人所约定的船舶价值是否适当以及船舶是否悬挂方便旗①。

（四）行程及地区（Voyage & District）

行程的长短、途中有无转换船舶、起运港的设备及其管理等，对风险的产生与否均有极大影响。

（五）保险条件（Conditions）

保险条件是决定费率高低的主要因素。除了要认真审查外，还要审查货物与保险条件是否适当，投保的保险条件与信用证、银行的要求相适应。

（六）气候条件（Climate）

航行期间和航行范围内的气候因素，如季节风、雨雾、地震、火山爆发、礁石、浅滩、海啸及风暴等情况，均在审查范围之内。

（七）过去的损失率（Loss Ratio of the Past）

从被保险标的以往的损失情况，一方面可审定是否存在道德风险的因素，另一方面可以根据以往损失的大小，决定是否降低或提高保险费率或不予承保。

二、保险费率审核（Rate to be Checked）

核保人员对上述因素经过周详审慎的考虑后，如决定对投保予以承保，应根据上述因素核定费率是否适当。核保过程中，应就每一笔业务的实际情况与制定它所适用的费率的限定条件进行对比检查，既要根据保险开价所应用的费率，又要参考以往惯例、保险市场情况、承保方式以及被保险人各项特殊因素等进行综合审定。当保险市场上有同业工会统一费率时，还应遵守有关规章，关于保险费率的详细确定，请参见本书"第六章 海上保险费率"。

---

① 方便旗（Flag of Convenience）：船舶不在本国注册，而在外国注册，所悬挂的旗帜为注册国的国旗，称为方便旗。一些经济不发达的小国家，以船舶登记费和年吨税为主要外汇收入，如巴拿马、利比里亚、洪都拉斯、塞浦路斯、巴哈马等。方便旗船舶有许多弊端，如船舶技术条件差、安全无保障、海事发生频繁、船员工资低、社会福利方面无保障、船东身份不易确定等，因而海运欺诈常有发生。

三、保险业务选择 (Business to be Selected)

为了保证业务质量，保险公司在审定投保因素后，对承揽的风险还要进行最后选择。如果把展业时进行的选择称为初选（客户群和险种的选择），核保时的选择就称为精选。精选的目的不在于回避风险、不接受承保，而是将初步承保的标的物的保险条件与被保险人所支付的保险费等价化，实现保险关系双方权利和义务的对等，避免消极因素的产生。经过选择后，应根据具体情况对原承保条件进行修改或补充，采取某些限制性措施，确定新的、合理的承保条件或拒绝承保。如控制保险金额、确定保险限额、规定免赔率或被保险人自负一部分责任等。

四、危险分散与控制 (Risks Spread & Controlled)

与其他保险一样，海上保险也是运用危险分散的科学方法，达到损失分摊的目的。单一的保险公司在承保了大量的标的风险后，不可能将所保业务全部自留，尤其是巨额风险的标的，以平均分散风险的原则，将自己承担的风险责任的一部分转嫁给另一个保险公司承担，这种风险责任的再转嫁称为再保险。在再保险业务中，保险公司对本身所承担的海上保险业务中每一危险单位负责的限额称为自留额。因此，保险公司承受投保人投保的数额应受其自留额与再保险责任额总和的约束。在做进一步的安排之前，保险公司不能签发高于总额的保险单，这就是保险公司的承保能力。因此，保险公司建立了危险分散和控制制度。这种制度包括承保金额的累积和保险金额的分配。

（一）承保金额的累积

承保金额作为危险控制与转移的一种制度常被适用于海上运输保险。海上运输货物保险是以每一船舶的每一航次为一个危险单位，对每一危险单位已接受的保险金额累积总额应随时做出明确的显示，以备核保人员参考，从而避免签发超过其承保能力的保险单。因此，保险公司对海上运输货物保险使用一种"航次卡"来记载所承保货物的详情，以便查看。在每次承受新的投保时，可以从有关卡片中立即查出同一危险单位已承担责任的总额，同时做出适当安排，或者拒绝继续接受，或者接受承保金额，或者将超额部分运用再保险方式分保出去，从而达到控制危险、转移保险责任的目的。

（二）保险金额的分配

保险公司的核保人员对所承保的业务，一方面应根据本公司再保险部门提供的"限额表"决定该危险所应援用的限额。限额表是保险公司对各种海上运输保险所能承担责任的最大限度规定。另一方面应根据限额表内规定的自留额及各再保险公司的责任额，分配所承受的业务。在此之后发生的保险索赔，就按分配比例由保险公司与再保险公司分摊赔付。

五、保险合同的签订 （Contract to be Signed）

核保工作完成后，可以确认承保的保险标的，需要与投保人或被保险人达成协议，正式签订保险合同。订立保险合同是海上保险承保的最后一环。在组成保险合同的文件中，保险单或保险凭证是其最直接最基本的代表文件。保险单的签发既表明了海上保险经济关系的正式确立，又表明了保险承保活动的结束。实务手续包括以下几个方面的内容：

（一）出具保险单

海上保险单是国际贸易和运输中不可缺少的单据和文件，其流转往往超出国界而在世界相关国家之间传递。因此，保险单的质量不仅涉及保险公司的声誉，而且会牵涉一个国家的对外影响。在具体出单中必须注意下述几点：

（1）保险单的文字和字句必须清楚明确。属于外文保险单，要注意外文文句的正确性。

（2）保险单上所列内容必须符合信用证上对保险条件的规定，否则，将会影响整个进出口贸易的收汇。

（3）保险单的份数根据投保人的需要确定，可以做若干个正本和副本。保险单正本一般一式二份，一份交投保人，一份保险公司自留。

（4）保险单要按编号顺序使用，对注销的保险单要将正本排列归档，以便查核。

（5）保险险种的措辞，要根据投保单要求对承保的险别加以确定，使之既能符合信用证上所列的要求，又要符合保险习惯，以明确保险责任。

（6）各种货物运输保险条款措辞及其分类中措辞的排列为主险（如平安险、水渍险、一切险）、附加险（如偷窃险、短少险等）、特别附加险等。

（7）保险单制成后，应由复核人员复核，对复核的内容包括：保险单上的项目是否打印齐全；保险单上的内容和投保单所列的是否一致；承保的险种是否符合投保单或信用证上的要求，措辞是否明确，并符合保险习惯；理赔检验代理人的名称、地址是否准确；保险费率和保险费的计算是否有误；承保的这笔业务是否符合有关政策的规定；加盖公司总经理或法人公章。

（二）保险单条款的英文表达

这些英文表达是一个固定的模式，只要替换险种，其他内容基本一样。海洋货物运输保险包括基本险（平安险、水渍险和一切险）、附加险（一般附加险、特别附加险和特殊附加险）以及两个专门险（海洋货物冷藏险和散装桐油险）。

（1）"承保中国人民保险公司 1981 年 1 月 1 日制定的海洋运输货物平安险和战争险"的英语表达：Covering F. P. A. and War Risks as per Ocean Marine Cargo Clauses and Ocean Marine Cargo War Risk Clauses of the People's Insurance Company of China dated 1/1/1981.

（2）"承保中国人民保险公司 1981 年 1 月 1 日制定的海洋运输货物水渍险和战

争险"的英文表达：Covering W. P. A and War Risks as per Ocean Marine Cargo Clauses and Ocean Marine Cargo War Risk Clauses of the People's Insurance Company of China dated 1/1/1981.

（3）"承保中国人民保险公司 1981 年 1 月 1 日制定的海洋运输货物—切险和罢工险"的英文表达：Covering All Risks and Strike Risks as per Ocean Marine Cargo Clauses and Ocean Marine Cargo Clauses of Strikes Risk of the People's Insurance Company of China dated 1/1/1981.

（4）"承保中国人民保险公司 1981 年 1 月 1 日制定的海洋运输货物冷藏水渍险和战争险"的英文表达：Covering W. A and including damage arising from the breakdown of refrigerating machinery as per clauses for Frozen Products（W. P. A），including War Risks as per Ocean Marine Cargo War Risk Clauses of the People's Insurance Company of China dated 1/1/1981.

（5）"承保中国人民保险公司 1981 年 1 月 1 日制定的海洋运输货物散装桐油险和罢工险"的英文表达：Covering loss or damage arising from shortage，leakage，contamination and isomerization as per Clauses for Wood oil in bulk，including Strikes Risks as per Ocean Marine Cargo Clauses of the People's Insurance Company of China dated 1/1/1981.

此外，国外开来的信用证或外国商人要求使用伦敦协会条款（Institute Cargo Clause，简称 I. C. C 条款），国内许多保险公司一般都同意承保。保险单承保条件的英文表达与国内保险公司条款基本上是一样的，只是在使用条款的词句上写明"按照协会某年某月某日货物某某险条款负责"（as per Institute Cargo Clauses dated ×/×/×）。

（6）"承保 1982 年 1 月 1 日制定的伦敦协会条款（C）险"的英文表达：Covering I. C. C.（C）as per Institute Cargo Clauses（C）dated 1/1/1982.

（7）"承保 1982 年 1 月 1 日制定的伦敦协会条款（B）险"的英文表达：Covering I. C. C.（B）as per Institute Cargo Clauses（C）dated 1/1/1982.

（8）"承保 1982 年 1 月 1 日制定的伦敦协会条款（A）险"的英文表达：Covering I. C. C.（A）as per Institute Cargo Clauses（A）dated 1/1/1982.

（9）"承保 1982 年 1 月 1 日制定的伦敦协会条款（C）险和战争险"的英文表达：Covering I. C. C.（C）as per Institute Cargo Clauses（C），including the risk of war as per Institute War Clauses dated 1/1/1982.

（10）"承保 1982 年 1 月 1 日制定的伦敦协会条款（B）险和罢工险"的英文表达：Covering I. C. C.（B）as per Institute Cargo Clauses（B），including risks of S. R. C. C as per Institute S. R. C. Clauses dated 1/1/1982.

（三）海洋货物运输保险单样本

关于货物运输保险单样本，可参见本书"实训二 保险公司承保"。

（四）批改及批单（Endorsement）

批单是在保险合同生效后，修订保险单内容的凭证，它具有补充、变更保险单内容的作用。保险单出具后，如果保险内容有变动，被保险人可以向保险公司申请批改。一般来说，凡是承保规定允许的，批改也可以同意。如果批改内容涉及增加保险金额或扩大保险责任，必须在被保险人和保险人双方都不知有任何损失事故发生的情况下，在货物到达目的地或在货物发生损失以前申请批改。批单一经签发，保险关系双方按照批改后的保险单来承担责任，享受权利。

批改一般由投保人或被保险人提出申请，保险公司经审核无误给予确认后，方可办理批改手续，批改应注意的事项和法律效力有如下几方面：

（1）凡是保险公司承保规定的、允许承保条件和内容，在接到批改申请后，保险人可以同意批改。

（2）申请批改的内容如涉及保险公司所承担的保险责任，如保险金额增加、保险期限延长，批改必须在保险标的无任何损失时或被保险人不知标的有损失时才能同意，否则保险人不接受批改，即使保险公司接受了批改申请，相应的批改在法律上也无效。

（3）批单的内容应与原保单相联系。批单应记载原保险单的内容和对原保单所做的批改应粘贴在保险单上，并加盖骑缝章。

（4）签发批单时，保险人应将批单上的项目，如批单日期、批单号码、保单号码、被保险人名称，保险金额、船名、开航日期详情列明。

（5）批单无论是保险公司签发的，还是其代理人签发的，都具有同等效力。

（五）批单的英文表达

（1）更改被保险人名称。"广州外贸公司"更改为"广州外贸进出口公司"。

It is hereby noted that the name of insured under this policy should be Guangzhou Foreign Trade Import & Export Company instead of Guangzhou Foreign Trade Company as originally stated.

Other terms and conditions remain unchanged.

（2）更改包装种类。"货物捆包"更改为"货物装箱"。

It is hereby noted that the goods covered under this policy are packed in cases and not in bales as originally stated.

Other terms and conditions remain unchanged.

（3）更改商品名称。"羊毛运动衫"更改为"棉运动衫"。

It is hereby noted that the description of goods under this policy should be "cotton sweaters" instead of "wool sweaters" as originally stated.

Other terms and conditions remain unchanged.

（4）更改保险金额。"保险金额60万美元"更改为"保险金额50万美元，并按约定退一部分保险费给被保险人"。

It is hereby noted that the amount insured under this policy is reduced by one hundred thousand United States dollars, leaving the amount in force five hundred thousand United Stated dollars.

In consideration of the above reduction of sum insured, a return premium as arranged is refunded to the insured.

Other terms and conditions remain unchanged.

（5）更改船舶名称。"白云号"更改为"海鸥号"。

It is hereby noted that the name of ship carrying the goods insured under this policy should be s/s "Seagull" instead of s/s "White Clouds" as originally stated.

Other terms and conditions remain unchanged.

（6）更改开航日期。"2020 年 5 月 6 日开航"更改为"2020 年 5 月 16 日开航"。

It is hereby noted that the sailing date of the carrying vessel "Blue Sky" under this policy is on or about March 16th, 2016 instead of March 6th, 2016 as originally stated.

Other terms and conditions remain unchanged.

（7）更改目的地。"最后目的港利物浦"更改为"最后目的港伦敦"。

It is hereby noted and declared that the final destination under this policy should be London instead of Liverpool as originally stated.

Other terms and conditions remain unchanged.

（8）更改保险条件。"增加海洋运输货物特殊附加险，按约定由被保险人交纳附加保费"。

It is hereby noted that the insurance is extended to cover Specific Additional Risks of Ocean Marine Cargo Insurance.

In consideration of the increase of above risks, an additional premium as arranged is payable by the insured.

Other terms and conditions remain unchanged.

（9）延长保险期。"保险期限延长 10 天，并按约定由被保险人交纳附加保险费"。

It is hereby noted that this insurance is now extended to cover a further period of 10 days, i. e. this insurance is to be valid for 10 days after discharge of the goods from the o-versea vessel at port of destination.

In consideration of above situation, an additional premium as arranged is payable by the insured.

Other terms and conditions remain unchanged.

（10）更改理赔代理人。"中华联合保险公司"更改为"中国太平洋保险公司"。

It is hereby noted that the name of Claims Handling Agent under this policy is "China Pacific Insurance Company, Limited" instead of "China United Property Insurance Company，Limited" as originally stated.

Other terms and conditions remain unchanged.

（六）海洋货物运输保险批单格式样本

关于货物运输保险批单的样本，参见本书"实训三 保险单批改"。

课后练习题（五）

一、名词解释

1. 信用证
2. 批单
3. FOB 价格条件
4. CFR 价格条件
5. CIF 价格条件

二、是非判断题

1. 海上货物运输的投保是指投保人或被保险人向保险公司表示订立保险合同的意向的一种要约行为。 （　　）

2. FOB 价格条件规定，当货物越过船舷或装上船只，风险由买方转移给卖方，买方负责租船订舱，支付运费等。 （　　）

3. "Cost & Freight"（成本加运费），卖方负责将货物运送到买方指定的口岸，货物价格中包含运费，不包含保险费，货物在运输途中的保险由卖方办理。 （　　）

4. CIF 是成本加保险费、运费，卖方将货物装上船只，并支付启运港口直到目的港口的运费和保险费。保险是由卖方办理并由其承担保险费用。 （　　）

5. 除非信用证另有规定，保险单据必须表明投保最低投保金额应为货物的 CIF 价加成 15%。 （　　）

6. 除非信用证另有规定，银行将拒绝接受出单的日期迟于运输单据注明的装船或发运或接受监管日期的保险单据。 （　　）

7. 信用证规定，保险单据必须由保险公司或承保人或其代理人或保险经纪人开立并签署。 （　　）

8. 保险单上所列内容必须符合信用证上对保险条件的规定，否则，将会影响整个进出口贸易的收汇。 （　　）

9. 凡是保险公司承保规定的、允许承保条件和内容，在接到批改申请后，保险人可以同意批改。 （　　）

10. 申请批改的内容如果涉及保险公司所承担的保险责任，如保险金额增加、保险期限延长，批改必须在保险标的无任何损失时或被保险人不知标的有损失时才能同意。 （　　）

三、单项选择题

1. 1992 年《中华人民共和国海商法》及国际贸易惯例都规定，海上货物运输保险的保险金额的确定可在 CIF 价格的基础上加成（　　　）。

    A. 10%　　　　　　　　　　　　B. 15%

    C. 20%　　　　　　　　　　　　D. 25%

2. 为了增加国家外汇储备，目前，我国绝大部分从外国进口的货物要求在（　　　）的保险公司投保。

    A. 美国　　　　　　　　　　　　B. 国外

    C. 英国　　　　　　　　　　　　D. 国内

3. 在国际贸易商品交往中，常采用的贸易价格条件有三种，"离岸价格"的英文表达是（　　　）。

    A. COST, INSURANCE AND FREIGHT

    B. FREE ON BOARD

    C. COST AND FREIGHT

    D. FREE FROM COST AND FREIGHT

4. 在国际贸易商品交往中，常采用的贸易价格条件有三种，其中，国际贸易价格条件中最常见的一种是（　　　）价格条件。

    A. FOB　　　　　　　　　　　　B. FR

    C. CIF　　　　　　　　　　　　D. FIC

5. "COST AND FREIGHT"的中文意思是"成本加运费"。在这种价格条件下，一般来说，货物运输保险由（　　　）办理。

    A. 买方　　　　　　　　　　　　B. 卖方

    C. 经纪人　　　　　　　　　　　D. 代理人

6. 到岸价格由卖方将货物装上船，货物价格中包含运费和保险费在内。这种价格条件对货物风险的转移，和 FOB 价格和 CFR 价格条件都一样。但是保险及保险的交纳是由（　　　）办理的。

    A. 买方　　　　　　　　　　　　B. 代理人

    C. 经纪人　　　　　　　　　　　D. 卖方

7. 《跟单信用证统一惯例》中关于货物保险投保的规定中，（　　　）开立的暂保单将不被接受。

    A. 买方　　　　　　　　　　　　B. 保险代理人

    C. 保险经纪人　　　　　　　　　D. 卖方

8. 在再保险业务中，保险公司对本身所承担的海上保险业务中每一危险单位负责的限额称为（　　　）。

    A. 保险金额　　　　　　　　　　B. 自留费用

    C. 自留额　　　　　　　　　　　D. 保险价值

9. 保险单出具以后，如果内容有变动，要求对保险单进行批改，批单出具后，保险关系双方按照（　　）承担责任，享受权利。

    A. 原保险单　　　　　　　　　　B. 原投保单

    C. 批改后的保险单　　　　　　　D. 批改后的投保单

10. 批单的内容应与原保险单相联系，批单应记载原保险单的内容和所做的批改。批单经过保险人签发的，具有法律效力。代理人签发的，（　　　）。

    A. 具有同等效力　　　　　　　　B. 不具有同等效力

    C. 不具有同等约束力　　　　　　D. 可作为参考

四、思考题

1. 简述工艺品的种类与特点。

2. 简述轻工产品的种类与特点。

3. 区分 FOB 价格条件与 CFR 价格条件的特点。

4. 简述 CIF 价格条件与特点。

5. 投保风险因素审核的要点有哪些？

第六章 海上保险费率

第一节　海上保险费率的定义及特点

一、海上保险费率的定义（Definition of Marine Insurance Rate）

海上保险费率是指保险公司按保险金额向投保人或被保险人收取保险费的比例，通常按百分比或千分比来计算。海上保险费率是由纯费率和附加费率两个部分构成，两者之和称为毛费率。纯费率也称基本费率，其确定是根据各类保险灾害事故以一定范围的保险标的，在一定时期内发生的频率和毁损率（两者之积称之为损失率）来计算费率百分比。同时，还要参考同一灾害事故在同一个范围内、同一时期的实际赔付率。以纯费率获得的保险费是支付赔款的来源，是以危险概率为基础，即以海上保险标的可能发生危险的频率和发生保险事故可能导致的损毁程度为准，在这个基础上求得海上保险标的的接近实际的赔偿金额后，再按赔偿金额和保险金额的百分比来确定保险标的物的损失率。这种比例是根据过去经验资料进行的，因此具有或然的因素。从纯费率确定的内容和过程看，纯费率具有一定的客观性，受人为因素的影响较小。

附加费率则是一定时期保险业务活动的各营业支出的百分比，另外还包括保险经营的盈利因素。附加费率的确定往往与保险经营管理的水平有关，受人为因素的影响较大，具有较强的主观性，因此在海上保险经营活动中，提高经营管理水平、减少成本费用开支、降低附加费率的比例是每一个保险公司必须予以充分考虑的事项。附加费率的降低能使毛费率的总体水平下降。这样，一方面可减轻轻保险人的保费负担，扩大盈利；另一方面较低的费率水平能使保险公司在业务经营中更具有竞争力。

二、海上保险费率的特点 （Feature of Marine Insurance）

海上保险业务活动具有国际性，保险标的风险因素不同于一般陆上财产保险。一方面，保险标的涉及国际经济贸易交往中的各种对象，如进出口货物、国际运输船舶及建造、海上石油开发等；另一方面，保险标的具有流动性，如从一个国家运送到另一个国家，保险标的所面临的风险大部分来自海上，与一般的国内财产保险相比，不仅风险大、频率高，而且缺乏可控性。上述差异决定了海上保险标的发生危险事故遭受损失的范围、频度和危险性质具有明显的国际性和流动性。受这些因素影响，海上保险费率从构成到确定和使用具有明显的国际性。因此，在确定海上保险费率时，既要依据费率制定的一般性原则，又要考虑海上保险费率的特点，注意遵循其特有的原则，综合考虑海上保险费率的确定因素和水平。

第二节　制定海上保险费率的原则

制定保险费率的一般性原则是所有保险业务包括海上保险业务在确定费率时必须遵循的原则。其内容如下：

一、公平合理原则 （Fairness & Reasonableness）

公平是指根据总体等价交换的原则制定费率。一方面，要根据损失频率和损失额度来确定纯费率水平，使被保险人基本上按保险标的大小来分摊保险费；另一方面，附加费率必须反映保险公司组织经济补偿所付出的必要的实际劳动耗费，在整体上使保险关系双方的权利及义务相对等。检验保险费率是否公平，可以用实际赔付率与预定赔付率加以比较，如果实际赔付率与预定赔付率较一致，则说明费率是公平的；反之，则说明费率是不公平的。

合理是指在公平的基础上，根据单个等价交换的原则，按照被保险人投保标的危险性大小及数量恰当地确定保险费率的档次，实行差别费率。对单个保险合同而言，就是某一被保险人所支付的保险费与其所获得的索赔权利及赔偿数量相适应，保险人对其所承担的赔付责任与向其所收取的保费数额相适应。

保险人承担赔偿责任的大小是与风险性质和损失程度相适应的，风险愈大，出险率越高，保险人的赔付责任就越大，被保险人应交的保费也就越多。因此，根据风险的不同性质和程度，既要对单个被保险人实行差别费率，也要在总体上实行差别费率。如船舶保险和货物运输保险的风险性质和程度有较大差异，其费率就不同。即使是同一险种，也会因险别的不同而有不同的危险性质和程度。如同是货物运输保险，一切险和水渍险的风险程度就不相同，因而其费率应有所区别。不仅如此，同一险别由于各种条件的差别也有不同的风险程度和不同的损失频度，费率水平就不能相同。

二、可行性与保证偿付原则（Feasibility & Guaranteed Solvency）

保险费的大部分形成保险赔偿基金，它是补偿保险标的损失的资金来源。保险公司只有拥有一定数量的保险基金，才能保证其偿付能力和经营的稳定性，适度的保险费率是保持其财务稳定性的基础。因此，保险费率最低限度应能够满足补偿灾害事故所造成的损失和业务开支的需要。如果保险费率过低，不能保证保险公司的偿付能力和业务开支，其财政就不稳定，结果会导致保险经营陷入困境甚至破产，同时也使被保险人的经济保障建立在不可靠的基础上。保险费率也不能过高，保险费率过高，超过被保险人的承受能力，加重其负担，既有损于被保险人的利益，影响其投保的积极性，又会削弱保险公司在保险市场上的竞争力。因此，确定的费率要保证保险公司的财务稳定性，也要与被保险人的承受能力相适应，实现两者的统一，才是可行的费率水平。保证偿付原则由国家专门机构监督，主要还是偿付能力的监督。

三、相对稳定原则（Relative Stability）

保险费率一经制定，在一定时期内，应保持相对稳定，不要过于频繁地变动。保险费率中的相当一部分具有客观性，其影响因素受客观条件制约。如果变动频繁，就可能涉及保险关系双方的权利和义务，或是造成保险公司财政不稳定而影响其偿付能力。保费的经常变动也有损于被保险人的利益。另外，不稳定的费率将会导致保险市场出现激烈竞争，出现各保险公司争相降低费率的情况，从而使投保人为追求低费率下的利益而任意中途解约，这种投机心理与保险的基本原则相违背，不利于保险市场的稳定。除此之外，费率经常波动，会给人一种经营管理不善，业务开展不稳定的印象，导致投保人对保险公司的不信任，使其业务量下降。

四、伸缩性原则（Flexibility）

伸缩性原则也称为弹性原则。保险费率的一部分虽然受客观条件制约，要求其保持相对稳定性，但这种稳定性不是绝对的。在具体经营中，费率必须有一定的伸缩性和弹性，以适应国内、国际保险市场多变的客观情况。例如，对于国际形势的变化或发生战争或国内社会经济政策的变动而导致的保险市场供需状况或风险程度发生变化的情况，保险人必须在及时掌握这些情况的基础上适时适度调整、变动保险费率。目前，短期费率靠经验，中长期费率看数据。

五、国际性原则（Internationalization）

海上保险经营活动的内容和方式与国际贸易、国际航运、金融、保险市场紧密相连。因此，其主要险种的风险、保障对象和保障范围，都不可避免地与国际市场发生联系，受之影响和制约。这就要求在制定海上保险费率时，既要以国内经贸、金融、航运市场的情况和信息数据以及风险种类、性质为依据，又要对国际范围的影响因素和风险情况进行研究。例如，国际市场的供需情况、费率水平、竞争情况，某一地区的战争冲突情况，某一国家的政治动乱、工人罢工等情况，无一不对海上保险费率有决定性影响。同时，同其他险种相比，海上保险承保的风险责任高度集中，损失金额巨大，因此大部分风险责任需要通过再保险在国际保险市场和再保险市场范围内进行转嫁。在制定保险费率时，如果不考虑目前保险市场和再保险市场的供求状况和费率行情而确定费率，则不但会不为国际再保险公司所接受，还会使风险责任向国际市场转移发生困难。如果转移不出去，万一发生灾害时，有可能导致保险公司的经营陷入困境甚至破产。在制定海上保险费率时，必须遵循国际性原则。通常要注意两个方面的问题：一方面，使费率水平适应国际保险市场的行情，以增强保险公司在国际保险市场的竞争力；另一方面，使费率水平能为国际再保险公司所接受，以顺利地使危险在国际范围内分散。

六、盈利原则（Profitability）

保险是一种劳务性商品，保险经营活动作为经济活动，是一种商品经营性活动。其经营的目的，一方面是补偿灾害事故给社会和个人造成的损失，另一方面是追求最大化的利润。保险公司获得利润的途径是增大承保量，适时调整保险商品的价格，即保险费率。海上保险经营活动作为国际经济贸易的一个重要组成部分，是国际劳动分工和商品劳务交换的一个重要内容，由于其经营的对象、经营内容和经营方式同市场经济有密切联系，所以海上保险的经营目的不仅是为了满足国际经济贸易中的风险保障需要，而且要实现一定数量的利润。其目的是建立保险人的合理的大灾赔偿基金，同时也可以保证保险人经营的稳定性。海上保险经营活动的这种特点决定了制定费率时，在充分遵循前述各项原则的前提下，还要遵循盈利原则。

遵循盈利原则并不是绝对提高保险费率，这样将造成和前述的原则发生矛盾，反而不利于保险公司的经营。遵循盈利原则即是要在保证保险公司偿付能力和被保险人对保险费率水平承受能力的基础上，根据国际保险市场情况的变化、承保标的对象不同，灵活地调整费率水平。例如，在制定具体费率时，可采取薄利多销的方式，调整开价水平，降低保险费率，以优势的竞争价格，吸收更多的投保人，增大承保量，增加保费收入，间接地提高盈利水平。在国际保险市场供求平衡的情况下，则应遵循随行就市的原则，根据变化了的市场情况，及时调低或调高保险费率，以便减少盈利损失或提高盈利水平，如国际保险市场某一险种供大于求的情况时，就应考虑适当调低保险费率，避免客户流失，减少承保数量，避免导致利润水平下降。当出现某一险种供不应求，而被保险人又必须将标的投保的情况时，就考虑适度提高保险费率，直接增加保费收入，提高盈利率。总之，运用各种营销原则确定保险费率是贯彻盈利原则的重要途径。

第三节　海上保险费率的确定

海上保险费率的制定是海上保险经营的一项重要工作，其制定从内容到程序都必须基于海上保险风险事故发生的不确定性，凭借过去的统计资料和经验，对事故的发生进行观察和统计分析，找出规律性后，利用大数法则和概率论等数学原理，从量上推算出事故发生的可能性大小，并依次制定保险费率。其制定程序一般包括以下内容：

一、风险因素识别（Identification of Hazards）

一般地说，风险因素及其相应的风险是导致风险事故，发生经济损失的内在原因，它也是制定保险费率首先要确定的问题。由于海上保险承保活动的空间范围广阔，涉及世界各个国家和地区，加之保险标的是各种各样的并具有流动性。因此，海上保险标的所面临的风险具有多样性和综合性，既包括海上水域的风险，又包括与航程有关的内河、湖泊或陆上风险。同时各个水域的地理条件和自然条件有很大差异，风险因素较为复杂。不仅如此，上述风险所造成的损失也是多种多样的，既包括自然灾害和意外事故，又包括外来原因和特殊性风险。因此，必须根据保险公司承担的风险责任种类和各个险别的风险责任范围，认真识别各类保险标的所面临的风险及风险性质，弄清风险因素的类型、数量和范围，并掌握其发生、发展的规律。另外，识别风险不仅要求明确海上保险标的中可能存在的风险，为了保证保险公司的财务稳定性，还要剔除海上风险中的不可保风险，以保证保险费率公平合理。总之，只有对风险进行识别，才能测定风险发生的概率和造成的损失程度。

（一）风险的分类

识别风险后，在制定保险费率前，还必须将海上风险和各类海上保险标的面临的风险因素按性质和危险程度进行分类，如按航程区域、保险期限、船龄、运输工具种类等风险因素分类。只有经过风险分类，才能制定出差别的等级费率，适应保险公司承保需要。在风险分类中要注意，既不要分类太细，也不可分类太粗。分类太细，每类中包含的风险单位太小，不足以代表一般情况；分类太粗，不易于精确，影响费率的公平性。为了使风险频度和损失程度较为准确，应确切掌握风险分类标准，准确地划分风险档次。

（二）确定纯费率

一般情况下，海上保险的可保危险具有一定的客观制约性，其发生也有一定的规律性，因此可以借助一定的数学方法，并依据一定的客观标准，对风险加以测定。风险测定是一项专门性的技术工作，险种不同所要求掌握的知识和技术也不同。但总体来说，就是以大数法则和概率论等数学工具测定出一定时期（一般为3~5年）某一险种或保险标的物的保险额损失率，即一定时期的总保险金额和赔款数额之比，进而确定该险种或保险标时的纯费率。

其具体程序如下：

（1）划分危险单位。危险单位是指发生一次风险事故可能造成的保险标的损失的范围，它是保险公司确定其能够承担的最高保险责任的计算基础。根据危险单位的大小，确定一定单位时间内，某种海上风险发生的可能性。

（2）测定海上保险事故发生的频率，即单位保险标的发生保险事故的次数与全部承保的保险标的数的比率。

（3）测定海上保险标的损毁率，即受损保险标的数与保险标的发生保险事故次数的比率。

（4）确定海上保险标的物的损毁程度，即保险赔偿额与受损保障标的保险金额的比率。

（5）计算海上受灾保险标的物的平均保险额与全部保险标的平均保险额的比率。

上述（2）~（5）四项因素之乘积即为保险额损失率[①]。它是一个保险金额单位遭受经济损失的平均值。海上保险费率的测定是根据海上保险统计以往年度的保额损失率和经验估计来计算的，一般是将一定时期的保额损失率加总后，除以有关的期间数，得出一个平均保额损失率，并用数学方法测得其稳定系数和经验估计数，从三者之和就可计算出保险费率。

例如，保险标的的件数为10 000件，全部保险标的的保险金额为40 000 000元，发生保险事故的次数是20次，受灾保险标的的件数为30件，受灾保险标的的保险金额为132 000元，保险赔偿的金额为48 000元。分别计算出保险事故的频

---

① 郭颂平，赵春梅. 保险基础知识［M］. 北京：中国金融出版社，2001：286-287.

率、保险事故的损害率、保险标的损毁程度、受灾保险标的平均保险金额与全部保险标的平均保险金额的比率，最后计算出保险金额的损失率。

（1）保险事故的频率 $= \dfrac{20}{10\ 000} = 0.002$

（2）保险事故的损毁率 $= \dfrac{30}{20} = 1.5$

（3）保险标的损毁程度 $= \dfrac{48\ 000}{132\ 000} \approx 0.36$

（4）受灾保险标的的平均保险金额与全部保险标的的平均保险金额的比率 $=$

$$\frac{132\ 000}{30} \div \frac{40\ 000\ 000}{10\ 000} = 1.1$$

（5）保额损失率为 $=$（1）$\times$（2）$\times$（3）$\times$（4）

$$= 0.002 \times 1.5 \times 0.36 \times 1.1 = 12‰$$

另外，有一种简单的方法计算保险金额损失率，即受损标的的总赔偿金额与全部标的总保险金额之比：

保险金额损失率 $= \dfrac{48\ 000}{40\ 000\ 000} = 12‰$

（三）确定稳定系数①

用均方差与其算术平均值之比来反映保额损失率的稳定，依此制定的保险费率就建立在可靠的数理基础上。假如一家财产保险公司货物运输保险业务以往 7 年中，每年的保险金额损失率如表 6-1 所示。

表 6-1　2008—2014 年保险金额损失率

年份 （N）	实际损失率 （X）/‰	偏差 （X−M）	偏差的平方 （X−M）
2008	3.5	−0.543	0.295
2009	3.7	−0.343	0.118
2010	3.8	−0.243	0.059
2011	4.0	−0.043	0.002
2012	4.2	0.157	0.025
2013	4.4	0.357	0.127
2014	4.7	0.657	0.432
合计	28.3	−0.001	1.058

平均保额损失率（M）$= \dfrac{\sum X}{N} = \dfrac{28.3‰}{7} = 4.043‰$

---

① 刘连生．保险概论［M］．北京：中国金融出版社，2003：188-190.

$$总体均方差（\sigma）=\sqrt{\frac{\sum(X-M)^2}{N-1}}=\sqrt{\frac{1.058}{7-1}}=0.42‰$$

$$稳定系数（K）=\frac{\sigma}{M}=\frac{0.42‰}{4.043‰}=0.103\ 9\%$$

根据推算，平均保额损失率的偏差越大，各年保额损失率数列的稳定性也就越小，稳定系数越大；反之，稳定系数越小。上例中，稳定系数为 0.103 9%，偏差比较小，表明各年保额损失率数列是稳定的。

当保险公司采用保额损失率的算术平均数 4‰作为纯费率时，则每年将所有的损失赔偿以后，亏损和盈余的两种可能性是相等的。为了保证保险公司财务稳定性，必须尽量减少亏损的机会，这一要求可以通过在纯费率的基础上增加一个乃至几个均方差，以达到稳定性的目标。从理论上分析，在纯费率的基础上增加 2 倍的均方差作为稳定系数，可以保证保险公司的财务稳定性。

（四）确定附加费率（Additional Rate）

附加费率的测定较为简单，一般可以根据如下两种计算的公式算出，其计算结果相同。

（1）$附加费率=\dfrac{多项业务开支总和+预期利润额}{保险费收入总额}\times100\%$

（2）$附加费率=\dfrac{保费\times按保费提附加费和利润率百分比}{保险金额}$

附加费率不是一个稳定的数值，每年都有变动。因为每年的业务费用都不一样。因此，节约费用开支就可以增加收入和利润，超支就会减少收入和利润。如果附加费率数值较高，保险费率就会过高，间接削弱其在保险市场的费率竞争优势。

（五）毛费率的计算①

海上保险费率由纯费率和附加费率两个部分构成，两者之和称为毛费率。假设一家财产保险公司货物运输保险标的统计资料如表 6-2 所示。

表 6-2　货物运输保险标的统计资料

项目	各项目百分比/%
保额损失率	0.4
稳定系数	10
附加费率	25
保险成本利润率	3
保险营业税率	5

---

① 郭颂平，赵春梅.保险基础知识［M］.北京：中国金融出版社，2001：293-294.

$$
\begin{aligned}
保险毛费率 &= [\,保额损失率 \times (1+稳定系数) \times (1+附加费率) \times \\
&\quad (1+保险成本利润率)\,] \div (1-营业税率) \\
&= [\,4‰ \times (1+10\%) \times (1+25\%) \times (1+3\%)\,] \div (1-5\%) \\
&= 0.596\%
\end{aligned}
$$

因此，这家公司的毛保险费率为 0.596%。

（六）费率适用与调整

费率制定出以后，保险费的收取就有了依据，但保险公司在承保业务过程中，并不是完全按已规定的费率收费。在很多情况下，费率水平还要受其他因素的影响，如保险市场供求状况、竞争状况，被保险人及船东的资信情况，保险公司与被保险人的业务关系情况以及承保对象、标的、航行区域近期的损失记录等。因此，费率制定出以后，应附加有关说明和特别条款，编制成费率表和业务手册，保险公司可以根据制定的基本费率、保险市场以及标的实际情况，运用附加条款，确定某一笔业务的适用费率。同时，在保险经营活动中，也要根据实际变化了的情况对基本的保险费率进行必要的修改和调整，使之维持在众多市场主体的同等水平上。

二、影响海上保险费率的因素（Factors Affecting Marine Rate）

海上风险的因素及风险的多样性影响海上保险费的确定。

（一）货物的种类、性质、特点和包装

海上运输货物的种类、性质和特点是确定保险费率的首要因素。不同种类的货物，在运输过程中如遭到同一种自然灾害和意外事故，其发生损失的可能性和损失程度全然不同。例如，船舶在航行期间，遭到暴风雨袭击，引起船舶颠簸、货物挤压、海水进入舱内。对棉织品来说，挤压不会造成重大损失，但海水浸泡会造成较大损失；对钢精器皿、搪瓷制品等货物来说，海水浸泡不会有多大损失，但颠簸、挤压会造成凹陷、脱瓷等，由此又会造成重大损失。此外，货物的包装与装载对危险发生的可能性也有很大影响，包装的好坏会直接关系到货物破损、碰损的程度，如集装箱货物的风险程度就相对较低。因此，要根据各种风险对货物可能造成的损失及程度以及货物本身特点和包装，确定相应的保险费率。

（二）运输工具、运输线路和港口情况

运输工具的新旧程度（船龄）、抗灾能力、设备状况等条件，对运输货物遭受损失的影响很大；运输线路的自然条件、气候条件、航线的长短及区域范围等状况与保险标的物遭受损失的可能性也有相当大的关系。由于世界各地的港口在装卸设备、吞吐能力、安装设施、治安状况、管理水平等方面差异极大，也会使保险标的在各港口装卸时发生货损货差的情况有所不同。因此，确定保险费率时，必须综合考虑以上因素。

（三）运输方式

在不同的运输方式下，保险标的发生损失的可能性及损失程度也是不同的。例如，海洋运输的风险就大于陆地运输的风险，而海陆联运的风险则更大。除此以外，直达运输、转换船舶运输或扩展内陆运输的危险程度也相当大。因此，确定保险费率时应区别对待，实行差别费率。

（四）保险责任范围和保险条件

保险责任范围和保险条件是决定费率高低的主要因素，承保责任范围与保险费率成正比。承保范围愈广，保险费率就愈高。在运输货物保险中，一切险的费率最高，平安险的费率最低。此外，附加的保险条件越多，保险公司承担的风险就越多，费率也高，如果不计免赔额的保险条件或超过一定比例加成的保险条件，其保险费率相应提高。

（五）被保险人和船东信誉以及以往的损失记录

由于海上保险标的处于流动之中，由船东或船舶管理人所控制，因此海上保险标的物的风险发生，通常与人的因素较为密切。加上海上保险又难于使保险公司发挥检查、监督、防损等职能，所以对被保险人及船舶经营人的商业信誉和素质的考察显得特别重要。例如，船舶管理人的疏忽，缺少航海经验及对船的维护不够等，均可造成重大损失。被保险人的不诚实，也可以影响保险公司对风险的估计。因此，被保险人和船东的资信，以往或近期的损失记录，船长的航海记录、学识、经验，船员的素质等都是确定费率时必须考虑的因素。

（六）其他危险性和非危险性因素

其他危险性和非危险性因素主要包括国际国内保险市场的供求状况、市场同业竞争状况、国际国内政治经济形势的变动、战争、罢工等。这些影响因素，有的虽然没有直接增加海上保险标的风险程度，但由于其对保险公司的经营活动有很大影响，因此在确定保险费率时是一个需要考虑的重要因素。例如，就保险供求关系来说，保险经营作为一种商品经营，其商品的价格保险费率同一般商品一样会受到供求关系的影响，保险供给大于保险需求时，保险费率就会下降；如果保险需求大于保险供给，保险费率就会上升。

同样，与一般商品一样，在保险市场上，供给者之间、需求者之间、供给者与需求者之间的竞争都会引起保险费的上升或下降。因此，保险公司所确定的保险费率必须有一个上下浮动的界限，以避免发生不可预测的经营风险。

三、海上保险费率的构成（Formation of Marine Insurance Rate）

我国海上保险的费率一般包括基本险费率、附加险费率和逾龄船舶运输工具增加费率三部分，计算的保险费率应是三项费率之和。目前，我国国际运输货物保险费率的组成分为下列几种：

（一）一般货物保险费率

一般货物保险费率分为平安险、水渍险和一切险三种。附加险不能单独承保，必须在平安险或水渍险的基础上加保。加保一项附加险，除了费率表中另有规定外，其他的按照基本险费率计算。投保同一险别，由于国家或地区以至港口的不同，保险公司所确定的费率是不一样的。国际货物运输保险费率分成两大类：一般货物保险费率（见表6-3）和指明货物保险费率（见表6-4和表6-5）。指明货物是指需要指明的某些特定货物，凡是未指明的属于一般货物。需要指出的是，

表6-3、表6-4、表6-5介绍的费率是通用费率，各个保险公司的费率不完全相同。这里只是比较一般货物保险的费率的差别。随着物价的上涨因素和通货膨胀等因素，保险公司都会实时调整费率标准。

表6-3　海上运输一般货物保险费率表（出口货物）

地区	目的地	投保险别		
		平安险（F.P.A）	水渍险（W.A）	一切险（A.B）
亚洲	中国香港、中国澳门、中国台湾、日本、韩国	0.08	0.12	0.25
	约旦、黎巴嫩、巴林、阿拉伯联合酋长国、菲律宾	0.10	0.20	1.00
	巴基斯坦、印度、孟加拉国、马来西亚			1.25
	尼泊尔、阿富汗、也门			1.50
	泰国、新加坡等其他国家和地区			0.60
欧洲、美国、加拿大、大洋洲		0.15	0.20	0.50
拉丁美洲		0.15	0.25	1.50
非洲	埃塞俄比亚、坦桑尼亚、赞比亚、毛里求斯、布隆迪、科特迪瓦、贝宁、刚果、安哥拉、佛得角群岛、卢旺达	0.20	0.30	2.50
	加那利群岛、毛里塔尼亚、冈比亚、塞内加尔、尼日利亚、利比里亚、几内亚、乌干达			3.50
	其他国家和地区			1.00

注：该表为参考费率。费率每年都会发生变化，各个保险公司的费率也不同。

（二）陆运、空运和邮包险费率

陆运、空运和邮包险费率分为基本险费率和一切险费率两种。附加险的费率计收标准同海上运输货物保险相同。

（三）战争险费率

战争险费率单独列出。海运、陆运、空运、邮包的战争险费率一般为0.3%，但是可根据某一地区战争形势的变化随时调整。

（四）指明货物增加费率①

指明货物增加费率表是按货物的大类进行分类的，如粮油食品及土畜产类、轻工产品类等。需要增加费率的货物在商品栏内应明确，同时在备注栏内注明免赔率，加贴条款等有关规定。凡属于指明货物费率表中所列举的货物，在计算费率时，应首先算出一般货物费率、然后加上该项指明货物的增加费率。例如，从海上

————————————

① 一般货物和指明货物分为8大类，本书仅列出粮油食品及土畜产类和五金矿产类两个大类，其他种类请参见 http://www.doc88.com/p-499549866672.html。

运往澳大利西亚的坛子装的榨菜，投保一切险，一般货物费率规定到澳大利西亚的费率为 0.5%，指明粮油食品及土畜产类中的坛装食品货物加费率为 1.5%，总费率则为 0.5%+1.5%＝2.0%。

（1）粮油食品及土畜产类指明货物增加费率如表 6-4 所示。

表 6-4　指明货物增加费率表（粮油食品及土畜产类）

货物		加费率/%	备注
散装、袋装大米、谷物、豆类、玉米		0.30	扣短量免赔率为 0.5%
散装、桶装油类			散装扣短量免赔率为 0.5%
铁听、铁桶、木桶装流质、半流质商品		0.30	
干果仁、黑木耳、爆竹、烟花		0.40	
散装、桶装、袋装工业原料、香料、粉、粒商品			散装扣短量免赔率为 0.5%
袋装食糖、粗盐			扣短量免赔率为 0.5%
玻璃瓶装食品、中药酒、竹芒编制品、地毯		0.50	
装冷风仓或有恒温设备仓的新鲜食品			加贴防腐条款
冻品	机械冷藏储运	0.50	贴冷藏条款
	车装干冰储运	1.00	
罐头	玻璃瓶	0.80	
	铁听	1.50	
花生仁、果		1.00	
饲料类	袋装	0.80	扣短量免赔率为 1%~3%
	散装	1.20	
篓、坛装食品（包括外加篓装）		1.50	
活牲畜、家禽、鱼			保死亡的费率，根据其珍贵易死程度在 2%~5% 内自定，附加活牲畜条款另扣除 1%~3% 的免赔率。

注：该表为参考费率。费率每年都会发生变化，各个保险公司的费率也不同。

（2）五金矿产类指明货物增加费率如表 6-5 所示。

表 6-5　指明货物增加费率表（五金矿产类）

货　物	加费率/%	备注
各种钢材	0.30	投保一切险（不包括生锈险）。投保平安或水渍险，加保偷窃提货不着险时，按照一切险的 50% 计收
有色金属块、条、管、板	0.30	

表6-5（续）

货物		加费率/%	备注
稀有金属、矿砂	袋装	0.40	
	散装	1.30	扣短量免赔率为1%
非金属建材、耐火器材（板、砖、瓦、灰、沙、石、土等）	托盘装	0.20	扣破碎免赔率为2%
	针织编织袋装	0.50	扣短少免赔率为1%
	散装、多层牛皮纸袋装	1.50	扣短少、短量免赔率为5%
铸铁制品	托盘装	0.50	扣破碎免赔率为1%
	散装	0.80	扣短量破碎免赔率为3%
坩埚		1.50	
石墓碑		3.00	扣破碎免赔率为5%
大理石板、水磨石			扣破碎免赔率为2%
水银（钢桶装）		0.50	
散装荒料		0.40	
煤炭		按一般费率计收	扣免赔率为0.5%

注：该表为参考费率。费率每年都会发生变化，各个保险公司的费率也不同。

（五）逾龄运输工具（船龄）加费

保险公司要按照船舶名录核对船舶的吨位、建造年份并确定船龄。一般来说，船龄在15年以上的被认为是老船，保险公司按老船的费率表加收保险费。对于吨位较小的船舶，有些保险公司在确定费率时按照不同吨位分类，如500吨（1吨=1 000千克，下同）以下或100吨以下另行计算加费率。对于一般货物来说，船龄在11~15年的油轮，不增加费率；船龄在16~20年的船舶，增加0.187%的费率；船龄在21~25年的船舶，增加0.375%的费率；船龄在26~30年的船舶，增加0.563%的费率；船龄在31~35年的船舶，增加0.75%的费率；船龄在36~40年的船舶，增加1.5%的费率；船龄在41年以上的船舶，增加2.25%的费率。

计算海上运输货物保险费率应当把基本费率、附加费率、逾龄船附加费都加进去。

四、保险金额的确定（Decision of Sum Insured）

保险金额是被保险人对保险标的实际投保金额，是保险公司承担保险责任的标准和计收保险费的基础。在保险货物发生保险责任范围内的损失时，保险金额就是保险公司赔偿的最高限额。因此，投保人投保运输货物保险时一般应向保险公司申报保险金额。

一般来讲，保险金额应与保险价值相等，但实际上也常出现不一致的情况。保险金额与保险价值相等称之为足额保险（Full Insurance）。被保险人申报的保险金额小于保险价值称之为不足额保险（Under Insurance）。在此情况下，保险货物发生损失时，保险公司按保险金额与保险价值的比例承担补偿责任。被保险人申报的保险金额大于保险价值，就是超额保险（Over Insurance）。在不定值保险条件下，超额部分无效，保险人只按照可保价值赔付。

国际贸易中的货物运输保险的保险金额，一般以发票价值为基础确定的。从买方的进口成本看，除进口商品的货价外，还包括运费和保险费，即以成本加保险费加运费（CIF）价格作为保险金额。但在货物发生损失时，被保险人已支付的经营费用和本来可以获得的预期利润，仍然无法从保险公司获得补偿。因此，各国保险法及国际贸易惯例一般都规定进出口货物运输保险的保险金额可在成本加保险费加运费货价基础上适当加成。按照国际商会制定的《国际贸易术语解释通则》和《跟单信用证统一惯例》中的有关规定，一般是加成10%。当然，保险公司与被保险人可以根据不同货物、不同地区进口价格与当地市价之间不同差价、不同的经营费用和预期利润水平，约定不同的加成率。过高的加成率有时会造成保险公司的误解而拒绝承保或者大幅度增加保险费，对投保人不利。

五、保险金额的计算方法（Ways of Calculating Sum Insured）

保险金额的计算是以成本加保险费加运费价格为基础，即成本加保险费加运费价格乘以加成率。其计算公式表示如下：

保险金额＝CIF 价格×（1+加成率）

该公式表明，货物、运费和保险费都作为保险标的一起加成投保。因此，对外报价如果从成本加运费价格换算成成本加保险费加运费价格，或者在成本加运费合同项下货物卖方代买方办理投保，都不能以成本加运费价格为基础直接加成计算保险金额，而应先把成本加运费转化为成本加保险费加运费价格再加成计算保险金额，然后计算保险费。从成本加运费价格换算成成本加保险费加运费价格时，可利用如下公式：

$$CIF = \frac{CFR}{1-（1+加成率）×保险费率}$$

例如，广州机器进出口公司（Guangzhou Machinery Import & Export Corporation）出口广州本田雅阁轿车 50 辆到英国，启运港是广州，目的港是伦敦。以成本加运费价格成交，每辆 12 000 英镑，保险费率为 1%，按成本加保险费加运费价格加成 10%计算保险金额和保险费。

第一步，换算成成本加保险费加运费价格：

$$CIF = \frac{50×12\ 000}{1-（1+10\%）×1\%} = 606\ 673（英镑）$$

第二步，计算保险金额：

保险金额＝606 673 ×（1 + 10%）

　　　　＝667 340（英镑）

第三步，计算保险费：

保险费 = 667 340×1%

　　　 = 6 673.4（英镑）

如出口按成本加运费价格成交，买方要求卖方按成本加保险费加运费价格加成10%代办投保，可利用如下公式直接从成本加运费价格计算保险金额。

$$保险金额 = \frac{50 \times 12\ 000}{1 - (1 + 10\%) \times 1\%} \times (1 + 10\%)$$

　　　　　 = 667 340（英镑）

对于进口货物保险，则根据同保险公司所签订的预约保险合同办理。保险金额以进口货物的成本加保险费加运费价格为准，一般不再加成，即保险金额等于成本加保险费加运费进口货价，如按成本加运费价格或装运港船上交货（FOB）条件进口，则按特约保险费率和平均运费率直接计算保险金额。

按成本加运费价格进口时：

保险金额 = CFR 价格 ×（1 + 特约保险费率）

按装运港船上交货价格进口时：

保险金额 = FOB 价格 ×（1 + 平均运费率 + 特约保险费率）

上述进口货物保险金额的计算公式是保险公司与被保险人特别约定的，平均运费率和特约保险费率在预约保险合同中已经列明，目的是简化手续，方便计算。投保人按照约定的费率，以保险金额为计算基础，向保险公司交纳保险费。保险费的计算公式如下：

保险费 = 保险金额×保险费率

六、保险费的计算（Calculation of Premium）

保险费的计算取决于被保货物的价值或价格。海上运输货物的保险金额是依据国际贸易的价格条件决定的，国际贸易价格条件和保险费率确定之后，才能计算保险费。保险费的计算方法有以下几种：

（一）成本加保险费加运费价格条件下保险费的计算

国际贸易中的 CIF 价格包括保险费在内，卖方在确定货物价格时，根据下列公式和方法计算保险费。具体计算方法如下：

1. 计算出 CIF 价格

$$CIF\ 价格 = \frac{成本 + 运费}{1 - (保险费率 \times 投保加成)}$$

2. 计算出保险费

保险费 = CIF 价格 ×（1 + 投保加成率）× 费率

（二）成本加运费价格条件下保险费的计算

在 CFR 价格条件下，买方要求卖方代办保险，也就是将 CFR 价格换算为 CIF 价格，再计算保险费。其计算公式如下：

$$保险费 = \frac{CFR \times (1+投保加成) \times 费率}{1 - (1+投保加成) \times 费率}$$

（二）装运港船上交货价格条件改为成本加保险费加运费价格条件的计算

FOB 价格条件下改为 CIF 价格条件，即通常所说的将 FOB 价格换算为 CIF 价格，再计算保险费。其计算公式如下：

$$保险费 = \frac{(FOB+运费) \times (1+投保加成) \times 费率}{1 - (1+投保加成) \times 费率}$$

第四节　海上保险费的退费

如果保险的性质在承保后发生变化，保险人承担的责任可能大大减小。在这种情况下，被保险人有权向保险人提出申请，要求全部或部分返还已交纳的保险费，这种返还被称为保险费的退费。

保险费退费大体上可以分为两种情况：承保失效退费和协议退费。

一、承保失效退费（Refund of Premium for Failure of Coverage）

海上保险合同和其他经济合同一样，其中一个要素是合同的对价（Consideration）。在海上保险合同中，被保险人为了获得保险人对标的物的保障而支付的对价是保险费，而保险人的对价是承担被保险人遭受损失的赔偿责任。由于某种原因，保险人并未承担与所收取保险费相应的风险责任，这种情况叫承保失效。根据英国 1906 年的《海上保险法》的规定，在被保险人不存在欺诈的情况下，保险费应退还给被保险人。

因承保失效而产生的退费称为承保失效退费。它有以下几种情况：

（一）风险从未开始而退费

例如，某船舶投保了航程保险，被保险人已交纳保险费，但是由于某种原因，该航程没有开始，保险人因而没有承担风险。又如，一批货物投保了海上运输货物保险，被保险人已交纳保险费，因售货合同撤销等原因未能运离仓库装船，保险人因而未承担任何风险。再如，某船舶办理了定期船舶保险（例如 12 个月），被保险人已交纳保险费，在风险开始前该船舶失踪或丢失，保险人因而未承担任何风险。对于以上三种情况，保险人应将收到保险费退还给被保险人。

如果保险标的物的可分割部分从未处于危险之中，那么相应比例的保险费应该退还。对于航程保险单，若航程可以分阶段实施，该保险单可以按可分割的保险单处理。但定期保险一般不能作为可分割的保险。

如果风险是不可分割的，保险单一旦生效，保险费就不能退还给被保险人。有时，定期保险单中双方约定一项条款，规定如果船舶的所有权、管理人、船级、船旗有所改变，保险合同的效力会因此而终止，保险费按日比例退还给被保险人。

如果保险标的是按"灭失与否"条件承保的，在订立保险合同时，保险标的已经安全抵达目的港，保险人不退保险费。但如果保险人对标的物的安全抵达的情况了如指掌，按照英国1906年《海上保险法》的规定，被保险人有权收回已支付的保险费。

如果保险人宣布自风险开始时就不承担责任，其所收取的保费应当退还给被保险人。但前提是被保险人不存在欺诈或违法行为，否则不能退还保险费。

实务中，由于实行了"见费出单"政策，很少发生在风险未开始就收取保险费的现象。

（二）解除合同而退费

如果被保险人未履行告知义务，保险人有权解除合同，解除的效力从合同成立之时，保险人对于标的不负赔偿责任，但要退还保险费给被保险人。

如果因被保险人有意隐瞒或捏造有关重要情况，保险人宣布合同无效，保险人不但可以拒绝承担赔偿责任，而且有权不退还保险费。1992年《中华人民共和国海商法》的有关规定与英国1906年《海上保险法》的规定基本一致，但是根据我国1992年《中华人民共和国海商法》的规定，若被保险人非故意违反告知义务，保险人有权解除合同，合同自解除之日起无效，保险人要退还合同解除之日以后的保险费。

（三）没有保险利益而退费

如果事后发现在整个保险期间被保险人对保险标的不具有可保利益，其便可申请保险费退还。但若是被法律认定为赌博性合同，则保险人不必退费。

如果被保险人为其所拥有的、可取消的利益办理了保险，而该利益在保险期间终止，保险人也不退保险费给被保险人。

（四）有关重复保险的退费

重复保险是指被保险人对同一财产标的、同一种风险分别向两个或两个以上的保险人投保，以致在相同的保险期限内，几张保险单的保险金额总和超过了该保险标的物的价值。发生重复保险时，根据海上保险的赔偿原则，被保险人获得的赔偿金额不能超过法律允许的保险金额。在重复保险的情况下，保险人之间要根据公平原则，按比例对被保险人的损失进行分摊。

（五）超额保险而退费

在不定值保险中，如果出现了保险金额大于保险价值的情况，超出部分被认为是无效的，保险人应将相应比例的保险费退还给被保险人。

二、协议退费（Refund of Premium by Agreement）

在海上保险合同中，双方经常在一些条款中约定，在保险期间，某项或某些事件出现时，保险人按一定方式退还一定的保险费，同时解除或部分解除承保责任，这种退费称为协议退费。

协议退费有以下几种情况：

（一）承保风险有所改善

保险人收取保险费的多少，部分取决于保险标的面临的风险的大小、损失率的高低。当保险标的物的风险有所改善时，保险责任就有所减轻，保险人通常在保险单内制定一项条款，在保险风险有所改善时，可以退还一部分保险费。这种情况常发生在货物保险单中。保险人在确定货物保险费率时就已经制定好退费的办法。例如，货物改为更安全的航线运送或货物特意按防损标准进行了包装等。但是，这种情况几乎不会发生。

（二）保险船舶的船级社或船级发生改变

船舶保险人十分重视保险船舶的入级状态。现行协会船舶定期保险条款规定，船舶应严格遵守有关船级的保证，如果船舶变更了船级社或者其船级出现变更、暂停、中止、撤回或到期等情况，保险责任自动终止，除非保险人做出相反的书面同意。实际上属于退保，此时保险人应将净保费按日比例退还。

（三）保险船舶的所有人、船旗等发生改变

根据协会船舶定期保险条款的规定，如果保险船舶所有权变更、船旗（籍）改变、转给新的管理人、光船出租、被征购或征用等情况，保险合同自动终止。实际上属于退保，如果保险合同自动终止，保险人应将合同终止后直至合同届满期间的净保险费按日比例退还给被保险人。

（四）当事人同意注销保险合同

海上保险合同除货物运输保险或船舶的航程保险外，提前30天通知可以取消保险合同，这是保险法的规定，但在实务中，我们也叫退保。保险责任开始后，在一定情况下，某一方当事人有权解除保险合同。例如，我国集装箱保险条款规定，本保险双方均可用30天事先通知的方式取消。

如果双方协议取消保险合同，未到期的保险费退还给被保险人，按照协会船舶定期保险条款的规定，每一未开始的月份的保险费按月比例退还。按月比例退费在实务中很少用（对被保险人不公平），目前是按日计算退费的。如果在约定解约生效前保险船舶发生了全损，无论全损是否由承保风险造成，被保险人对于损失发生后至保险届满期间的保险费和损失发生前船舶停泊于港内期间的保险费，均不得要求退还。航程保险在保险责任开始后，一律不办理退保手续。

（五）停泊（航）退费

停泊退费是指被保险船舶在保险人同意的港口或区域停泊，不管是因为要在船厂修理还是为了装卸货物，只要停泊天数超过30天，停泊期间的保险费都应按净保险费比例的50%退还给被保险人。

停泊退费中的停泊天数的计算是将停泊前后日期相减后再减去1天，计算结果如果达到31天，方可享受退费。而且停泊退费按天计算，不按时计算。停泊退费的计算公式如下：

$$停泊退费 = （保险金额 \times 费率 - 经纪人佣金） \times \frac{停泊天数}{365} \times 50\%$$

停泊退费应在保险期限终止、船舶安全到达目的港才能办理。同时该规定不适用船舶全损的情况，如果船舶在保险期间内已有停泊时间超过30天，但事后发生了全部损失，保险人也不办理退费。

此外，该条款还规定被保险船舶超过30天的停泊期分属两张同一保险人的连续保险单，停泊退费应按两张保单所承保的天数分别计算。

投保了定期船舶保险的船舶如果在港口内连续停泊时间长，船东希望投保保险费率较低的港口风险。为了防止船东因船舶停泊而退保或不续保，保险人同意在定期保险到期时，根据船舶在港的停泊时间退还给被保险人一定比例的净保险费。净保费是指保险人在保险费中扣除了经纪人佣金后的实收保险费。

根据协会船舶定期保险条款的规定，如果船舶在保险人同意的港内或闲置水域连续停泊30天，保险人以30天为1个退费单元退还单元段内大部分的保险费，仅留一小部分用以支付承担港口风险。退费的比例取决于船舶停泊期间是否进行修理，一般修理停泊期间的退费比例要小一些，因为管理期间船舶遭受火灾损失的风险要大大增加。这里所指的修理包括所有原因引起的修理，即承保风险引起的修理、非承保风险引起的修理、修理费用低于免赔额的修理以及船东自负费用的修理。如果是船东为了维护保养船舶而自费进行的修理，保险人给予的退费比例要大一些。如果船东根据船舶保险单中的"索赔通知与招标"条款的要求将船舶从一个港口移到另一个港口去修理，那么船舶在两个港口停泊的时间可以累计以凑成一个30天的退费单元。

关于停泊退费需要注意以下几点：

（1）停泊退费是在定期保险的保险期间届满以后才支付的，并不是一旦发生停泊30天，保险人就退还保费给被保险人。

（2）在整个保险期间或延续期间，如果船舶发生了任何原因引起的全损，那么在保险船舶全损之前发生的停泊不能退费。

（3）按照协会船舶定期保险条款的规定，构成一个退费单元需要连续停泊30天，连续停泊时间小于30天的，没有退费的规定。船舶连续停泊从船抵达港口检疫锚地开始计算至起航时为止，包括此期间的移泊、进出修理厂及船坞和装卸货物。而我国船舶保险条款对超过30天的停泊，按日比例退还保险费，对被保险人有利。

（4）停泊的地点必须是保险人认可的港口或停泊区域。如果在未被认可的港口或停泊区域的停泊，保险人不承担退费责任。保险人只对在认可的港口或停泊区域停航的时间按比例退费。

（5）船舶在停泊期间可以装卸货物，但不能被雇佣来存储货物或驳运货物，否则不能退还保险费给被保险人。

（6）如果连续停泊30天的停泊期间跨越了同一保险人签发的两张连续保险单，停泊退费应按照各保险单下停泊的天数按比例计算。而且如果停泊的时间超过30天但不足以达到另外一个退费单元，被保险人有权利选择对自己有利的连续30天停泊的起算日。

停泊（航）退费不适用于国内船舶保险，只适用于远洋船舶保险，并且需在条款中列明。

课后练习题（六）

一、名词解释

1. 纯费率
2. 附加费率
3. 毛费率
4. 协议退费
5. 停泊退费

二、是非判断题

1. 海上保险费率是指保险公司按保险金额等保险条件向投保人或被保险人收取保险费的比例。（　　）

2. 海上保险费率通常按百分比或千分比来计算，由纯费率和附加费率两个部分构成，两者之和称为净费率。（　　）

3. 纯费率以海上保险标的可能发生危险的频率和发生保险事故可能导致的损毁程度为准，纯费率具有一定的主观性。（　　）

4. 附加费率则是一定时期保险业务活动的各营业支出的百分比，另外还包括保险经营的盈利因素。附加费率具有一定的主观性。（　　）

5. 一般来讲，保险金额与保险价值相等，但实际上也常出现不一致的情况。保险金额与保险价值相等称之为足额保险。（　　）

6. 被保险人申报的保险金额若小于保险价值，就是不足额保险。保险货物发生损失时，保险公司按实际损失承担赔补偿责任。（　　）

7. 被保险人申报的保险金额若大于保险价值，就是超额保险。在不定值保险条件下，超额部分无效。（　　）

8. 国际贸易中的货物运输保险的保险金额，一般以发票价值为基础。国际贸易惯例一般都规定进出口货物运输保险的保险金额可在 CIF 货价基础上适当加成。（　　）

9. 按照国际商会制定的《国际贸易术语解释通则》和《跟单信用证统一惯例》中有关规定，保险金额在发票价的基础上加成20%。（　　）

10. 如果保险的性质在承保后发生变化，保险人承担的责任可能大大减小。在这种情况下，被保险人有权向保险人申请，要求部分返还已交纳的保险费。（　　）

三、单项选择题

1. (　　) 是投保人或被保险人支付的费用，作为保险公司根据保险合同的内容承担赔偿或给付责任的一种对价。

　　A. 手续费　　　　　　　　　　B. 保险费

　　C. 运输费　　　　　　　　　　D. 保险金额

2. 保险费一般包括两个部分，其中之一是 (　　)，专门用于赔付保险灾害事故所造成的损失，它是保险费的主要部分。

　　A. 净保险费　　　　　　　　　B. 毛保险费

　　C. 纯保险费　　　　　　　　　D. 附加保费

3. 海上保险费率是指保险公司按保险金额等保险条件向投保人或被保险人收取保险费的比例。通常是按百分比或千分比来计算的。海上保险费率是由纯费率和附加费率两个部分构成的，两者之和称为 (　　)。

　　A. 毛费率　　　　　　　　　　B. 净费率

　　C. 纯费率　　　　　　　　　　D. 附加费率

4. 保险金额原则上应与保险价值相等，但实际上也常出现不一致的情况。保险金额与保险价值相等称为 (　　)。

　　A. 足额保险　　　　　　　　　B. 不足额保险

　　C. 足值保险　　　　　　　　　D. 超额保险

5. 保险货物发生损失时，保险公司按保险金额与保险价值的比例承担补偿责任。被保险人申报的保险金额大于保险价值，就是超额保险。在不定值保险的情况下，超额部分 (　　)。

　　A. 按比例分摊　　　　　　　　B. 保险人和被保险人各承担 50%

　　C. 保险人承担　　　　　　　　D. 无效

6. 要按照船舶名录核对船舶的吨位、建造年份并确定船龄。一般来说，船龄在 (　　) 以上视为老船，保险公司按老船的费率表加收保险费。

　　A. 25 年　　　　　　　　　　 B. 15 年

　　C. 35 年　　　　　　　　　　 D. 10 年

7. 被保险人申报的保险金额大于保险价值，就是超额保险。在 (　　) 条件下，保险人只按照保险价值赔付。

　　A. 定额保险　　　　　　　　　B. 定值保险

　　C. 不定值保险　　　　　　　　D. 预约保险

8. 被保险人投保了海上货物运输保险的一批货物，并已交纳保险费，但是由于售货合同撤销等原因未能运离仓库装船，保险人的正确处理方式是 (　　)。

　　A. 退还保费　　　　　　　　　B. 不退保费

　　C. 退还 50%　　　　　　　　　D. 退还 80%

9. 停泊退费是指被保险船舶在保险人同意的港口或区域停泊，停泊天数超过30 天，停泊期间的保险费就应按净保险费比例的 (　　) 退还给被保险人。

A. 25%   B. 60%

C. 50%   D. 80%

10. 如果保险标的是按"灭失与否"条件承保的，在订立保险合同时，保险标的已经安全抵达目的港，保险人的正确处理方式是（ ）。

A. 退还保费   B. 不退保费

C. 退还 20%   D. 退还 50%

四、思考题

1. 简述海上保险费率的特点。

2. 分析影响海上保险费率的因素。

3. 简述我国海上保险费率的构成。

4. 制定海上保险费率的原则是什么？

5. 纯费率和附加费率有哪些区别？

五、计算题

1. 惠州 TCL 电子有限公司出口彩电 1 500 台到印度尼西亚，CFR 价为 500 美元/台，投保海洋货物运输一切险，费率为 0.8%。按照国际贸易惯例，保险金额在 CIF 价格的基础上加成 10% 投保。保险金额和保险费各是多少？（计算结果保留整数）

2. 汕头石化进出口公司从伊拉克石油公司进口原油 5 000 桶，每桶净重 65 千克，其中 400 桶发生渗漏，短重 5 500 千克。双方签署合同时约定，免赔率为 5%。保险金额为 500 000 美元。保险公司应赔偿多少？（计算结果保留整数）

第七章　海上保险索赔和理赔

通过对本章的学习，学生应达到以下目标：

（1）了解被保险人索赔程序；

（2）掌握保险人理赔原则；

（3）熟悉保险理赔的计算方法。

本章内容

第一节　海上保险索赔

第二节　海上保险理赔

第一节　海上保险索赔

一、索赔原因（Reasons of Claims Making）

保险的索赔是保险标的在遭受保险事故后，被保险人凭保险单有关条款的规定，向保险人要求赔偿损失的行为。海上保险索赔也是如此。本章的论述以海上货物运输保险的内容为主，船舶保险的内容在下一章论述。

当被保险人投保的货物、船舶遭受到损失后，就会立即向保险公司提出索赔。货物受损一般有两种情况：一种是运输工具在途中遭遇意外事故，如船舶搁浅、火车出轨使货物严重遭损，这种情况被保险人往往当时就能知道；另一种是货物抵达目的港后，被保险人在码头、车站提货或者在自己的仓库、贮藏所发现损失。不论哪一种情况，被保险人都应该按照保险单的规定向保险公司办理索赔手续，同时还应以收货人的身份向承运方办妥必要的手续，以维护自己的索赔权利。

二、索赔方式（Ways of Claims Making）

被保险人获悉被保险标的受损后，可以直接提出索赔或间接提出索赔。

（一）直接索赔

直接索赔是指被保险人直接以书面形式向保险人提出索赔，直接索赔又包括以下两种：

1. 保险责任的索赔

保险责任的索赔是指被保险人直接向保险人提出赔偿请求。按照这种方式，不论遭受损失的一方是谁，只要有保险损失发生，被保险人都可以向保险人提出索赔。例如，货物损失是船方责任造成的，收货人根据船方签证，申请商检部门出具证明，连同有关单证交卸货港的外运公司或保险公司直接提出索赔。如果货物损失是国内装卸、运输部门责任造成的，收货人应立即向有关责任方取得货运记录，直接向保险公司索赔。如果货物损失在异地发生，被保险人应本着就近报损的原则，向该保险人设立的损失发生地最近的代理机构提出索赔。

2. 事故责任的索赔

事故责任的索赔是指被保险人先直接向负有责任的第三者提出索赔，然后就第三者赔偿后的不足部分向保险人或其代理人提出索赔。由于事故责任索赔强调第三者责任方的赔偿责任，所以又可称为"追偿索赔"。它与保险人的"代位追偿"是有区别的。例如，货物在运输途中发生残损，导致货物损失60万美元，其责任完全是船方的运输责任，货主可直接向责任方（船方）索赔，这就是向事故责任方索赔。如果货物在运输途中发生残损，导致货物损失也是60万美元，其中40万美元的损失为船方责任所致，20万美元的损失为恶劣气候所致。货主先向船方索赔40万美元，再就剩下的20万美元向其保险人索赔，这就是混合索赔。如果货主就60万美元的损失全部向其保险人索赔，保险人赔偿后再向船东追偿40万美元，这种方式被称为"代位追偿"。

（二）间接索赔

间接索赔是指被保险人委托其保险经纪人向保险人或其代理人提出索赔请求。在这种方式下，被保险人经纪人的行为视同为被保险人的行为，其行为结果由被保险人承担。被保险人向其经纪人签发授权委托书，经纪人在索赔时必须出示授权委托书，而保险人或其代理人不得无故拒绝被保险人的经纪人提出的赔偿请求。

三、索赔程序（Procedure of Claims Making）

（一）损失通知

当被保险人获悉或发现保险货物已经遭受损失，应该马上通知保险公司。被保险人的通知，表示索赔行为已经开始，不再受索赔时效的限制。延迟通知会耽误保险公司办理有关工作，引起异议，影响索赔。出口货物运输保险单上都写明了保险公司在目的港的检验、理赔代理人名称、地址。被保险人或他的代表可就近通知代理人，并申请对货损进行检验。在检验的同时，还应会同保险公司及其代理人对受损货物采取相应的施救、整理措施，以避免损失的进一步扩大。检验完毕后，应提交检验报告，作为向保险公司索赔的重要证件。出口货物运输保险由国外代理人或其他公证机构出具的检验报告都应视作一种公证证明，但并不最后决定保险责任。因此，在检验报告中往往注明本检验报告并不影响保险公司的权利，也就是说赔还是不赔还取决于保险公司。在我国，进口货物运输保险较多地采取联合检验报告的形式，由收货人会同当地保险公司对现场检验情况进行记录，最后由保险公司或港口公司进行核赔。

保险公司在接到损失通知后即能采取相应措施，如检验损失、提出施救意见、确定保险责任、查核发货人或承运方责任等。

（二）向承运人等有关方提出索赔

被保险人或其代理人在提货时发现货物的包装有明显的受损痕迹或者整件短少或者散舱货物已经残损。除按上面所说的向保险公司报损外，还应该立即向承运方、受托人以及海关、港务当局等索取货损货差证明。特别是这些货损货差涉及承运方、受托人或其他有关方面如码头、装卸公司的责任，应该立即以书面的形式向他们提出索赔要求，并保留追偿的权利，必要的时候还要申请延长索赔时效。因为按照运输契约等有关规定，如果不在当时提出索赔，承运人认为收货人承认货物完好无损，事后不能再提出索赔。保险公司对丧失第三者追偿权利所造成的损失，可以拒绝赔偿。这就要求被保险人包括收货人及其代表要掌握和了解承运方、港口、车站、航空港等有关货物提取和赔偿的有关规章，以免受到不应有的损失。

（三）采取合理施救措施

保险货物受损后，作为货主的被保险人应该对受损货物采取合理的、及时的施救、整理措施，以防止损失的进一步扩大，被保险人不能因为有了保险就完全把责任转嫁给保险公司。特别是对受损货物，被保险人仍有处理的职责与义务。比如对受损货物的转售、修理、改变用途等。这是因为被保险人对于货物的性能、用途比保险公司更为熟悉，能更好地利用物资。在我国，无论是进口货物或国内运输的货物受损后，原则上都应由货主自行处理。

（四）准备必要的索赔单证

保险货物的损失向承运人等第三者的追偿手续办妥后，被保险人就应向保险公司或其他代理人提请赔偿请求。提出赔偿时，保险人通常要求被保险人提供以下单证或单据：

1. 保险单原件或保险凭证正本

这是向保险公司索赔的基本证件，可证明保险公司承担保险责任及其范围，是保险公司理赔的依据之一。

2. 运输契约

运输契约包括海运提单、陆空运运单等运输单证。这些单证能证明保险货物承运的状况，如承运的件数，运输的路线、交运时货物的状态，以确定受损货物是不是保险所承保的责任以及在保险责任开始前的货物情况。

3. 发票

货物的发票是计算保险赔款的金额的重要依据。

4. 装箱单、磅码单

这是证明保险货物装运时件数和重量的细节，是核对损失数量的依据。

5. 向承运人等第三者责任方请求赔偿的函电或其他单证和文件

这些文件中往往还应包括第三者责任方的答复文件。这是证明被保险人已经履行他应该办的追偿手续，即维护了保险公司的追偿权利。至于第三者是否承担责任则不是被保险人所能决定的。

6. 检验报告

这是证明损失原因、损失程度、损失金额、残余物资价值及受损货物处理经过的证明，是确定保险责任和赔偿金额的主要证件。检验报告可以由第三方公证、检验机关出具，也可以由保险公司及其代理人出具。一般来说，出口货物往往由保险代理人或检验人出具。进口货物由保险公司或者他的代理机构如交通、铁路、民航等部门同收货人联合出具。

7. 海事报告摘录或海事声明书

当船舶在航行途中遭受海难，即属于人力不可抗拒的事故。船长要在海事日志中记录下来，同时他要声明船方不承担因此而造成的损失。这些证明与保险公司确定海事责任直接有关，碰到一些与海难有关的较大损失的案件，保险公司要求提供此种证件。

8. 货损、货差证明

保险货物交给承运人运输时是完好的，由承运人签发清洁提单或者无批注的运单。当货物抵达目的地发现残损或短少时，由承运人或其代理人签发货损、货差证明，既作为向保险公司索赔的有力证明，又是日后向承运方追偿的根据。特别是整件短少的货物，更应要求承运方签发短缺证明。

9. 索赔清单

这是被保险人要求保险公司给付赔款的详细清单，主要写明索取赔款数字的计算依据以及有关费用的项目和用途。

10. 其他必要的证明材料

（略）

第二节　海上保险理赔

一、理赔概念（Concept of Claims Handling）

理赔是从保险人的角度出发的，是指保险公司对保险赔案处理的全过程。它包含保险标的物发生损失后，保险公司接到报损通知后处理赔案的全过程。这项工作涉及被保险人投保的根本目的和切身利益，保险人应在"重合同、守信用"的前提下，本着"主动、迅速、准确、合理"的原则，妥善处理好赔案。保险理赔是保险人履行保险合同最重要的表现形式。海上保险的理赔与其他保险理赔一样，是一种对特殊的经济损失的理赔。首先，理赔是相对损失而言的，无损失则无理赔，理赔以保险事故造成经济损失为存在前提；其次，保险公司的赔偿应使被保险人在经济上恢复到损失发生前的状态，被保险人不能因保险事故的发生而获得超过其损失的不当利益。

海上保险的理赔对于正确发挥保险的补偿作用、为被保险人及时恢复生产、促进对外经济贸易发展、提高保险企业的信誉等，有着非常重要的作用。

保险理赔关系到被保险人的切身利益，被保险人的保险金请求权必须得到保护。保险理赔工作涉及的方面不仅包括保险人和被保险人，还包括检验理赔代理人、理算人、承运人、港口当局、律师和法院等，因此是一项具有广泛社会影响的工作。

做好保险理赔工作有以下四个方面的意义：

第一，保障被保险人的稳定经营。海上保险的保险标的基本上处于海上流动状态，面临较大的海上风险，一旦遭受损失，直接影响被保险人生产经营，破坏被保险企业的经营稳定性。保险人依据保险合同，不仅要合理地核定赔款，而且要及时地将赔款支付给被保险人，从而保障被保险企业的稳定经营。

第二，促进国际经济交往的顺利进行。国际经济合作已成为世界各国经济发展的重要组成部分，深入经济生活的各个领域。海上保险从财产、责任、信用等各个方面为国际经济合作提供全方位、立体式的经济保障，如果保险理赔工作处理得当，就能促进国际经济交往的顺利进行。

第三，促进保险制度的不断完善。保险理赔是最能够反映保险条款（规章）是否合理明确、保险费率是否准确的工作。保险人通过理赔工作，不断发现自己所提供的保险商品是否可以满足被保险人的需要，是否为被保险人提供充分保障；同时发现保险条款、规章不完善的地方；还可以发现保险费率是否符合被保险人以最合理的保险成本获取最大的保险保障的原则。在发生保险合同争议时，通过和解、仲裁和诉讼等途径，保险人和被保险人不断总结经验，完善保险度。通过理赔工作，可以使保险人、被保险人、法官、律师和仲裁员等不断熟悉和接受国际保险惯例，避免争议的产生。

第四，保险人可获取风险管理资料和数据。通过理赔获取的资料或数据，可帮助保险人制定出防损的合理措施。保险人将这些防灾防损措施提供给被保险人，有助于被保险人加强风险管理工作。

总之，保险理赔的质量直接体现保险的服务水平，优质的保险服务能够吸引更多的客户。因此保险人应该重视保险理赔工作。

二、理赔程序（Procedures of Claims Handling）

被保险人索赔申请一旦被保险公司接受，理赔工作就正式启动。

根据中国保险行业协会最新的《货物运输保险理赔实务》手册（2014 年 10 月）的规定，理赔流程如下：

第一，报案受理与调度；

第二，查勘与立案；

第三，责任分析与确定；

第四，定损、理算、核赔及支付赔款；

第五，代位求偿（追偿）。

我们这里以货运险业务为例展开介绍。

（一）报案受理与调度

（1）365 天、24 小时（客户服务中心）。

（2）客户、经纪人、代理人向业务人员报案（转报案）。

（3）境外出险，直接联系检验人后，也要报案。

（4）产生报案号（一直有用）。

（5）客户服务中心会将案子调度给理赔事业部的负责相关险种的各经办人的电脑（邮件）或手机（短信）。

（二）查勘与立案

（1）查勘前，赔案经办人先要核实承保信息（记录报案疑点）。

（2）现场查勘的主要工作如下：

第一，了解案情，为确定保险责任做准备；

第二，清点损失项目、损失程度或数量；

第三，收集资料和证明文件（暂时没有的应列出清单）。

（3）聘请公估公司（根据案情决定，首次查勘经办人应到现场）。

（4）进口货运险发生事故，在现场要指导被保险人工作。

（5）根据查勘现场情况，确定保险责任和做出初步估损额。

（6）回来后撰写现场查勘和在理赔系统中进行立案操作（估损额）。

（7）非保险责任事故和超权限立案的操作。

（三）责任分析与确定

（1）单证的审核，判定保险责任是否成立（在立案时就初审过）。

（2）损失原因分析，列明条款（是否为除外责任）。

（3）条款责任分析，条款的险别、附加险、特别约定。

（4）保险责任及责任范围审定如下：

第一，是否诚信，被保险人是否履行了告知义务（投保单）；

第二，是否有保险利益（是否有权索赔、保单背书）；

第三，损失是否发生在保险责任的起讫时间之内；

第四，损失原因；

第五，损失是否由承保风险引起（平安险、盗窃险）；

第六，损失是否符合保单承保险别规定的损失程度（全损或免赔）；

第七，损失是否扩大、是否履行了向第三者追偿的义务。

（四）定损、理算、核赔及支付赔款

1. 定损（大部分在查勘环节做了）

（1）定损方式（查单据、查实物、查损失程度、对外询价）。

（2）定损费用要承担（公估费、专家费、检验费）。

（3）救助费、施救费、共同海损分摊的确定。

（4）损余物资的处理（折价）。

（5）定损协议（定损金额不等于赔偿金额）。

2. 理算（执行保单的规定，定损是实际的情况）

（1）不足额投保的比例关系分摊（第一危险赔偿方式）。

（2）保单规定的限额（含各种单项的限额）。

（3）进出口货物的加成赔偿问题。

（4）保单规定的免赔额（含分项的免赔额）。

（5）重复保险（如果有）的比例赔偿问题。

（6）损余或残值的扣除（有的在此处出现）。

（7）经办人缮制赔款计算书（有标准格式和结案报告）。

3. 核赔（相当于复核）

（1）赔案资料是否齐全。

（2）判定保险责任的依据是否充分准确。

（3）定损的资料和计算方法是否合理准确。

（4）理算是否符合保单的规定和要求。

（5）理算是否按内部授权处理（超权限的上报）。

4. 支付赔款

（1）填制赔款收据（电子划款）。

（2）权益转让书（也不是必要的文件）。

（3）支付赔款的对象要与保单对应（反洗钱）。

（4）支付赔款的币别要与保单对应（反洗钱）。

（5）也可以分阶段支付赔款（预赔、分期赔款）。

（五）海上货物运输保险理赔的损失确定

1. 确定损失

当有损失发生时，首先要对损失情况、损失原因进行分析，并得出结论，然后才能审定保险责任。

（1）损失检验。损失检验包括收货人申请检验和保险人对检验报告的审核。

①要求收货人申请检验。货物运抵目的地时发现货物损失，货主应立即申请检验。按照保险单上注明有检验代理人名称，向指定代理人申请查勘。

如果保险单上注明有检验、理赔代理人，而货主没有向该代理人申请检验，而是申请其他检验人进行检验，属于货主没有按约定办理。如果损失不大，保险人可以接受；如果损失较大，保险公司需要重新检验。如果有些收货人经常违反保险单规定，不向指定代理人申请检验，保险公司视情况有权拒绝赔偿。

如果发现整件货物短少，并且收货人持有港务局、装卸公司或者承运人所出具的短少证明，没有必要再进行检验。

②保险人对检验报告的审核。被保险货物发生损失后，保险人要填制检验报告，作为审核赔案责任的依据。由于出口货物的损失大部分发生在国外，要靠保险人指定理赔、检验代理人来进行检验。因此，赔案责任的审定是通过审核检验报告的各项内容加以判断。保险人掌握了出口货物损失的检验报告的审核事项，审核起来就比较容易。

（2）保险人对检验报告的审核。

①审核谁提出申请检验。了解申请检验的是谁。出口货物运输的流动性很大，中间环节较多，货物受损后，并不一定是收货人申请检验。当货物在港口或中途港发现损失时，大都是由受托人、海关等申请检验。

②审核谁是收货人。弄清谁是最后收货人，了解他是否具有保险利益。按照惯例，货物运输保险单可以不经保险公司同意而随着货物权益的转移进行转让。

③审核检验日期。通过审核日期，可以了解收货人是否按照保险单规定履行立即申请检验的义务。如果有延误，查明是什么原因造成的延误，延迟是否影响保险

责任和损失程度。

④审核检验日期和地点。通过审核日期和地点，可以对检验日期与保险责任终止日期进行对照，审核检验地点是掌握损失是否在保险有效路程内发生。

⑤审核船舶航行情况。这包括到港船舶名称、起运日期、航程起讫。审核航行情况是核对承载受损货物的船舶和航程是否属保险单所保的船舶、航次和航程。

⑥审核转船情况。货物如果在中途转船，根据注明的原船舶名称、转载日期和地点，通过审核，可以核对转船情况是否属于保险单承保第一程转船。

⑦审核船舶转运内陆情况。了解货物转运到内陆地点、运输工具名称、转运日期，以确定内陆保险责任的期限，以便区分海、陆承运各方的责任。

⑧审核提货日期。通过审核提货日期，掌握收货人及其代表是否及时提货、是否有耽误。根据惯例，被保险人必须及时提货，延迟提货对于追偿承运人责任、防止货物损失扩大不利。

⑨审核包装情况。通过审核包装情况，了解卸货时外包装是否良好、是否有重新整理，对确定损失是否在运输途中发生以及是否外来原因所引起损失等。

⑩审核承运人签证。审核卸货时承运人对货损是否有签证，以确定承运人是否有责任。

⑪审核海事情况。审核船舶在航行途中，是否发生过海事、有无海事报告。比较大的货物损失往往同海事有联系，特别是运输工具遭遇灾害、事故导致的货损，以便确定船方是否尽责任、免责等。

⑫审核清洁收据。审核收货人在提货时是否出具清洁收据，如果有清洁提单，说明提货时货物是完好的，船方没有责任。

⑬审核追偿情况。审核收货人是否向责任方申请赔偿。只有履行了这种手续，才能保障追偿权益权的获得。

⑭审核舱面载货。审核货物装在舱面是否合乎规定，以核对该批货物是否加保舱面险。只有加保舱面险，保险公司才承担责任。

⑮审核货损情况。审核包括损失原因、性质和程度，由检验人对货物受损的原因、性质、损失情况和损失程度提出意见等，是保险人核定责任和赔偿数额的依据。

国内保险公司检验报告如表7-1所示。

表 7-1 国内保险公司检验报告

中国人民保险公司

The People's Insurance Company of China

检验报告

Survey Report

编号：

No

1. （a）申请检验人／收货人 Applicant for survey/consignee （b）申请检验日期（如有延误，说明原因） Date of application for survey（if delayed, give reason for delay） （c）检验日期和地点 Date and place of survey	（a） （b） （c）
2. （a）承保公司和保单号码 Name of Insurer and Policy No （b）保险标的物、险别和金额 Interest Covered, Insurance Conditions and Sum Insured	（a） （b）
3. （a）到港船舶名称 Name of Vessel Arriving （b）起运日期 Sailing Date （c）航程起讫 Voyage （d）如中途转船，注明原装船名称，转载日期和地点 In case of transhipment of route, give name of first vessel, date and place of transhipment （e）到达卸货港日期和卸货完毕日期 Date of arrival of vessel at port of discharge （f）如货物转运内陆，注明转运日期和运输工具名称，货物到达内陆的地点和日期 If goods transshipped into inland, give date of transhipment, and means of conveyance, place and date of arrival of goods in inland	（a） （b） （c） （d） （e） （f）
4. （a）提货日期 Date of delivery （b）卸货时外包装情况。有否重新整理的现象？ External conditions of packing at time of discharge. Was there any sign of having been reconditioned? （c）卸货时承运人对货损有无签证？ Has the carrier signed a Certificate of loss or damage at time of discharge? （d）船舶在航行途中，曾否发生海事？有无海事报告？ Has there been an occurrence of sea perils on the voyage? Was Sea Protest available? （e）收货人在提货时是否给出清洁收据？ Has a Clean Receipt been given by the Consignee at time of delivery?	（a） （b） （c） （d） （e）

第七章

海上保险索赔和理赔

表7-1（续）

5. （a） 检验时外包装情况 External condition of packing at time of Survey		（a）
（b） 检验时承运人、港务局或海关（以下简称责任方）代表是否在场？ Were representatives of carrier, Port Authorities and／or Customs Office (hereafter Called the responsible parties) present at time of survey?		（b）
（c） 收货人是否向责任方申请赔偿？ Has claim been lodged by Consignee with responsible parties?		（c）
（d） 责任方对申请赔偿的答复摘要 Summary of reply to Claimant by responsible parties		（d）
（e） 如果货物装在舱面，请注明 Please state if goods shipped on deck		（e）
6. （a） 保额币制同处理损失后使用币制的折合率 Exchange rate between Currency of amount Insured & that used for disposal of loss prevailing on		（a）
7. （a） 检验员的姓名 Name of survey		（a）

货损情况、原因、性质和程度
Description of damage, cause, nature and extent of damage

注： 1. 被保险人有责任将受损件数和完好件数分开。
Note： It is the responsibility of the Assured to separate the damaged packages from the sound.
    2. 如发生短少，代理人应尽可能说明发票、装运重量以及在检验时的重量。
In case of shortage, the Agent should state as possible as, in addition to the following details, the invoiced and landed weight of the goods, also weight at time of survey.

8. 备注
Remarks
如延迟检验或出具检验报告必须说明。
If there had been any delay in holding Survey or in issuing Report, the reason must be stated.

申请检验人／收货人支付费用如下：
The following fees have been paid by Applicant／Consignee：

代理费 Agency fee	检验员签字 Signature of Surveyor
检验费 Surveyor's fee	检验员签字 Signature of Surveyor
其他费用 Other expenses	
	代理人签字 Signature of Agents
总计 Total	

（3）国外检验报告格式样本。关于货物运输保险的检验报告，参见本书"实训四 客户索赔"。

2. 损失原因

货物损失的原因各种各样，既有保险责任，也有除外责任。有时多种原因交织在一起，错综复杂。有些原因之间互为因果连续发生，有些原因间断发生，有些则同时发生。因此，为了正确合理地进行赔付，就需要有一个判明危险与标的损失之间关系的标准，以便确定保险人的责任。近因原则是确定保险赔偿责任的一项基本原则。

（1）损失是否由承保风险引起。为了确定损失是否由承保风险引起，首先要确定损失的近因，然后确定该风险是否属于承保风险。

①承保风险直接造成损失。如果损失是由某一因素直接由于保险标的所致的，那么这一因素便是损失的近因。如果是承保风险，保险人要负责赔偿。

②承保风险间接造成损失。如果承保风险不是直接而是间接造成损失的，但是与最后实际造成损失的原因之间有着密切的关系。后者是前者的合理结果，是紧接其后通过一系列事件传送而至的，以致后者造成的损失依然为首者的结果，根据近因原则，前者便是损失的近因。例如，保险货物的损失是由起火期间的烟或为了灭火使用的水造成的，被保险人企图阻止火的发展或对可能遭受火灾损失的货物进行施救引起的损失，应看作火灾损失。

③造成损失的风险和促成损失的因素。在确定什么是损失近因的时候，必须将促成损失的因素与造成损失的因素区别开来。例如，火灾引起混乱，货物被抢。这一损失的近因是非法抢掠行为，而不是火灾，火灾只是助长了抢掠行为的发生。

（2）损失是否由除外风险造成的。近因原则同样适用于除外责任方面，如果损失是由除外风险造成的，被保险人便不能就直接由除外风险造成的损失获得赔偿。

①承保风险先于除外风险。例如，投保了平安险的货物，运输途中船舶碰到恶劣气候，持续数日，通风设备被关闭，导致货舱内湿度很高而且出现了舱汗，从而使这批进口货物发霉变质，全部受损。因为恶劣气候是前因，恶劣气候导致受潮和舱汗的发生，受潮和舱汗是恶劣气候的必然结果。因此，恶劣气候是货物受损的近因，保险公司应给予赔偿。

②承保风险后于除外风险。例如，出口柑橘投保了一切险，装船后，船舶公司为揽生意而推迟开船，柑橘运抵目的地后受热腐烂严重。虽然受热腐烂属于一切险承保风险，但造成这些损失的近因是船舶公司因承揽生意而造成的延期，这种延期属于保险除外风险。如果延期是由恶劣气候所引起，不应归结为除外风险。

③损失是由两个同时发生而彼此独立的因素的共同作用造成的。如果承保风险和除外风险是同时发生的原因，并且损失发生的时候两者均起着作用，除外风险的存在并不妨碍被保险人就承保风险造成的损失向保险人索赔。但是，被保险人必须

把承保风险造成损失同除外风险造成的损失区别开来；否则，被保险人将丧失索赔的权力。

三、理赔原则（Principle of Claims Handling）

理赔是指保险人对保险赔案的处理，保险货物发生损失后，被保险人向保险人提出的索赔，保险人接到报案通知后，对案件进行处理的过程。海上保险的理赔应遵循如下原则：

（一）重合同、守信用原则

海上保险合同是一种具有法律约束力的经济合同。对海上损失进行赔偿既是海上保险合同规定的保险公司应尽的义务，也是被保险人应该享受的权利。保险公司应该从尊重和维护被保险人的合法利益出发，重合同、守信用，按照合同的规定赔偿被保险人的经济损失，以赢得被保险人或保户的信任，提高保险公司的声誉。

（二）主动、迅速原则

当保险人得知发生索赔以后，首先要主动、迅速做出反应。因为保险赔案是被保险人向保险人申请赔付，不论赔偿与否，都必须迅速采取行动。保险公司的服务质量在很大程度上反映在理赔工作中，如果反应迟缓，会引起被保险人的不满，使保险公司的声誉下降。在理赔过程中，属于保险责任的，保险人应迅速赔付。如果通过审核，属于除外责任造成的损失，保险人要坚持原则，拒绝赔付。

（三）先赔偿、后追偿原则

凡属于保险责任范围内的案件，同时又是由第三者责任造成的，当被保险人办理了必要的向第三者的追偿的手续后，保险公司对保险责任的损失应立即进行赔付，取得被保险人的代位权益的转让，然后由保险公司向第三者行使追偿的权利。

（四）赔偿适当原则

赔偿适当原则是指保险人赔偿被保险人的损失时，应该合情合理，恰到好处。通过赔偿，使被保险人的经济损失得以弥补，恢复到发生损失前的状态。如果补偿没有达到损失标准，保险作用难以发挥，保险的目的难以达到。相反，如果补偿超过损失，将会使保险人蒙受经济损失，同时会诱发道德风险的产生，使被保险人为取得保险金而进行欺诈活动。

贯彻赔偿适当原则的途径有以下两条：

1. 以实际损失为赔偿原则

海上保险的赔偿限度同其他保险一样，从法律的角度看是保险价值，从合同的角度看是保险金额。然而，在海上保险实务中，大都以保险标的物的实际损失为标准。实际损失的计算是以损失发生时受损财产的实际现金价值为基础。

2. 按比例分担原则

比例分担是指在重复保险的情况下，规定本保险公司与他保险公司共同承担保险责任的一种赔偿方式。如果被保险人就同一保险标的、在其保险期间相同的情况下向两个或两个以上的保险公司购买承保相同危险的保险单，则被视为重复保险。

现代海上保险单中均订有比例分担条款。按照条款的规定，各保险公司依照其承保金额比例，分担被保险人的实际损失。比例分担的具体方式如下：

（1）比例责任制。比例责任制是指依据各家保险公司的保险金额，按比例分担损失赔偿金额的一种赔偿方式。

例如，某商人把价值200万美元的货物同时向A、B两家保险公司购买货物保险，其中向A保险公司购买120万美元的货物保险，向B保险公司购买80万美元的货物保险。在保险期间内，该批货物因发生船舶搁浅的意外事故，造成60万美元的货物损失。按比例责任制分担损失的情况如下：

A 保险公司分担的损失 $= \dfrac{120}{200} \times 60 = 36$（万美元）

B 保险公司分担的损失 $= \dfrac{80}{200} \times 60 = 24$（万美元）

（2）超额保险制。按照超额保险制的规定，投保超额保险的被保险人，在约定危险发生导致保险标的损失时，可以按没有投保的情况从其他保险公司获得赔偿。承保超额保险的保险公司只负责赔偿其他保险公司赔偿不足的部分。如果涉及同一损失的几家保险公司出具的保险单都是超过保险单，在他们没有达成以其他方式分担损失的情况下，将按比例责任制原则予以处理。

（五）遵循国际惯例原则

海上保险是一种国际性保险，其赔偿处理往往涉及许多与海上保险有关的国际法规和惯例。这些国际法规和惯例作为一种相对稳定的行为准则，在海上保险赔偿中可以起到规范当事人的行为活动。协调当事人的权益关系，保证海上保险经营活动稳定发展的作用。因此，深入研究这些法规和惯例，严格按照这些法规和惯例处理赔案是海上保险赔偿工作中必须遵守的又一重要原则。

四、赔款计算（Calculations of Claims Payment）

索赔案件经过审定，如果属于保险责任，要进行计算。不同的索赔案件有不同的赔款计算方法。此处，我们以海上货物运输保险为例。

（一）全部损失

保险合同双方根据定值保险承保的货物，如发生保险责任范围内的实际全损或推定全损，不论损失当时的实际价值是否高于或低于约定价值，只要保险金额同约定价值相等，保险人都应给予补偿。例如，纺织品100箱，保额为50 000美元，因火灾被烧毁，保险公司全额赔付，残余部分变卖所得1 000美元，应归保险人所有。

按不定值保险承保的货物，如发生保险责任范围内的实际全损或推定全损，按实际价值作为赔款计算的依据。如果出险时货物的实际价值高于保险金额，保险公司可按保险金额赔付，如果实际价值低于保险金额，则按实际价值赔付。

（二）部分损失

1. 数量损失的计算公式

$$赔款 = 保险金额 \times \frac{遭损货物件数（或重量）}{承保货物总件数（或总重量）}$$

例：植物油 1 000 千克，每千克 20 美元，保险金额为 22 000 美元，投保平安险，加保短少险，短少 100 千克。不考虑免赔率，赔款是多少？

$$赔款 = 22\,000 \times \frac{100}{1\,000} = 2\,200（美元）$$

2. 价值损失的计算公式

计算受损货物的损失时，首先确定货物完好价值和受损价值，即得出贬值率，以此乘以保额，就等于应付赔款。

对于完好价值和受损后的价值，一般以货物运抵目的地检验时的市价为准。如受损货物在中途处理不再运往目的地，则可按处理地的市价为准。其计算公式如下：

$$赔款 = 保险金额 \times \frac{货物完好价值 - 受损后的价值}{货物完好价值}$$

例：一批纺织品投保水渍险，保额为 150 000 美元，在运输途中，遭受风浪袭击而受到部分损失，该批货物到达目的地的完好价值为 200 000 美元，受损后的价值为 112 000 美元。计算赔款为多少？

$$赔款 = 150\,000 \times \frac{200\,000 - 112\,000}{200\,000} = 66\,000（美元）$$

3. 加成投保的计算公式

损失按发票价值计算，保险金额高于发票价值的计算公式如下：

$$赔款 = 保险金额 \times \frac{按发票价值计算的损失额}{发票金额}$$

例：出口水果 2 000 箱，发票金额为 200 000 美元，保险金额为 220 000 美元，损失 100 箱，按发票计算损失金额为 10 000 美元，保险人赔款为多少？

$$赔款 = 220\,000 \times \frac{10\,000}{200\,000} = 11\,000（美元）$$

4. 扣除免赔率的计算公式

免赔率是指保险公司对损失免除部分赔偿责任的百分比，免赔率分相对免赔率和绝对免赔率。相对免赔率是指损失达到规定的免赔率时，保险公司对全部损失如数赔偿，目的是减少零星琐碎的小额赔款。绝对免赔率是指损失超过规定的免赔率时，保险公司只对超过免赔的部分进行赔偿，目的是减少自然损耗或运输损耗损失的赔偿。在海上货物运输保险中，绝对免赔率应用较多。

绝对免赔率的货物发生损失时，计算公式如下：

免赔重量 = 已损货物件数 × 每件原装重量 × 免赔率

赔偿重量＝损失重量－免赔重量

$$赔款 = 保险金额 × \frac{赔偿重量}{保险重量}$$

例：进口石油 2 000 桶，每桶重 50 千克，其中 150 桶发生渗漏，短重 5 000 千克。免赔率为 5%，保险金额为 120 000 美元，赔偿金额是多少？

免赔重量＝150×50×5%＝375（千克）

赔偿重量＝5 000－375＝4 625（千克）

$$赔偿金额 = 120\ 000 × \frac{4\ 625}{2\ 000×50} = 5\ 550（美元）$$

（三）散装货物的短量损失

1. 包括中途耗损的计算公式

短少数量＝装船重量－实到重量

$$赔款 = 保险金额 × \frac{短少数量}{装船重量}$$

例：进口铁矿石 1 000 吨，保险金额为 1 000 000 美元，装船重量为 1 000 吨，实到重量 900 吨，短少 100 吨，赔款是多少？

$$赔款 = 1\ 000\ 000 × \frac{100}{1\ 000} = 100\ 000（美元）$$

2. 不包括中途耗损的计算公式

应到重量＝装船重量－途耗

短少数量＝应到重量－实到重量

$$赔款 = 保险金额 × \frac{短少数量}{应到重量}$$

例：出口散装大豆 1 500 吨，保险金额为 450 000 美元，装船重量 1 500 吨，扣除中途耗损 1%，共 15 吨，应到重量 1 485 吨，实到重量 1 470 吨，短少 15 吨。赔款是多少？

$$赔款 = 450\ 000 × \frac{15}{1\ 485} = 4\ 545（美元）$$

（四）理赔结案

通过一系列的工作，包括立案、现场处理、赔案的审核、赔款的计算，理赔工作接近完成，准备向索赔人支付赔款。此时，还要缮制赔款计算书、填制赔款收据、拟写赔付函件，具体见海上保险实务部分的有关内容。

课后练习题（七）

一、名词解释

1. 保险索赔
2. 直接索赔
3. 事故责任索赔
4. 间接索赔
5. 保险理赔

二、是非判断题

1. 保险索赔是保险标的在遭受保险事故后，保险人凭保险单有关条款的规定，向被保险人要求赔偿损失的行为。　　　　　　　　　　　　　　　　（　　）

2. 直接责任索赔是指被保险人先直接向负有责任的第三者提出索赔，然后就第三者赔偿后的不足部分向保险人或其代理人提出索赔。　　　　　　　（　　）

3. 间接索赔是指被保险人委托其代理人或保险经纪人以书面形式向保险人或其代理人提出索赔请求。　　　　　　　　　　　　　　　　　　　　（　　）

4. 索赔是指对保险赔案的处理，包含保险货物发生损失后，被保险人向保险公司的索赔以及保险公司接到报损通知后处理赔案的全过程。　　　　　（　　）

5. 保险合同双方如果根据定值保险承保的货物，如发生保险责任范围内的实际全损或推定全损，不论损失当时的实际价值是否高于或低于约定价值，只要保险金额同约定价值相等，保险人都应给予赔偿。　　　　　　　　　　（　　）

6. 比例责任制是指依据各家保险公司的承保的保险金额，按比例分担损失、分摊赔偿金额的一种赔偿方式。　　　　　　　　　　　　　　　　　（　　）

7. 主要保险制是指当有两家以上保险公司承保同一保险标的时，投保人最先购买的保险单为主要保险，在以后购买的保险单中，承保金额在主要保险的承保金额之内，则被认为是一种有效保险。　　　　　　　　　　　　　　（　　）

8. 如果损失是由某一因素直接由于保险标的所致的，那么这一因素便是损失的近因。如果是承保风险，保险人要负责赔偿。　　　　　　　　　　　（　　）

9. 当被保险人获悉或发现保险货物已经遭受损失，应该马上通知保险公司。因为一经通知，表示索赔行为已经开始，但是受索赔时效的限制。　　　　（　　）

10. 免赔率是指保险公司对损失免除部分赔偿责任的百分比。相对免赔率指的是损失达到规定的免赔率时，保险公司对全部损失如数赔偿。　　　　　（　　）

三、单项选择题

1. （　　）是指被保险人直接向保险人或其代理人提出赔偿请求。按照这种方式，不论遭受损失的一方是谁，只要有保险损失发生，被保险人都可以向保险人提出索赔。

　　A. 追偿索赔　　　　　　　　　　B. 直接责任索赔

　　C. 代位索赔　　　　　　　　　　D. 间接责任索赔

2. 如果出险时货物的实际价值高于保险金额，保险公司可按（　　）赔付，如果实际价值低于保险金额，则按实际价值赔付。

　　A. 比例分摊　　　　　　　　　　B. 保险人和被保险人各承担一半

　　C. 保险金额　　　　　　　　　　D. 实际价值

3. 海上保险合同是一种具有法律约束力的经济合同。对海上损失进行赔偿是海上保险合同规定的（　　）应尽的义务。

　　A. 保险人　　　　　　　　　　　B. 被保险人

　　C. 投保人　　　　　　　　　　　D. 经纪人

4. （　　）是指被保险人先直接向负有责任的第三者提出索赔，然后就第三者赔偿后的不足部分向保险人或其代理人提出索赔。

　　A. 代位追偿索赔　　　　　　　　B. 间接责任索赔

　　C. 转位责任索赔　　　　　　　　D. 直接责任索赔

5. 主要保险制是指当有两家以上保险公司承保同一保险标的时，投保人最先购买的保险单为主要保险单，在以后购买的保险单中，为次要保险单。采用这种制度的国家是（　　）。

　　A. 法国　　　　　　　　　　　　B. 英国

　　C. 德国　　　　　　　　　　　　D. 美国

6. 在我国，进口货物运输保险较多地采取（　　）的形式，由收货人会同当地保险公司对现场检验情况进行记录，最后由保险公司或港口公司进行核赔。

　　A. 联合检验报告　　　　　　　　B. 公正检验报告

　　C. 港口检验报告　　　　　　　　D. 商品检验报告

7. 检验报告是证明损失原因、损失程度、损失金额、残余物资价值及受损货物处理经过的证明，是确定保险责任和赔偿金额的主要证件。一般来说，出口货物往往由（　　）或检验人出具检验报告。

　　A. 保险责任人　　　　　　　　　B. 保险代理人

　　C. 保险公估人　　　　　　　　　D. 保险经纪人

8. 保险人审核检验报告时，要弄清谁是最后收货人，了解他是否具有保险利益。按照惯例，（　　）可以不经保险公司同意而随着货物权益的转移进行转让。

　　A. 船舶保险单　　　　　　　　　B. 财产保险单

　　C. 货物运输保险单　　　　　　　D. 汽车保险单

9. 货物损失的原因各种各样，既有保险责任，也有除外责任。为了合理地赔付，需要一个判明危险与标的损失之间关系的标准，以确定保险人的责任。（   ）是确定保险赔偿责任的一项基本原则。

    A. 保险利益原则　　　　　　　　B. 补偿原则

    C. 损失分担原则　　　　　　　　D. 近因原则

10. 绝对免赔率指的是损失超过规定的免赔率时，保险公司只对超过免赔率的部分赔偿。其目的是减少自然损耗或运输损耗损失的赔偿。在海上货物运输保险中，（   ）应用较多。

    A. 绝对免赔 20%　　　　　　　　B. 相对免赔 20%

    C. 绝对免赔率　　　　　　　　　D. 相对免赔率

四、思考题

1. 简述海上保险索赔的程序。

2. 直接索赔与间接索赔有哪些区别？

3. 简述海上保险理赔的程序。

4. 谈谈海上保险理赔的原则。

5. 说明保险公司做好理赔工作的意义。

五、计算题

货主张某有一批价值 500 万美元的货物，起运前同时向中国人民保险公司和太平洋保险公司分别投保货物保险一切险，向中国人民保险公司投保货物运输保险，保额为 400 万美元。过了两天，又向太平洋保险公司就同一标的投保货物运输保险，保额 300 万美元。在保险期内，因发生船舶触礁的意外事故，该批货物价值 50 万美元的货物受损。计算两家保险公司各自承担多少赔偿金额？

第八章 海上保险追偿

学习目标

通过对本章的学习，学生应达到以下目标：

（1）区分追偿与理赔的关系；

（2）了解追偿成立的条件；

（3）掌握追偿函件的英文撰写；

（4）掌握追偿程序与时效；

（5）了解保险的仲裁与诉讼。

本章内容

第一节　保险追偿与理赔

第二节　海上保险赔偿争议的处理

第一节　保险追偿与理赔

保险人向被保险人支付保险责任的赔款之后，取得向第三者责任方追偿的法定权利。在海上保险中，第三者（主要承运人或船舶所有人）按照提单、运单规定，应该由承运人承担货物损失的赔偿责任。保险人向承运人等第三者索回已支付给被保险人的赔款，称之为追偿（Subrogation）。追偿是保险人根据代位求偿权向第三者责任方索赔的一种法律行为。在海上保险中，追偿主要发生在货物运输保险中，船舶保险较少（交叉赔偿）。对保险人而言，把这项工作做好了，既能维护自身的经济利益，又能促使承运人在今后改善经营管理，以免遭受更多的损失。

一、追偿与理赔的关系（Subrogation & Claims Handling）

（一）追偿与理赔的区别

海上保险的追偿与理赔有明显的区别。

（1）从时间上看，一般是先赔偿后追偿，即追偿总是在赔偿工作结束之后进行的，而理赔工作的结束往往又是以赔偿工作结束为准的。所以，追偿和理赔可以看作两个不同时期上的行为。

（2）从追偿的效果看，保险公司是否追偿成功与赔偿没有必然联系。

（3）从行为对象上看，追偿的对象是第三者，理赔的对象是被保险人。

（二）追偿与理赔的联系

海上保险追偿与理赔也有明显的联系。

（1）追偿可以看作理赔工作的有效组成部分。只有追偿工作办好了，整个理赔工作才能算是圆满。如果应该追回的赔款没有被追回来，而该赔的款项已经支付出去，长此以往，保险公司就会遭受不必要的经济损失，甚至使经营发生困难。

（2）追偿以理赔为前提。先有赔偿后有追偿，这种先后顺序决不能颠倒。保险公司追偿到成功了才给予赔付，或保险人要求被保险人保证能够追偿回来后才予以赔付，这种做法对被保险人来说是不公平的。

（3）保险人追偿所得应以他所支付的赔偿金额为限。保险公司的追偿款项包括他支付给被保险人的赔偿金以及自赔付之日起到追偿获得成功这段时间应获得的利息。如果追回款项扣除费用开支和利息后，还大于已支付给被保险人的赔偿金额，除了被保险人办理的委付外，一般说来，超出部分余额应退给被保险人。

因此，海上保险追偿与理赔在内容上有着不可分割的联系。海上保险追偿与理赔是两种不同的行为：追偿是理赔的有效组成部分，追偿是理赔的延续。

二、追偿成立的条件（Precondition of Subrogation）

海上保险追偿的成立需具备以下几个条件：

（一）保险标的损失由第三者造成

海上保险合同双方当事人依据合同约定，投保人支付保险费给保险人，保险人在保险标的遭受损失时进行补偿。这种对价关系体现了保险双方权利与义务对等关系。与保险合同无关的人称为第三者，第三者对保险标的不具有可保利益。第三者的过失造成保险标的损失，本着"过失责任自负"的法律原则，第三者应对这种损失负责。又由于这种损失涉及海上保险合同，所以有了海上保险追偿的可能性。

（二）保险公司取得被保险人对第三者的赔偿请求权

被保险人获得赔偿后，应将他对第三者的赔偿请求权转让给保险人，保险合同双方都不能放弃这种权利。当被保险人知道第三者应对损失负责时，如果没采取措施保全这种赔偿请求的权利，这是被保险人的弃权行为。保险人明示或默示对第三者责任不予追究，这是保险人的弃权行为。如运输合同中写有"承运人享有保险契约上的利益"等条款，保险人仍然签订保险合同，这说明保险人预先抛弃对承运人的赔偿请求权。一般来说，保险人不会放弃对第三者的追偿权。因为对第三者的赔偿请求权对保险人非常重要，如果保险责任由第三者造成，保险公司在赔偿给被保险人后，能够追回已付给被保险人的赔款，这样保险人实际上没有经济上的损失。1992年《中华人民共和国海商法》第二百五十三条规定："被保险人未经保险公司同意放弃向第三人要求赔偿的权利，或者由于过失致使保险人不能行使追偿权利的，保险人可以相应扣减保险赔偿。"

三、追偿的依据（Basis of Subrogation）

海上保险追偿的对象是负有责任的第三者，较为常见的是运输货物保险中的第三者责任、运输货物的承运人责任、船舶运营中有关方面的侵权责任等。

（一）法律依据

法律依据主要包括2015年第四次修订的《保险法》（第六十条）、1992年《中华人民共和国海商法》（第二百五十二条）、英国1906年《海上保险法》、有关的国际公约和议定书以及其他的国际海上运输的法规等。

在此，我们详细叙述与运输货物保险关系最密切的《海牙规则》。

根据《海牙规则》[①]的规定，承运人有承担基本义务的责任并享有免责的权利。

1. 承运人的义务

（1）承运人应提供适航的船舶，《海牙规则》第三条第一款规定，承运人在开航前与开航时，必须谨慎处理，以便使船舶具有适航性；适当配备船员、设备和船舶供应品，使货舱、冷藏舱和该船其他运载货物的部位适宜并能安全地收受、运送和保管货物。适航性是指船舶必须在设计、结构、条件和设备等方面经受得起航程中的一般风险。还要配备合格的船长和足够的船员，船舶航行所用的各种设备必须齐全，燃料、淡水、食品等供应品必须充足，使船舶安全地把货物运抵目的地。另外，船舶的适航性还包括适宜载货，即适于接受、保管和运输货物。如果承运人没有尽到责任，以致货物遭受损失，承运人应负赔偿责任。

（2）承运人应适当和谨慎地装载、搬运、积载、运送、保管、照料和卸载所承运的货物。按照《海牙规则》第三条第二款的规定，承运人对货物的责任包括装载、搬运、积载、运送、保管、照料和卸载七个方面。在上述各个环节，承运人都要适当地谨慎地行事，如果由于他的疏忽或过失，致使货物受到损坏，承运人应负赔偿责任。

2. 承运人的免责事项

按照《海牙规则》的规定，承运人对下列17种情况所引起的货物损失，可以

---

① 1924年《关于统一提单若干法律规定的国际公约》（International Convention for the Unification of Certain Rules of Law Relating to Bills of Lading），简称《海牙规则》（Hague Rules：H. R.），是为统一世界各国关于提单的不同法律规定，并确定承运人与托运人在海上货物运输中的权利和义务而制定的国际协议。

免除责任：

（1）Act, neglect, or default of the master, mariner, pilot, or the servants of the carrier in the navigation or in the management of the ship. （船长、船员、引航员或承运人的承雇人员在驾驶船舶或管理船舶上的疏忽或过失行为。）

（2）Fire, unless caused by the actual fault or privity of the carrier。（火灾，但由于承运人的实际过失或私谋所引起的除外。）

（3）Perils, dangers and accidents of the sea or other navigable waters. （海上或其他能航行水域的风险、危险和意外事故。）

（4）Act of God. （天灾。）

（5）Act of war. （战争行为。）

（6）Act of public enemies. （公敌行为。）

（7）Arrest or restraint of princes, rulers or people, or seizure under legal process. （君主、当权者或人民的扣留或管制，或依法扣押。）

（8）Quarantine restrictions. （检疫限制。）

（9）Act or omission of the shipper or owner of the goods, his agent or representative. （托运人或货主、其代理人或代表的行为或不行为。）

（10）Strikes or lock outs or stoppage or restraint of labor from whatever cause, whether partial or general. （不论由于任何原因所引起的局部或全面罢工、关厂停止或限制工作。）

（11）Riots and civil commotions. （暴动和骚乱。）

（12）Saving or attempting to save life or property at sea. （在海上救助或企图救助人命或财产。）

（13）Wastage in bulk or weight or any other loss or damage arising from inherent defect, quality or vice of the goods. （由于货物的固有缺点、质量或缺陷引起的体积或重量亏损，或任何其他灭失或损坏。）

（14）Insufficiency of packing. （包装不善。）

（15）Insufficiency or inadequacy of marks. （标志不清或不当。）

（16）Latent defects not discoverable by due diligence. （虽恪尽职责亦不能发现的潜在缺点。）

（17）Any other cause arising without the actual fault and privity of the carrier, or without the fault or neglect of the agents or servants of the carrier, but the burden of proof shall be on the person claiming the benefit of this exception to show that neither the actual fault or privity of the carrier nor the fault or neglect of the agents or servants of the carrier contributed to the loss or damage. （非由于承运人的实际过失或私谋，或者承运人的代理人或受雇人员的过失或疏忽所引起的其他任何原因，但是要求引用这条免责利益的人应负责举证，证明有关的灭失或损坏既不是承运人的实际过失或私谋，也不是承运人的代理人或雇佣人员的过失或疏忽所造成。）

除此以外，船东一般不能在此以外自行增加免责条款，以减轻责任。

3. 承运人的责任期限

按照《海牙规则》的规定，承运人对所运货物的责任期限是从货物装到船上时起至货物从船上卸下时止，这段时间就是承运人对货物承担责任的时间界限，也是《海牙规则》适用的时间界限，这段时间包括装货过程和卸货过程，但不包括装货前和卸货后的时间。

4. 承运人的赔偿限额

如果承运人没有履行相应的义务使货物受损，承运人应承担货物损失的赔偿责任。

（1）《海牙规则》规定，承运人对每件货物的损害赔偿的最高责任限制为 100 英镑。

（2）《维斯比规则》规定，承运人对每件货物的赔偿限额为 10 000 金法郎或 666.67 特别提款权①；每千克（毛重）货物赔偿限额为 30 金法郎或 2 特别提款权，以高者为准。

（3）《汉堡规则》对承运人的赔偿责任限额比《维斯比规则》提高了约 25%，每件或每装运单位为 835 特别提款权或每千克 2.5 特别提款权，以高者为准。

我国承运人对货物的灭失和损害的赔偿限额，基本上采纳了《维斯比规则》的规定，按每件 666.67 特别提款权或者按货物毛重计算，每千克为 2 特别提款权，以高者为准。

（二）合同依据

海上货物运输合同一般分为货物运输合同和提单两种。

1. 货物运输合同（Cargo Transportation Contract）

航程租约合同由船东将整船或一部分舱位租给货主，由船东负责将货物装船运往目的港，同时承担船舶适航，不能延误船期和不能绕航等责任。而货主承担运费和滞留费的支付、提供港口、负责装卸货物等。如果是船东的原因造成货物损失，保险人赔偿了货物损失之后，可以依据租约的规定向船主追偿。

2. 提单（Bill of Lading）

提单是承运人和托运人之间所订立的运输合同。它规定了承运人和托运人在货物运输过程中的权利、义务、责任和免责内容。提单是承运人或其代理人出具给托运人已收到货物的收据，是物权凭证。承运人在港口船边或承运人自己的码头仓库

---

① 特别提款权（Special Drawing Right，SDR），是国际货币基金组织创设的一种储备资产和记账单位，亦称"纸黄金"（Paper Gold）。它是国际货币基金组织分配给会员国的一种使用资金的权利。会员国在发生国际收支逆差时，可用它向国际货币基金组织指定的其他会员国换取外汇，以偿付国际收支逆差或偿还国际货币基金组织的贷款，还可与黄金、自由兑换货币一样充当国际储备。但由于只是一种记账单位，不是真正货币，使用时必须先换成其他货币，不能直接用于贸易或非贸易的支付。特别提款权是国际货币基金组织分配给成员国的财富的计量单位，其价值是由多种货币价值加权算出来的，1 个单位特别提款权折合人民币约 9.75 元。

收受和交付货物，负责装卸货物及其费用。提单还是处理海事纠纷的法定文件，投保海上运输货物保险的凭证。因此，提单是保险人向承运人进行追偿的依据。

四、追偿程序和追偿时效（Procedure and Time Limitation of Recovery）

（一）追偿程序

1. 立案审核

与赔偿的立案登记一样，追偿立案应先按"自追"和"代追"进行登记。登记的内容包括追偿案件编号、收到案子的日期、船名、船东、货物名称、提赔日期、追偿限期、展期情况、追偿金额。追偿结束后，要补充追回金额和处理摘要。然后，收集齐全各种有效追偿证件，包括船上检验报告、船代理出具证明、卸货公司或码头证明、港方或海关证明、货物检验报告等。最后，根据追偿原则，结合具体案情进行审核，查明是否属于承运人责任。如果是承运人的责任，则要缮制索赔清单，寄发索赔函。索赔函的英文表达如下：

（1）索赔函。

We refer to a shipment of textile transported to Helsinki which is shipped on board the vessel Seagull.

From the enclosed documents, you'll note that the goods is damaged or in shortage. According to B/L clauses, you, as the carrier, should be held responsible for the damage to and/or loss of the goods.

As the underwriters, we have paid the loss to the consignees in sum of ＄15 000 and would request you to reimburse us for the same amount as soon as possible.

We are waiting for your reply and enclosing the supporting documents for your reference as follows：

① Our statement of claims；

② Bill of Lading；

③ Invoice；

④ Survey Report；

⑤ Tally Sheet；

⑥ Receipt and Subrogation Form.

译文：提及由海鸥号货轮运到赫尔辛基的纺织品货物，从所附单证中，你们会注意到该批货物遭受残损和短少。根据提单条款，你们作为承运人应对上述提及的货损货差承担赔偿责任。作为保险人，我们已赔付收货人15 000美元。因此，请你们尽早补偿我们上述损失。

等待你们的答复，并附如下单证：

① 索赔清单；

② 提单；

③ 发票；

④ 检验报告；

⑤ 理货单；

⑥ 收据和追偿表。

（2）催复函、延期函。

We refer to our letter dated March 1st, 2020 and one month has passed by since then, we have no responses from you.

It is trusted that you have finished your investigation and therefore you are kindly requested to pay more attention to the case.

As the time limit for this claim will expire on April 1st, 2020, we shall appreciate your settlement prior to that date. If not, please grant us an extension of the limit for a further two months as from today.

We are waiting for your earliest replay.

译文：我们2020年3月1日的函件及附件，目前，已过了1个月，仍未收到你们的答复。我们相信，你们的调查工作已完成，因此请对此案给予更多关注。由于本案时效将于2020年4月1日终止，我们期望能够在此之前结案。如不能结案，请自今日起，给予延期2个月。希望你们早日答复。

（3）收到赔款，并同意结案的函。

We acknowledge, with thanks, the receipt of your remittance for the sum of ＄15 000 in settlement to the claim and enclose herewith our receipt.

Please accept our regards.

译文：我们收到你们汇来的总额为15 000美元的赔款，并随函附上收据。请接受我们的问候。

2. 扣船（Arrest of Ship）

扣船的目的是保险公司为了取得船方担保，以便日后判定船方有责任时能保证付款。保险人认为有必要扣船时，先向法院提出扣船申请，法院认为申请合法，就向船方发出扣船命令，要求船方提供担保。因此，扣船不是把船扣留下来直到追偿结束才放船，而是一种要求船方提供担保的手段。当船方办妥担保手续后，由法院宣布解除扣船命令、港务局监督放船。

扣船的决定必须是在外轮离开中国港口之前，此时保险人尚未取得代位追偿权。因此，保险人必须与货主密切合作，认真审查分析事故责任，并由被保险人申请扣船。

3. 结案（Settlement）

保险人和第三者之间对于追偿数额的确定存在差异，必须协商解决赔偿数额的问题。当保险公司最后同意了责任方的赔偿数额，往往要向责任方发函复证。责任方将赔款汇来后，保险公司就可缮制"红字"赔款计算书。经复核送负责人批准后，一份存档，一份送会计部门，一份送上级公司。

（二）追偿时效

按照提单的规定，货物损失的追偿时效为一年。在交货后或自货物应该提交之日起，收货人于一年内未提出诉讼的，承运人即解除对于货物损失的一切责任。如果收货人或保险公司在交货日起，一年以后提出追偿，承运人可以以时效已过为由拒赔。

如果收货人第一次索赔是在一年期限内，但船方看到单证不足，复函收货人继续提供证明，而收货人在一年期限之后再与船主联系，船方可以拒赔。反之，如果收货人在一年期限终止之前申请延期，则不受时效已过的限制。在追偿过程中，承运人往往利用时效限制的规定拖延时间，等一年时效快结束时答复拒赔，致使收货人来不及向法院提出诉讼。因此，在船方未认赔之前，不论结果如何，收货人均应在时效终止前正式办理扩展追偿时效的申请手续。

第二节　海上保险赔偿争议的处理

海上保险关系双方往往处于不同的国家或地区，海上保险合同的履行在一定程度上受到各国政治、经济和法律制度的影响。此外，由于双方存在风俗习惯上的差异，因此相互之间经常会发生争议和纠纷。对于这些争议或纠纷，可按照国际惯例采用和解、仲裁和诉讼的方式加以处理。

一、和解（Compromise）

和解是指海上保险赔偿发生争议或纠纷时，保险合同及有关各方进行磋商，经过相互让步，彼此都认为可以接受的一种行为。海上保险和解的途径有以下两种：

（一）自行和解

当事人之间自行和解是没有第三者介入，由当事人双方直接进行磋商，达成和解的一种方式。在所有海上保险赔偿纠纷的解决方式中，由双方当事人自行和解是一种最佳方式。

海上保险赔偿纠纷在当事人之间自行谋求解决。赔偿纠纷的内容，如发生赔偿的环境、损失状态及损失原因等，双方当事人比作为第三者的调解人或仲裁人更清楚、更明了。因此，由双方当事人进行协商，可以使问题得到更及时、更合理的解决。保险关系双方自行协商和解，不经过仲裁和司法诉讼程序，可以减少许多手续和麻烦，节省费用支出。此外，双方自行协商和解，保持友好关系，有利于海上保险业务的进一步发展。在当事人之间谋求自行解决，双方会充分考虑与对方过去或将来的业务关系，对自己有充分理由的事项，也会互相妥协，或为了保持业务关系而向对方让步。因此，在许多情况下，保险合同关系双方遇有争议时，一般都愿意首先进行自行协商，宁愿做一定的让步，承担一点损失，以求得争议的友好解决，而不愿意仲裁或向法院提起诉讼。

在我国海上保险中，大部分保险公司与外国被保险人和有关第三者的争议与纠纷绝大部分都是通过自行和解的方式获得解决，效果很好。

（二）中介人调解

调解是指由保险人和被保险人自愿地把有关的争议问题或赔偿纠纷提交给双方同意的第三者进行公平判断。这种由第三者做出的判断与仲裁不同，一般不具有约束力。调解因其主体的不同，可以区分为一般第三者的调解和法院的调解两种类型。

1. 一般第三者的调解

一般第三者的调解是指由当事人的一方委托或当事人双方共同委托的调解人，以解决双方的纠纷或争议。由于被选定的调解人负责详细听取双方当事人的意见，然后进行公断。因此，调解人必须具备一定的条件才能胜任调解工作。例如，对海上运输业务有一定的了解，并具有实践经验，熟悉法律知识，积累了丰富的经验，公正无私，品质高尚，对双方当事人任何一方都没有利害关系等。在现实生活中，调解人的种类有如下三种：

（1）个人，即受托具有上述资格的个人。

（2）公证公司。

（3）公共机关，如同业公会、驻外领事馆、仲裁协会等。当然，有时这些机关本身并不自行办理这种调解业务，而是帮助寻找或推荐具有上述资格的人。

一般情况下，调解人的判断乃至裁定对双方当事人不具有约束力。这就是说，双方对该项裁定是否服从，由当事人自由决定，既可以服从，也可以不服从。如果当事人的一方或双方拒绝执行其裁定，调解就失去效力。这是一般第三者调解方式的不足之处。但是，由于这种调解较之仲裁手续简便，费用低廉，容易在不破坏当事人之间感情的情况下使问题得到圆满解决，所以仍受到重视，得到广泛利用。

2. 法院的调解

法院调解的方法与一般第三者调解的方法略有不同，它主要解决外国公司在本国没有分公司或代理机构的情况下而产生的争议或纠纷问题。为节省国家审判资源，在民事经济案件的审理时，法院会提议双方和解处理，最后形成在法院主持下的调解协议。法院主持下的调解结果，其效力比第三者调解的效力要高。法院调解不同于法院判决，它是依据当事人的同意自由解决。解决争议的标准是充分运用常识、友谊与保险惯例等。

法院调解不在公开场合进行，当事人可以在平静的气氛下进行磋商谈判，如果当事人之间互相让步，能找到一般法律不容易达到的妥协境地。

和解的许多优点是处理海上保险赔偿争议或纠纷比较理想的方式，在某些情况下，双方当事人虽然经过协商或调解，但是仍然达不成和解协议。例如，争议所涉及的赔偿金额太大，双方都不肯让步或者一方故意违约，没有协商和解决问题的诚意，又或者是双方各执一端，相持不下，虽经反复调解，仍无法消除争议等。在这些情况下，就必须进行仲裁或是向法院起诉。

二、仲裁（Arbitration）

（一）仲裁的特点

仲裁是由海上保险关系双方当事人在争议发生之前或之后，达成书面协议自愿把争议提交给双方同意的第三者裁决。仲裁是一种自愿性的解决争议的方式，在订有仲裁协议的条件下，发生争议时应通过仲裁解决，除非有特殊情况，当事人双方都不得向法院起诉，这是国际上的一种惯例。仲裁是解决海上保险赔偿争议的一种方式，它既不同于友好的协商和解，也不同于司法诉讼，有其自身的特点。

1. 自愿性（Voluntarilyness）

仲裁作为一种准司法制度与司法制度有很大区别。仲裁制度具有自愿性和自主性，只有双方当事人自愿，并一致同意把争议问题提交仲裁解决，仲裁才能进行，其裁决才有效力。这种自愿性和自主性，主要表现在双方当事人之间达成的仲裁协议。仲裁协议是实行仲裁的唯一的法律依据，这是区别之一。双方当事人对选用的仲裁规则和程序应当遵守，但是对所选用的规章和程序仲裁前可以通过双方当事人的约定进行选择，这是区别之二。此外，各国法律对仲裁制度给予支持和尊重，凡属于双方当事人自愿达成的仲裁协议，法院对属于该项仲裁协议范围的争议，一般不予受理。即使一方当事人单方面向法院起诉，另一方当事人也可向法院提交仲裁协议，请求法院不予受理。仲裁裁决一旦做出，当事人不得再向法院起诉或请求法院重新审理，除非该项裁决是非法的或者是无效的。国际上，有些国家规定，一方不服仲裁裁决的，可以就原事由提起诉讼。

2. 公正性（Justice）

仲裁的另一特点是实事求是，秉公处理。首先，严格掌握仲裁员的资格。联合国仲裁程序和各国仲裁程序对担任仲裁员具备的素质都做了具体规定。其中特别强调仲裁员的公正性。当事人一方有血缘和姻缘关系的人或与该案有重大个人利益的人，均不得充当该案的仲裁员。其次，如果仲裁由独任仲裁员担任，这个独任仲裁员应当由双方共同挑选并达成一致意见后才能选任，或者由仲裁庭指定或聘任。如果仲裁员由三个人担任，一般应由双方当事人各选一名，然后由这两个仲裁员共同推荐一名，作为首席仲裁员，共同组成仲裁庭。这些规定从组织上保证了仲裁的公正性。最后，仲裁员被指定后，无论该仲裁员由何方建议或者由双方选定，都必须同各方采取同等的态度，不得为当事人辩护或者有其他任何不公正的行为，否则任何一方当事人均可提出异议，并由仲裁机关做出判定。此外，仲裁机关在提供服务、提交文件、使用语言文字等方面，对双方当事人都应给予同等待遇。

另外，如果裁决不当或不公平，任何一方当事人均可以向法院上诉。如果事实确凿，法院可依法宣布裁决无效。

3. 效率性（Efficiency）

仲裁制度同诉讼做法相比，其程序比较简便、费用比较低廉、审理和裁决的速度比较快。如果通过打官司处理赔偿案件，由于复杂的法律程序或诉讼手续，起诉到最后确定判决，一般要一年半载，甚至更长时间。而在仲裁程序中，从申请仲裁到裁定终结的期间通常很短。按照仲裁程序，如未经双方的仲裁合同约定，仲裁人对正在争议应在接到被选为仲裁人的通知之日起或对将来争议应在接获争议发生的通知之日起 10 日内决定仲裁地点和询问开始日期，通知双方当事人并从询问开始之日起 10 日内完成判决书，宣告询问结束。就费用支付来说，由于没有诉讼案件中的律师费、诉讼费等开支，费用很少。

（二）仲裁协议

1. 仲裁协议的形式

仲裁协议是双方当事人表示愿意把他们之间的争议交付仲裁解决的一种书面形式。它是仲裁机构或仲裁员受理争议案件的依据。

仲裁协议的形式有两种：一种是由双方当事人在争议发生之前订立的，表示愿意把将来可能发生的争议提交仲裁人解决的协议。这种协议一般包括在海上保险合同之内，作为海上保险合同的一项专门条款，称为仲裁条款。另一种是由双方当事人在争议发生后所订立的，表示同意把已经发生的争议交付仲裁人解决的一种协议。这种协议为提交仲裁的协议。

根据我国对外经济贸易仲裁委员会《仲裁程序暂行规则》的规定，仲裁协议既包括合同中的仲裁条款，也包括诸如特别协议、来往函电等其他形式的仲裁协议。无论是合同的仲裁条款，还是其他形式订立的仲裁协议，其作用与效力都完全相同。在法律上没有任何差别，如果双方在合同中订有仲裁条款，往后如果双方就该合同的有关问题发生了争议，任何一方都可以根据仲裁条款提出仲裁，不必另行再签订任何同意提交仲裁的协议。

2. 仲裁协议的作用

按照大多数国家的仲裁法的规定，仲裁协议的作用主要表现在双方当事人均须受仲裁协议的约束，如果发生争议，应以仲裁方式解决，不得向法院提起诉讼；使仲裁员和仲裁庭取得对有关争议案件的管辖权；排除法院对有关争议案件的管辖权三个方面。这三个方面的作用是相互联系、不可分割的。其中最重要的作用是排除法院的管辖权。这就是说，只要争议双方订立了仲裁协议，他们就不能把有关争议案件提交法院处理，如果任何一方违反仲裁协议，把他们之间的争议向法院提起诉讼，对方可根据仲裁协议要求法院停止司法诉讼程序，把有关争议案件发还仲裁庭或仲裁员审理。

在国内仲裁中，当一方违反仲裁协议向法院起诉时，法院有自由裁定权。它可以下令停止诉讼程序，将案件交还仲裁处理，也可以废弃仲裁协议，由法院继续对案件进行审理。但对于国际仲裁，只要双方订有仲裁协议，除非该项仲裁协议是无效的，否则法院无权对有关争议案件进行审理。即使一方当事人已向法院起诉，法院也必须停止诉讼程序，把争议案件发还仲裁庭或仲裁员审理。

由于大多数国家在法律上承认仲裁协议具有排除法院的司法管理权的作用，因此双方当事人在签订海上保险合同时，如果愿意把日后可能发生的争议提交仲裁处理，而不愿诉诸法院，那就应当在合同中事先订立一项仲裁条款，以免在争议发生后，一旦双方不能达成仲裁协议而不得不把争议案件提到法院去解决。因为如果在合同中没有订立仲裁条款，则在争议发生后，由于双方处于对立地位，有时不一定能达成仲裁协议。在这种情况下，任何一方都无法强迫对方进行仲裁，原告完全可以不管被告是否同意就向有管辖权的法院起诉，被告除了应诉以外，别无选择。正是由于这个缘故，在海上保险中，一般都主张在合同中订立仲裁条款，以便日后发生争议时，能够通过仲裁的方式解决纠纷。

（三）仲裁条款

如何拟订海上保险合同的仲裁条款是保险公司和被保险人双方十分关心的共同问题。仲裁条款适当与否关系到日后发生争议时能否得到公平合理的处理，关系到保险关系双方的切身利益。仲裁条款的内容繁简不一，有的仲裁条款比较详细具体，有的仲裁条款则比较简单。我国的情况属于后者。例如，我国的海上运输货物保险单关于仲裁的条文是"双方不能达成协议时可提交仲裁机构仲裁或法院处理"。一般地说，仲裁条款应当尽量具体明确，以便在发生争议时，仲裁能遵循条款。内容具体的仲裁条款应当包括仲裁地点、仲裁机构、仲裁程序和裁决效力等内容。

1. 仲裁地点

仲裁地点是仲裁条款的主要内容，在海上保险中，保险合同双方都希望在本国进行仲裁。这一方面是由于当事人对自己所在国的法律和仲裁做法比较了解和信任，对国外的仲裁制度不太了解而存疑虑；另一方面是由于仲裁地点与仲裁所适用的程序法以及按照各国的法律规定，凡属程序方面的问题，原则上适用审判地法，也就是说，在哪个国家仲裁，就要适用哪个国家的仲裁法。因此，在制定仲裁条款时，仲裁地点往往为双方当事人争议的焦点。为了避免双方当事人在商订仲裁地点时相持不下影响业务的开展，有个别国际性的仲裁机构在制定标准仲裁条款格式时，并不具体规定仲裁的地点，而把这个问题留待争议发生之后由仲裁员根据具体情况予以确定。

2. 仲裁机构

海上保险的仲裁机构的形式有两种：常设仲裁机构和临时仲裁组织。前者是指有固定的办公地点，设备较健全，有专门的管理人员和专业人员，对外公布仲裁章程和工作程序，在仲裁过程中能为当事人提供各项服务的一种机构。后者是指不要常设仲裁机构的主持，直接由双方当事人指定的仲裁员自行组成仲裁庭进行仲裁的一种机构。这种仲裁庭是一种临时仲裁庭，案件处理完毕即自动解散，指定的仲裁员一般是由社会知名人士和各方面的专家担任。在仲裁中能取得常设仲裁机构的协助更好，因为常设仲裁机构的作用主要是从事有关仲裁的行政管理和组织工作，仲裁机构还为仲裁员提供工作上的各种方便，如递送文件和证据，在开庭时安排记录员和配备翻译，负责收取保证金和仲裁费用等。因此，近年来在海上保险中，大约有95%的仲裁案件是在常设仲裁机构的主持下进行的。只有少数案件是采用临时仲裁的方式解决的。

常设仲裁机构分为三类：国际性或地区性的仲裁机构，如国际商会仲裁院、亚洲及远东经济委员会商事仲裁中心等；全国性的仲裁机构，如中国国际贸易促进委员会对外经济贸易仲裁委员会、英国伦敦仲裁院、美国仲裁协会等；附属在特定行业内的专业性仲裁机构，如伦敦油籽协会、伦敦谷物商业协会等工商行业组织内设立的仲裁机构。

3. 仲裁程序

仲裁程序或仲裁规则主要规定进行仲裁的具体手续和做法，其中包括如何提出仲裁申请、如何进行答辩、如何指定仲裁员、怎样进行仲裁审理、如何作出仲裁裁决、仲裁裁决的效力以及费用的负担等项内容。仲裁程序规则的作用是为当事人和仲裁员提供一套进行仲裁的行为准则，以便仲裁时有所遵循。

仲裁程序是由各国的仲裁机构自行制定的。仲裁程序规则与仲裁机构有密切联系。一般地说，仲裁条款规定在哪个仲裁机构仲裁，就按那个机构制订的仲裁规则处理。

4. 仲裁的效力

通过仲裁的裁决，一般是终局性的，对双方当事人均有约束力。在通常情况下，除非当事人有确实的证据，证明仲裁的裁决违反了合同即规定的仲裁程序，或者超出了仲裁范围的事项，或者依法不属于仲裁受理的范围，或者裁决的内容有不法行为从而导致裁决有不合理的结果，一般不得请求复议或向法院上诉。有些国家虽然允许当事人上诉，但法院一般只审查程序，不审查实体，即只审查仲裁裁决在法律手续上是否完备，而不审查仲裁裁决在认定事实或适用法律方面是否正确。总体来说，对仲裁裁决提起上诉的情况是很少的。因为仲裁与司法诉讼不同，它本来就是为了避免复杂的司法上诉程序，及时解决争议或纠纷而选用的一种形式。

为了明确仲裁裁决的效力，避免引起复杂的上诉程序，双方当事人在订立仲裁条款时，应明确规定：仲裁裁决是终局的裁决，对双方当事人都有约束力，任何一方都不得向法院提出上诉要求予以更改。

有关仲裁费用的负担，在各个仲裁程序内都有明文规定，一般有三种负担的方法：败诉方负担；双方平均分担或按规定的比例分担；依据仲裁裁决的规定办理。如果双方当事人在仲裁条款内已明确规定，则应按仲裁条款或协议的规定办理。

（四）仲裁裁定的执行

海上保险中的仲裁裁决的执行与其他国际经济关系中的仲裁裁决的执行一样，较为复杂。因为这种仲裁的裁决涉及外国当事人，如果败诉一方不执行裁决，就可能出现两种情况：一种是本国仲裁机构所做出的裁决，由于败诉一方在本国或败诉一方有财产在本国，可以向本国法院申请强制执行；另一种是本国仲裁机构做出了裁决，由于败诉一方在外国，而需要向外国法院申请强制执行；或者外国仲裁机构做出了裁决，但因败诉一方在本国，而向本国法院提出强制执行的请求。前者是属于对本国的仲裁裁决执行的问题，后者是属于对外国仲裁裁决执行的问题。各国法律一般都区别上述两种情况，有不同的规定和要求。

1. 仲裁裁决在国外执行

如果一项仲裁裁决在仲裁地同一国家内执行，这在适用程序法和实体法方面都不会存在大的障碍，由胜诉方向有关法院提出强制执行的申请，法院一般只做形式审查，不做实体审查。如法院经过审查认为裁决在形式上和程序上符合法律的要求，即发出执行命令，予以强制执行。但是，如果一项仲裁裁决要在仲裁地以外的国家执行，这就可能出现法律冲突问题，情况较为复杂。

执行外国的仲裁裁决，不仅涉及当事人的切身利益，而且涉及两国间的利害关系。因此，许多国家在法律上对于执行外国的仲裁裁决都做了具体规定。从各国有关法律规定来看，解决仲裁裁决在国外执行，一般遵循如下三个原则：

（1）依照双方国家的条约或协定办理。各国之间由于经济贸易的往来，经常会发生经济贸易纠纷案件，对仲裁的裁决如何处理，往往在双方国家签订的经济贸易条约或协定中做了若干原则规定。一旦发生对方国家的仲裁裁决要在本国执行，双方都应依据条约或协定的精神处理。

（2）依照多边或国际公约处理。关于仲裁的条款，有双边的条约，也有多边的和国际性的条约。多边的条约，如欧洲共同体签订的《关于管辖权与执行民事和商事判决的公约》，其中也涉及仲裁裁决的执行。1958 年 6 月 10 日在纽约召开的联合国国际商业仲裁会议上签署的《承认及执行外国仲裁裁决公约》（the New York Convention on the Recognition and Enforcement of Foreign Arbitral Awards，简称《纽约公约》），目前已有 130 多个国家和地区参加了这个公约，属于国际性的条约，凡是发生仲裁裁决在国外执行问题，只要属于上述条约所管辖，有关当事人就应依照有关的条约或公约办理。

（3）向当地法院起诉。在不属于上述两种情况时，当事人只能依据当地的法律程序和有关法律，向当地法院起诉，请求依法强制执行该项裁决。毫无疑问，遇到这种情况将可能涉及法律冲突问题，给仲裁裁决的执行带来较大的困难。因为许多国家在法律中对于执行外国的仲裁裁决规定了一些限制，如果外国的仲裁裁决不符合执行国法律的要求，执行国的法院就可能拒绝予以执行。

2. 我国关于执行仲裁裁决的法律规定

我国关于执行仲裁裁决的法律主要是依据 1991 年 4 月 9 日第七届全国人民代表大会第四次会议通过的《中华人民共和国民事诉讼法》。并根据 2007 年 10 月 28 日第十届全国人民代表大会常务委员会第三十次会议《关于修改〈中华人民共和国民事诉讼法〉的决定》第一次修正，又根据 2012 年 8 月 31 日第十一届全国人民代表大会常务委员会第二十八次会议《关于修改〈中华人民共和国民事诉讼法〉的决定》第二次修正。该法对涉外经济贸易、运输和海事中发生的纠纷分别进行了如下规定：

（1）涉外经济贸易、运输和海事中发生的纠纷，当事人在合同中订有仲裁条款或者事后达成书面仲裁协议，提交中华人民共和国涉外仲裁机构或者其他仲裁机构仲裁的，当事人不得向人民法院起诉。当事人在合同中没有订有仲裁条款或者事后没有达成书面仲裁协议的，可以向人民法院起诉。

（2）当事人申请采取财产保全的，中华人民共和国的涉外仲裁机构应当将当事人的申请，提交被申请人住所地或者财产所在地的中级人民法院裁定。

（3）经中华人民共和国涉外仲裁机构裁决的，当事人不得向人民法院起诉。一方当事人不履行仲裁裁决的，对方当事人可以向被申请人住所地或者财产所在地的中级人民法院申请执行。

（4）对中华人民共和国涉外仲裁机构做出的裁决，被申请人提出证据证明仲裁裁决有下列情形之一的，经人民法院组成合议庭审查核实，裁定不予执行：

① 当事人在合同中没有订有仲裁条款或者事后没有达成书面仲裁协议的；

② 被申请人没有得到指定仲裁员或者进行仲裁程序的通知，或者由于其他不属于被申请人负责的原因未能陈述意见的；

③ 仲裁庭的组成或者仲裁的程序与仲裁规则不符的；

④ 裁决的事项不属于仲裁协议的范围或者仲裁机构无权仲裁的，人民法院认定执行该裁决违背社会公共利益的，裁定不予执行；

⑤ 仲裁裁决被人民法院裁定不予执行的，当事人可以根据双方达成的书面仲裁协议重新申请仲裁，也可以向人民法院起诉。

三、诉讼（Lawsuit）

诉讼是解决海上保险纠纷的另外一种方式。采用诉讼方式解决海上保险的纠纷对当事人来说，所花的时间和耗费的金钱要比仲裁大得多，因此人们往往乐意选择和解与仲裁两种方式。但是，如果双方不能通过和解与仲裁处理纠纷，只得采用法律诉讼。

（一）诉讼时效

《海牙规则》规定：除非从货物交付之日或应交付之日起一年以内提出诉讼，承运人和船舶在任何情况下，都应被免除对于灭失或损害所负的一切责任。按照《海牙规则》的规定，货主向船主索赔时效为一年，因此只有在规定的时效内才能进行追偿。如果不能在交货后一年内解决的案件，一旦丧失了请求权，船方可以不赔。实际生活中，有的船东虽已同意赔款，也提出了办法，但随着时的变化，也会利用丧失请求权推翻先前的承诺。因此，保住请求权成为能否进行追偿的关键。

如果想保住请求权就得按《海牙规则》的规定，在货物交付之日一年内提起诉讼，迫使船方认真解决问题。对于有些态度不好、对索赔采取不理会的船方，提起诉讼可以迫使他们认真考虑问题，以利于案件的解决。诉讼是进行追偿的一种最终手段。

（二）国外诉讼手段

提出诉讼的法律解释和手续各国并不一样，因此应根据船方所在国情况，按照当地的法律办理。

民事诉讼的一般程序是原告先向法院递交起诉书，说明被告是谁、要告什么内容。法院出传票连同原告的起诉书送交被告，被告人知道有人在告他以及告他什么，使他有机会应诉。法院再开庭传询双方，审理案件，进行判决。

（1）起诉书与传票。有的国家法律规定原告提出诉讼先要提交诉状，然后法院通知被告应诉，并将诉状转告被告，在这些文书送达后才算诉讼的正式开始。而英国等国家就不要先递交起诉书，只要原告的律师按照法院的固定格式缮制传票到法院备案，即使没有送达被告亦算诉讼正式开始。传票上规定，传票应自发出之日起 12 个月内送达，传票上附有原告的要求。在意大利，法院没有出具传票的程序，即一年内到法院办理手续，"控告"就成立。

（2）诉讼审理。在被告应诉答辩后，案件就正式进入审理阶段。如果起诉的目的仅仅是为了保障时效，按照国际惯例，其时效就会自动延长，那么诉讼即在法院审理前停止。在民事诉讼中，原告是有权随时撤回诉讼的。

（3）委请国外律师代办诉讼授权书。

（三）证据

在办理追偿中，不论是协商还是诉讼，一定都要有确凿的证据。向船方索赔要有理、有据，要有确凿的证据证明损失确属于船方责任；否则，追偿不会取得好效果。因此，无论是协商还是法律解决，都需要事先准备好充足的确凿证据。

（1）举证责任。除法律有明确规定的以外，在诉讼中一般的原则是主张诉讼双方负举证责任，一方举证后，举证责任即转移给对方。例如，货主要求船方赔偿货损，货主应首先提出证据，证明货物确已受损、损失发生在船方保管期间、损失的数量、程度与损失金额。船主如果否定货主的要求，就必须提出反证。如货物遭海水损失，船方要拒绝责任就要找出货损原因、船舶适航的证据。随后举证责任又转给货主，以证明船东没有尽责使船舶适航。举证责任就是这样转来转去的。为了追偿成功，应该事先准备好一切可能要提出的证据包括反驳船方会提出抗辩的证据。

（2）船舶不适航证明。在追偿案中绝大多数的重大损失都是由于船东没有尽到《海牙规则》规定的责任所致的。因此，这里特别关注有关船舶不适航的举证问题。根据《海牙规则》的规定，船东虽应对"他已恪尽职责使船舶适航"负举证责任，但是实际上，船东提出船舶的适航证书、检验证书及海事报告等文件后还是需要由货主提出反证的。同时，一般的大案子往往损失原因比较复杂，除船舶不适航外，还会有其他原因，因此要注重调查研究。对于在国外发生的损失应及时指导当地代理人如何进行搜集证据以及指示代理人咨询专家协助办理。对于到达我国港口的船舶应由港口有关单位一起来进行。

（3）权益证明。在诉讼中，索赔人有义务提出证明他对索赔的标的有权益，也就是货主应提出他的货物所有权证明。出口货物有关这方面的证件应由律师和保险代理人去收集，进口货物应由保险公司向外贸公司要求全部货物所有权证明文件，除提单、发票外，还要有贸易合同、来往成交函电、货款收据或贷款付款证明、信用证等。权益证明一般只在审理时才用，而诉讼案的审理往往会拖延好几年，如果不事先收集好，很可能到时候找不到。

如果用保险公司名义提起诉讼，还要准备保险单、保险收据、权益转让书、赔款收据等文件来证明保险公司对标的有权益。为了方便，最好用收货人名义起诉。

（四）诉讼注意事项

决定起诉地点，要根据具体案情，结合法院有无管辖权及法律是否对公司有利等情况考虑。

（1）管辖权。一般情况下，法院只对案情涉及法院所在目的地，如当事人一方为该国公民或契约在该国订立等的案件才有管辖权。大多数国家的法院，包括我国法院在内，对无法将文书送达被告的案件是不予受理的。

一国法院对起诉的案子有权决定是否行使管辖，如我国海洋运输货物提单规定受中国法律管辖，但加拿大、法国等国法院也受理。

（2）各国的法律有差别。一个同样的案件在不同的国家提起诉讼，有时很可能会有不同的结果。因为各个国家的法律不同，即使是那些采用《海牙规则》的国家，也会产生法官对具体条文各有自己不同解释的情况。例如，法国是《海牙规则》缔约国，但法国的法律没有对"火灾"进行明确规定，因此1962年巴黎上诉院裁决一个火灾案由船方负责赔偿，理由是火因不明，船方不能证明失火是不可抗力原因所致。又如，美国也采用《海牙规则》，美国法律也规定船东对船长、船员的航行过失负责，但认为提单的"船舶互撞条款"无效。

在西方国家，法官判案受到以往判例的约束，虽然法官对案件有自己的想法，但是也要受到判例的限制。因此，在起诉前，要咨询律师、研究有关国家的法律后选择对公司有利的地点起诉。

（3）被告。在以往的诉讼案件中，曾有错告被告人而失败的教训，一个老板往往成立多家船舶公司，而这些"姐妹公司"名称相似、地址相同，名称只有一字之差。例如，有一案件告的是我国香港的一个船东。这个船东开设了两个船舶公司，一个叫太平洋轮船公司，另一个叫太平洋航务公司，名称仅两字之差。原告本来应告太平洋航务公司，而误告了太平洋轮船公司，这个船东明知对方弄错了，却仍收下传票，到一年时效届满才向律师提出，因而逃避了责任。因此，在起诉时，必须弄清楚到底要告谁。西方国家承运人的关系往往较为复杂，必要时可以多几个被告，将有牵连的与船舶有关的人都纳入被告范围。

（4）律师。在国外诉讼，需聘请当地的律师进行，但要对律师进行监督，重大问题需事先征得委托人的同意，对律师的意见要分析研究，并提出意见。

（五）保全措施

诉讼的最终目的是获得赔偿。如果官司胜了而无法执行，那就等于官司输了，因为原告还得赔上法律费用，所以获得船方履行赔款的担保在追偿中非常重要。获得担保的办法是扣下船舶。对于较大的船东，如果他的船多，停靠港口多，在国外获得担保较简单，一般情况不必扣船，船东就会给担保。但是对于单船公司，如果不在交货当时扣船作为担保，以后有可能拿不到担保，扣船作为担保能促进协商解决纠纷。

在国内起诉，对公司来说最方便、最有利。但是，如果船东是外国人，在我国无住所，没有获得船东的担保，不但文书无法送达，法院也不会受理，而且即使受理判决了，也无法执行。因此，在国内起诉，首要解决的是保全问题。

课后练习题（八）

一、名词解释

1. 追偿
2. 租约
3. 提单
4. 和解
5. 仲裁

二、是非判断题

1. 保险人向被保险人支付保险赔偿金后，取得向第三者责任方追偿的权利。保险人向承运人等第三者索回已支付给被保险人的赔款，称之为补偿。（　　）

2. 海上货物运输保险的追偿与理赔的顺次不能颠倒，一般是先赔偿后追偿。也就是说，追偿是在理赔工作结束之后进行。（　　）

3. 追偿和理赔可以看作两个不同时期上的工作。保险公司追偿是否成功与赔偿没有必然的联系。追偿的对象是被保险人，理赔的对象是第三者。（　　）

4. 1992 年《中华人民共和国海商法》第二百五十三条规定："被保险人未经保险人同意放弃向第三人要求赔偿的权利，或者由于过失致使保险人不能行使追偿权利的，保险人可以相应扣减保险赔偿。"（　　）

5. 货物运输的收货人或保险公司向承运人追偿时，应以海上运输的法规、提单和保险单为依据。（　　）

6. 船长、船员或装卸人员的疏忽而引起的火灾，由于货物的自然特性而蔓延起来的火灾引起货物损失以及因扑灭火灾而造成的货物损失，不能免除责任。

（　　）

7. 如果证明有关的灭失或损害既不是承运人的实际过失或私谋，也不是承运人的代理人或雇佣人员的过失疏忽所造成，可免除责任。（　　）

8. 按照《海牙规则》的规定，承运人对所运货物的责任期限从货物装到船上时起至货物从船上卸下时止。这段时间包括装货过程和卸货过程，但不包括装货前和卸货后的时间。（　　）

9. 我国承运人对货物的灭失和损害的赔偿限额，按每件或每个货运单位为666.67 特别提款权或者按货物毛重计算，每千克为 2.5 特别提款权，以高者为准。

（　　）

10. 仲裁是由海上保险关系双方当事人在争议发生之前或之后，达成书面协议，自愿把争议提交给双方同意的第三者裁决。（　　）

三、单项选择题

1. 在海上货物运输险的理赔中，保险人向被保险人支付赔偿后，按照提单、运单规定，向负有责任的第三者进行追偿。在这里，第三者指的是（   ）。

    A. 承运人　　　　　　　　　　　　B. 船舶所有人

    C. 投保人　　　　　　　　　　　　D. 被保险人

2. 如果追回款项扣除费用开支和利息后，还大于已支付给被保险人的赔偿金额，除了被保险人办理的委付外，一般说来，超出部分余额应（   ）。

    A. 退给承运人　　　　　　　　　　B. 退给船舶所有人

    C. 自留之用　　　　　　　　　　　D. 退给被保险人

3. 被保险人未经保险公司同意放弃向第三者要求赔偿的权利或者由于过失致使保险公司不能行使追偿权利的。保险公司可以（   ）。

    A. 承担一半损失　　　　　　　　　B. 解除保险合同

    C. 相应扣减保险赔偿　　　　　　　D. 拒绝赔偿

4. 海上货物运输的收货人或保险公司向承运人追偿时，以海上运输的法规和（   ）为依据。

    A. 提单　　　　　　　　　　　　　B. 保险单

    C. 投保单　　　　　　　　　　　　D. 发票

5. 船长、船员或装卸人员的疏忽而引起的火灾、由于货物的自然特性而蔓延起来的火灾或由于其他原因造成的火灾。这些火灾所引起的货物损失以及因扑灭火灾而造成的货物损失，可以免除（   ）。

    A. 发货人的责任　　　　　　　　　B. 收货人的责任

    C. 承运人的责任　　　　　　　　　D. 被保险人的责任

6. 如果承运人没有履行相应的义务使货物受损应承担货物损失的赔偿责任。《海牙规则》规定，承运人对每件货物的损害赔偿的最高责任限制为（   ）。

    A. 100 美元　　　　　　　　　　　B. 100 英镑

    C. 150 美元　　　　　　　　　　　D. 150 英镑

7. 《维斯比规则》规定，承运人对每件货物的赔偿限额为（   ）或者每千克货物赔偿限额为 30 金法郎或 2 特别提款权，以高者为准。

    A. 1 500 金法郎　　　　　　　　　B. 100 英镑

    C. 150 美元　　　　　　　　　　　D. 10 000 金法郎

8. 《汉堡规则》对承运人的赔偿责任限额比《维斯比规则》提高了约 25%，每件或每装运单位为（   ）或每千克 2.5 特别提款权，以高者为准。

    A. 1 500 金法郎　　　　　　　　　B. 835 特别提款权

    C. 1 500 美元　　　　　　　　　　D. 2 000 金法郎

9. 按照大多数国家的仲裁法的规定，仲裁协议的作用主要表现在双方当事人均须受仲裁协议的约束，如果发生争议，（   ）。

A. 应以仲裁方式解决　　　　　　B. 向法院提起诉讼

C. 委托律师办理　　　　　　　　D. 委托法官办理

10. 《海牙规则》规定："除非从货物交付之日或应交付之日起（　　　）以内提出诉讼，承运人和船舶在任何情况下，都应被免除对于灭失或损害所负的一切责任。"

A. 半年　　　　　　　　　　　　B. 二年

C. 一年　　　　　　　　　　　　D. 三年

四、思考题

1. 如何区分保险人的追偿与理赔的关系？

2. 简述《海牙规则》中承运人的责任。

3. 简述仲裁的特点与作用。

4. 保险纠纷的处理方式有几种？

5. 保险人追偿的程序是什么？

第九章　海上货物运输保险概述

学习目标

通过对本章的学习，学生应达到以下目标：

（1）掌握我国海上货物运输基本险责任与除外责任；

（2）掌握我国海上货物运输附加险责任与除外责任；

（3）掌握我国海上货物运输保险专门险责任与除外责任；

（4）熟悉英国伦敦协会货物运输保险责任与除外责任；

（5）区别我国海上货物运输保险条款与协会货物运输条款。

本章内容

第一节　海上货物运输保险基本险

第二节　海上货物运输保险附加险

第三节　海上货物运输保险专门险

第四节　英国伦敦协会货物保险条款

海上货物运输保险是指保险人承保货物在运输途中因海上自然灾害、意外事故或外来原因而导致的损失负补偿责任。我国海上货物运输保险条款参照了伦敦协会货物运输旧条款制定而成。

广义的海上风险＝狭义的海上风险＋外来风险＝自然灾害＋意外事故＋外来风险

海上货物运输保险条款可分成三大类：

（1）基本险（3个，即平安险、水渍险、一切险）；

（2）附加险（3个，即一般附加险、特别附加险、特殊附加险）；

（3）专门险（2个，即冷藏货物保险、散装桐油保险）。

第一节　海上货物运输保险基本险

基本险包括平安险、水渍险和一切险三种。

基本险也称主险，是指可以单独对货物运输进行承保，不需要其他险种的支撑。现分别加以阐述。

一、平安险（Free from Particular Average）

平安险的英文简称是F. P. A，英文原意是"不负责单独海损"，也有的说法叫"单独海损不赔"，实际是指部分损失（但非共损牺牲）不赔。随着国际航运和国际贸易发展的需要，平安险经过多年的实践与发展，这一险种的保险责任已经超出仅对全损赔偿的范围，保险人对某些原因造成的部分损失也负责赔偿。平安险的责任范围包括：

（1）货物在运输途中，因恶劣气候、雷电、海啸、地震、洪水等自然灾害造成整批货物的全部损失或推定全损。

（2）运输工具遭受搁浅、触礁、沉没、互撞、与流冰或其他物体碰撞以及失火、爆炸等意外事故造成货物的全部或部分损失。

（3）运输工具发生搁浅、触礁、沉没、焚毁等意外事故的情况下，货物在此前后又在海上遭受恶劣气候、雷电、海啸等自然灾害所造成的部分损失。

（4）在装卸或转运时，由于一件或数件、整件货物落海造成的全部或部分损失。

（5）被保险人对遭受承保责任危险的货物采取抢救、防止或减少货损的措施而支付的合理费用，但以不超过该批被救货物的保险金额为限。

（6）运输工具遭遇海难后，在避难港卸货、存仓及运送货物所产生的特别费用。

（7）共同海损的牺牲、分摊和救助费用。

（8）运输契约订有"船舶互撞责任"①条款，根据该条款规定应由货主偿还船东的损失。

二、水渍险（With Particular Average）

水渍险的英文简称是 W.A 或 W.P.A，英文原意是"负责单独海损的赔偿"。水渍险承保的责任范围除包括平安险的各项责任外，还负责由于恶劣气候、雷电、海啸、地震、洪水等自然灾害所造成的部分损失。水渍险对于货物因自然灾害造成的部分损失也负赔偿责任，而平安险对于这种部分损失不负赔偿责任，这就是它们的区别所在。因此，水渍险的保险责任大于平安险的保险责任。水渍险是习惯叫法，并非被保险货物遭受水渍的损失。

三、一切险（All Risks）

一切险的保险责任，除承保上述平安险和水渍险的责任外，还承保被保险货物在海上运输途中由于各种外来原因所造成的全部损失或部分损失。一切险的责任范围并非一切风险造成的损失都要赔。外来原因必须是意外的、事先难以预料的、不足必然出现的，这些外来原因必须是事故发生的近因。一切险中的保险责任所指的"外来原因"并非运输途中的一切外来风险，包括但不限于一般附加险中的11种风险，但不包括特别附加险的6种风险和特殊附加险的2种风险。

3个主险的关系（保障范围）：一切险>水渍险>平安险。

由于一切险的保险责任范围最大，提供的保险保障比较充分，各类货物都能适用，特别是粮油食品、纺织纤维类商品和精密仪器仪表等都应投保一切险。

四、基本险的除外责任（Risks Excluded）

除外责任是指保险人不承担的损失或费用。保险人在保险条款中规定除外责任的目的，在于进一步明确自己承保的责任范围，对于条款中列明的不属于保险责任范围内的风险事故所造成的被保险货物的损失或由此而产生的费用不承担赔偿责任。

---

① 根据 1910 年《船舶碰撞公约》的规定，船舶碰撞双方互有过失责任时，两船上的货物均由过失船按过失比例赔偿。而《海牙规则》规定，由于船长、船员驾驶船舶的疏忽或过失造成本船货物的损失，承运人不负责赔偿。货主只能向对方索取按过失比例承担的部分赔款。由于美国没有加入 1910 年《船舶碰撞公约》，对船舶碰撞责任按"对半责任原则"办理。互有过失造成船舶碰撞，不论过失大小，各负 50%的责任；对货物损害赔偿采用"货物无辜原则"。互有过失造成船舶碰撞，对船上货物的损失负连带责任，即任何一方船的货主，都有权向对方船索取 100%的赔偿；而船方有权向对方船追回它付给对方货主赔偿额的一半。这样，《海牙规则》免责规定失去了效力，原来载货船舶对本船货损可以不赔货主，变为要负赔偿责任。针对美国"货物无辜原则"，各国承运人利用签发提单或签订租船合同的权利，凡运送到美国的货物，与货主签订提单或租船合同时，加上船舶互撞责任条款，以保护自己能按照《海牙规则》取得权益。平安险条款中，把船舶互撞责任作为保险责任予以承保。同时，如果载货船舶承运人按运输合同中的"船舶互撞责任条款"向本船货主提出索赔时，作为被保险人的货主应当及时通知保险人，保险人可以被保险人的名义对承运人的索赔进行抗辩来保护自己的利益。

3个险别共用（在同一个条款中），除外责任一般都单独列明，并用黑体字明确显示（保险法要求）。除外责任中所列的各项致损原因，一般是非意外的、比较特殊的或保险人难以承保的风险。

我国《海洋货物运输保险条款》基本险（平安险、水渍险和一切险）的除外责任如下：

（1）被保险人的故意行为或过失所造成的损失。

（2）属于发货人责任所引起的损失。

（3）在保险责任开始前，被保险货物已存在的品质不良或数量短差所造成的损失。

（4）被保险货物的自然耗损、本质缺陷、特性以及市价跌落、运输延迟所引起的损失或费用。

（5）属于战争险条款和罢工险条款规定的保险责任和除外责任的货损。

五、海上货物运输保险期限（Duration of Marine Cargo Insurance）

保险期限是指保险人承担保险责任的起讫期限。我国海上货物运输保险的基本险的责任期限是"仓至仓条款"（Warehouse to Warehouse Clause）期限。它规定了保险人对被保险货物所承担责任的空间范围，即从货物运离保险单所载明起运港发货人的仓库时开始，一直到货物运抵保险单所载明的目的港收货人的仓库时为止。我国《海上货物运输保险条款》把保险责任起讫分为正常运输情况下的保险责任起讫和非正常运输情况下的保险责任起讫。

（一）在正常运输情况下的保险责任起讫

正常运输是指按照正常的航程、航线行驶并停靠港口，包括途中正常的延迟和正常的转船，其过程自被保险货物运离保险单所载明的起运地发货人仓库或储存处所开始，直到货物到达保险单所载明的目的地收货人仓库或储存处所为止。一旦货物到达收货人的最后仓库，保险责任即行终止。在保险实务中，由于被保险货物所运往的目的地有的就在卸货港，而有的是在内陆，因此保险人对保险责任的终止有不同的规定。其具体内容如下：

（1）被保险货物运抵目的港，并全部卸离船舶后，未被收货人立即运到自己的仓库。遇到这种情况，保险责任可以从货物全部卸离船舶时起算满60天终止。如果在60天内货物到达收货人仓库，保险责任即在到达仓库时终止。

（2）被保险货物运抵卸货港，卸货港即为目的地，收货人提货后并不将货物运往自己的仓库，而是将货物进行分配、分派或分散转运。遇到这种情况，保险责任就从开始分配时立即终止。

（3）如果被保险货物以内陆为目的地，收货人提货后运到内陆目的地自己的仓库，保险责任从启运起立即终止。

（4）如果收货人提货后没有将货物直接运往自己在内陆目的地的仓库，而是先行存入某一仓库，然后在这个仓库对货物进行分配、分派或分散转运。此时，即使其中一部分货物运到了保单所载明的内陆目的地的最后仓库,先行存入的某一仓库也被视为收货人的最后仓库,保险责任在货物到达该仓库时终止。

(二) 非正常运输情况下保险责任起讫

非正常运输是指在运输过程中由于遇到被保险人无法控制的情况,致使被保险货物无法运往原定卸载港,而是在途中被迫卸货、重装或转运以及由此而发生的运输延迟、船舶绕道行驶或运输合同终止等情况。根据我国《海上货物运输保险条款》的规定,在非正常运输情况下,保险人要求被保险人在获知货物被迫卸货、重装或转运等情况时,及时通知保险人。保险单继续有效的责任期限按下列规定处理:

(1) 被保险货物如在非保险单所载明的目的地出售,保险责任至交货时终止,但不论任何情况,均以被保险货物在卸载港全部卸离船舶满 60 天为止。

(2) 被保险货物如在上述 60 天期限内继续运往保险单所载明的原目的地或其他目的地时,保险责任仍按正常运输情况下所规定的"仓至仓"条款内容办理。

第二节　海上货物运输保险附加险

顾名思义,附加险是附加在基本险(主险)的后面,它不能单独承保,必须在承保主险的情况下才能加保。投保人在选择险别时,应根据转嫁风险的需要,既可以选择一种附加险,也可以选择多种附加险。海洋运输货物保险的附加险可分为一般附加险(11 种)、特别附加险(6 种)、特殊附加险(2 种)。

一、一般附加险 (General Additional Coverage)

一般附加险(也称普通附加险)承保一般外来原因所造成的货物损失。一般附加险的种类繁多,包括以下 11 种:

(一) 偷窃、提货不着险 (Theft, Pilferage and Non-Delivery)

偷窃、提货不着险是指在保险有效期内,被保险货物由于偷窃行为以及货物运抵目的地后,整件未被收货人提取所造成的损失,由保险人按保险负责赔偿。保险条款中所指的"偷"是指整件货物被偷走,"窃"是指包装完整的整件货物中一部分被窃取。保险条款中所指的"提货不着"是指收货人在目的地未能提取整件货物或全部货物。

(二) 淡水雨淋险 (Rain Fresh Water Damage)

淡水雨淋险是指货物直接因淡水、雨淋、冰雪融化所造成的损失,由保险人负责赔偿。淡水所致损失包括船上淡水舱或水管漏水、船舱内水汽凝集而成的舱汗造成货物的损失;雨淋包括雨水、冰雪融化造成货物的损失。条款中的淡水损失是相对海水损失而言的，平安险和水渍险仅对海水所致的损失承担负责。

（三）短量险（Risk of Shortage）

短量险是指货物在运输过程中，由于外包装破裂、裂口、扯痕或散装货物发生散失与实际重量短少的损失，由保险人负责赔偿。对有包装货物的短少，必须看外包装是否有破裂、扯痕等异常情况，以区别货物是原来的短少还是外来原因造成的短少。对散装货物则应以装船重量和卸船重量之间的差额作为计算标准，但不包括正常损耗。

（四）混杂、玷污险（Risk of Intermixture and Contamination）

混杂、玷污险是指被保险货物在运输过程中，因混进杂质或被玷污所造成的损失，由保险人负责赔偿。例如，矿砂、矿石等混进了泥土、草屑，使质量受到影响。被保险货物与其他物质接触而被污染，如布匹、纸张、服装等被油类或带色的物质所玷污而造成损失，保险人给予赔偿。

（五）渗漏险（Risk of Leakage）

渗漏险是指液体、流质类货物和油类物质，在运输途中因容器损坏而引起的渗漏损失，用液体装存的货物，如湿肠衣、酱菜、腌制食品等发生腐烂、变质等损失，均由保险人负责赔偿。

（六）碰损、破碎险（Risk of Clash and Breakage）

碰损、破碎险是指货物在运输途中，因震动、碰撞、受压造成的碰损和破碎损失，碰损主要是指金属或木质货物，如搪瓷、钢精器皿、机器、漆木，在运输途中因受震动、颠簸、挤压等外来原因造成货物本身的凹瘪、脱瓷、脱漆、划痕等损失；破碎容易发生在陶器、瓷器、玻璃器皿、大理石等易碎货物上，如果这类货物在运输途中因粗暴装卸、运输工具的震动、挤压、撞击等外来原因造成破碎损失，保险人负责赔偿。

（七）串味险（Risk of Odour）

串味险是指货物因受其他物品气味的影响而引起的串味、变味损失，如茶叶、香料、药材、饮料等在运输过程中与皮革、樟脑或有异味的物品存放在同一货舱内，造成串味致损，由保险人负责赔偿。但是如果这种串味损失的原因是同配载不当直接有关，船方负有责任，保险人在赔偿被保险人的损失后，有权向负有责任的船方进行追偿。

（八）受潮受热险（Damage Caused by Sweating and Heating）

受潮受热险是指货物在运输途中，因气温突然变化或由于船上通风设备失灵致使船舱内水汽凝结，引起货物发潮或发热所造成霉烂、变质或溶化的损失，由保险人负责赔偿。

（九）钩损险（Hook Damage）

钩损险是指货物在运输、装卸过程中，因使用钩子等工具致使外包装破裂造成货物外漏或货物被直接钩破造成的损失，由保险人负责赔偿。

（十）包装破裂险（Damage Caused by Breakage of Packing）

包装破裂险是指货物因装运不慎使包装破裂造成货物的短少、玷污等损失，由保险人负责赔偿。对于为继续运输安全所需要对包装进行修补或调换所支付的费用，均由保险人负责赔偿。

（十一）锈损险（Risk of Rust）

锈损险是指货物在运输途中因生锈而造成的损失，由保险人负责赔偿。凡是货物在原装时不存在锈损，而是在保险期限内发生的锈损，保险人都予以负责。对于保险人来说，对裸装的金属板、条、管等一般不愿承保，因为责任较大。

二、特别附加险（Special Additional Coverage）

特别附加险不包括在一切险责任范围以内，导致特别附加险的货物损失原因往往与政治、国家行政管理以及一些特殊的风险相关。我国的特别附加险有以下6种类型：

（一）交货不到险（Risk of Failure to Deliver）

交货不到险是指从被保险货物装上船舶开始，6个月以内不能运到目的地交货，保险人将按全部损失赔偿。保险人在承保时，要检查被保险人是否持有进口所需要的一切许可证，以避免发生因无证不准进口而产生的交货不到损失。发生了交货不到的损失，保险人在按全部损失赔偿以后，有权取得对该项货物的全部权益，如果交货不到是禁运造成的，而货物并未遭受实际全损，保险人可以将货物追回，以补偿保险人的支付给被保险人的赔款。

（二）进口关税险（Risk of Import Duty）

许多国家对进口货物征收关税时，不论货物是否损失，一律按货物的完好价值计算征税。进口关税险是承保上述原因引起的关税损失。在实务中，进口关税险的保险金额一般按发票金额的几成确定。进口关税险的保险金额与货物的保险金额应分别载明于保险单内。在发生关税损失时，保险人只在该保险金额限度内赔付。保险人对进口关税的赔偿只限于货物损失应纳的关税。

（三）舱面险（Risk on Deck）

舱面险是指装载于舱面的货物因被抛弃或被风浪冲击落水所造成的损失，由保险人负责赔偿。有些货物由于体积大、有毒性、有污染性或是易燃易爆物品等，根据航运习惯必须装载于舱面上。由于装载于舱面的货物容易遭受海水浸湿、雨淋，因此保险人只愿意在平安险的基础上加保舱面险，以免责任过大。

（四）拒收险（Risk of Rejection）

拒收险是指货物在进口时，不论何种原因在进口港被进口国的政府或有关当局拒绝进口或没收所造成的损失，由保险人按货物的保险价值赔偿。如果货物在起运后，进口国宣布实行任何禁运或禁止命令，保险人则负责赔偿运回到出口国或转口到其他目的地而增加的运费，最多不得超过该批货物的保险价值。

（五）黄曲霉素险（Risk of Aflatoxin）

黄曲霉素险是指某些含有黄曲霉素食物因超过进口国对该毒素的限制标准而被拒绝进口、没收或强制改变用途而遭受的损失，由保险人负责赔偿。各国卫生当局在检验这类货物时，如发现含有黄曲霉素，并且超过了进口国对该毒素的限制标准，就会拒绝进口或没收或强制改变用途。对于被拒绝进口或被没收的部分货物，被保险人有义务进行处理。

（六）出口货物到香港或澳门存仓火险责任扩展条款（Fire Risk Extension Clause for Storage of Cargo at Destination Hongkong, Including Kouloon Or Macao）

我国内地出口到我国香港特别行政区和澳门特别行政区的货物，如果直接卸到保险单载明的过户银行所指定的仓库时，附加这一条款，以延长存仓期间的火险责任。保险责任期限从货物运入过户银行指定的仓库时开始，直到过户银行解除货物权益，或运输责任终止时起计算满 30 天为止。

三、特殊附加险（Specific Additional Coverage）

特殊附加险包括战争险和罢工险。特殊附加险与特别附加险一样，不属于一切险责任范畴，必须附加才能得到保障。

（一）战争险（War Risks）

1. 保险责任

（1）直接由于战争、类似战争行为、敌对行为、武装冲突或海盗行为等所造成运输货物的损失。

（2）上述原因所引起的捕获、拘留、扣留、禁制、扣押等所造成的运输货物的损失。

（3）各种常规武器（水雷、炸弹等）所造成的运输货物的损失。

（4）由本险责任范围所引起的共同海损牺牲、分摊和救助费用。

2. 除外责任

（1）在敌对行为中，使用原子或热核制造的武器所致的损失或费用。

（2）执政者、当权者或其他武装集团的扣押、拘留引起的承保航程的丧失和损失。

需要指出的是，战争险的责任期限仅限于水上或运输工具上。战争险的责任起讫是自保险货物装上保险单所载起运港的船舶和驳船时开始，到卸离保险单所载明的目的港船舶或驳船时为止，保险责任最长期限从船舶到达目的港的当日午夜算起以 15 天为限。

（二）罢工险（Strikes Risk）

1. 保险责任

我国保险人对罢工险的保险责任范围如下：

（1）罢工者、被迫停工工人或参加工潮暴动、民众斗争人员的行动所造成的直接损失。

（2）任何人的敌意行动所造成的直接损失。

（3）因上述行动或行为引起的共同海损的牺牲、分摊和救助费用。

2. 除外责任

罢工引起的间接损失为除外责任，即在罢工期间由于劳动力短缺或不能履行正常职责所致的保险货物的损失，包括因此而引起的动力或燃料缺乏使冷藏机停止工作所致的冷藏货物的损失。

第三节　海上货物运输保险专门险

专门保险是指为特殊货物量身设计的专属保险。海上运输货物保险的专门保险有海上运输冷藏货物保险和海上运输散装桐油保险，它们可以独立承保。

一、海上运输冷藏货物保险（Frozen Cargo）

海上运输冷藏货物保险承保海运冷藏货物因自然灾害、意外事故或外来原因所致冷藏货物的腐烂造成的损失。一些进出口货物如鱼、虾、肉、蔬菜、水果等，在海上运输过程中要保持新鲜度，一般需要经过特别处理后，装入船舶的冷藏库或冷藏集装箱内，承运人根据各种鲜货的特征，调整不同的冷藏温度，形成运输的"冷链"。但是，在海上运输过程中，自然灾害、意外事故、外来风险会造成货物的损毁，船舶的冷藏设备或冷藏集装箱失灵也会造成鲜货腐败。

海上运输冷藏货物保险分为冷藏险和冷藏一切险两个条款。

（一）冷藏险（Risk for Frozen Products）

冷藏险的责任范围除负责由于冷藏机器停止工作连续达到 24 小时以上所造成的被保险货物的腐败或损失外，其他赔偿责任与海上货物运输保险中的水渍险的责任范围相同。

（二）冷藏一切险（All Risks for Frozen Products）

冷藏一切险的责任范围除包括冷藏险的各项责任外，还负责赔偿被保险货物在运输途中，由于外来原因所致的腐烂造成的损失。

在海上运输冷藏货物保险中，保险人规定冷藏机器损坏停止工作必须连续达24 小时以上，造成冷藏货物的腐烂或损失，保险人才负责任。保险人规定 24 小时作为是否负责赔偿的时间界限，与国际惯例一致。

（三）海上运输冷藏货物保险的除外责任

海上运输冷藏保险的除外责任与海上货物运输保险的基本险的除外责任大致相同。此外，对以下两点所造成的冷藏货物的损失保险人也不负赔偿责任：

（1）被保险货物在运输过程中的任何阶段，因未存放在冷藏设备的仓库或运输工具中或辅助运输工具没有隔热设备所造成的货物腐败。

（2）被保险货物在保险责任开始时因未保持良好状态，包括整理、加工、包扎不妥，冷冻上的不合规定及骨头变质所引起的货物腐败和损失。

（四）海上运输冷藏货物保险的责任期限

根据冷藏货物运输及贮藏条件的特殊要求，海上运输冷藏货物保险的责任期限做了相应的规定：货物到达保险单所载明的最后卸载港 30 天内卸离船舶，并将货物存入岸上冷藏仓库，保险继续有效，但以货物全部卸离船舶起算满 10 天为止。在上述期限内，货物一经转移出冷藏仓库，保险责任即告终止。如果货物卸离船舶后不存入冷藏仓库，保险责任至卸离船舶时终止。

二、海上运输散装桐油保险（Woodoil in Bulk）

海上运输散装桐油保险承保海上运输的散装桐油，不论任何原因造成的短少、渗漏、玷污和变质的损失，均由保险人负责赔偿。

（一）海上运输散装桐油保险的保险责任

海上运输散装桐油保险的责任范围与海上货物运输保险的责任范围基本相同。同时根据散装桐油这种货物的自身特点，在原有的保险责任基础上增加了如下三项：

（1）不论任何原因导致被保险桐油的短少、渗漏损失，且超过保险单规定的免赔率时。

（2）不论任何原因导致被保险桐油玷污或变质损失。

（3）被保险人对遭受承保责任的危险的桐油采取抢救、防止或减少货损的措施而支付的合理费用，由保险人支付，但是不超过该批被救桐油的保险金额。

（二）海上运输散装桐油保险的除外责任

海上运输散装桐油保险的除外责任与海上货物运输保险的基本险相同。

（三）海上运输散装桐油保险的责任期限

海上运输散装桐油保险的责任期限是按"仓至仓"条款执行，其具体内容如下：

（1）自桐油运离保险单所载明的起运港岸上油库或盛装的容器开始运输时生效，直到安全运至保险单所载明目的地的岸上油库时为止。如果桐油不及时卸离船舶或未交至岸上油库，最长保险期限以船舶到达目的港后 15 天为止。

（2）在非正常运输情况下，桐油运到非保险单所载明的目的港时，应在到达港口 15 天内卸离船舶，在卸离船舶后满 15 天责任终止。如 15 天内货物再就地出售，保险责任以交货时为止。

（3）桐油在上述非正常运输情况下，如 15 天内继续运往保险单所载原目的地或其他目的地，保险责任按上述（1）款的规定终止。

（四）保险人承保散装桐油时注意事项

（1）被保险人在起运港口必须取得下列检验证书，否则保险人对桐油品质的损失不负责任：船上油舱在装船前必须清洁，并经在场的商品检验局代表检验，出具合格的证书；桐油装船后的容量或重量和温度必须由商检局详细检验并出具证书；装船桐油的品质应由商品检验局抽样化验出具合格的证书，证明在装运时确无玷污、未变质。

（2）在非正常运输情况下，如果桐油必须卸货，应在卸货前进行品质鉴定并取得证明书，对接受能卸桐油的船舶或其他容器，均须向当地合格的检验人申请检验，并取得证书。

（3）桐油运抵保险单所载目的地后，被保险人必须在卸货前通知保险单上指定的检验、理赔代理人，由其指定的检验人进行检验。检验时，确定卸货时油舱的温度、容量、重量，并由代理人指定合格化验师一次或数次抽样化验，出具确定当时品质状况的证书。

海上运输货物保险的有关条款汇总如表9-1所示。

表9-1　海上运输货物保险的有关条款汇总

海上运输货物保险	基本险（主险）	平安险		
		水渍险		
		一切险		
	附加险	一般附加险	11种	偷窃、提货不着险；淡水雨淋险；短量险；混杂、沾污险；渗漏险；碰损、破碎险；串味险；受潮受热险；钩损险；包装破碎险；锈损险
		特别附加险	6种	交货不到险；进口关税险；舱面险；拒收险；黄曲霉素险；出口货物到香港或澳门存仓火险责任拓展条款
		特殊附加险	2种	战争险；罢工险
	专门险	海上运输冷藏货物保险		
		海上运输散装桐油保险		

三、被保险人的义务（Duty of the Insured）

与其他保险合同一样，海上货物运输保险合同对保险人和被保险人都规定了权利和义务。保险人承担货物因发生保险事故而遭到损失的赔款义务，被保险人履行缴付保险费的义务，我国《海上货物运输保险条款》还规定了以下义务：

（1）如实告知的义务；

（2）遵守安全运输规定的义务；

（3）及时通知和迅速施救的义务；

（4）提供灾害事故原因、损失情况的义务；

（5）向第三者责任提出索赔的义务；

（6）充分利用损余物资的义务。

第四节　英国伦敦协会货物保险条款

伦敦协会货物保险新条款的全称是 Institute of London Underwriters Cargo Clauses，简称 I. C. C. 条款，分别以（A）（B）（C）字母命名，以取代旧条款中"All Risks，With Particular Average and Free from Particular Average"（一切险、水渍险和平安险）。

该条款 2009 年版是在 1982 年版的基础上修改而成的，有些条款有文字上的修改，有些条款是根据海上货物运输保险的最新发展新增加的内容，但是大体框架没有改变①。需要指出的是，这里的条款介绍是说明和解释性的，与英文原文的序号不完全一致，序号以英文原文为准，参见本书附录五、附录六、附录七。

一、协会货物（A）险条款的内容（Main Contents of ICC［A］）

（一）承保风险（Risks Covered）

这部分共包括 3 个条款，即风险条款（Risks Clause）、共同海损条款（General Average Clause）和船舶互撞责任条款（Both-to-Blame Collision Clause）。

1. 风险条款

由于（A）险条款的承保责任范围较广，不便把全部承保风险逐项列举，于是采用了一切险减除外责任的方式表述，即保险人负责除规定的除外责任（第 4、5、6、7 条）以外的一切风险所造成的货物灭失或损坏。

2. 共同海损条款

保险人对共同海损牺牲、共同海损分摊和救助费用负责赔偿，但是如果共同海损是因除外风险责任引起的，保险人不予赔偿。

3. 船舶互撞责任条款

根据运输合同中订有的船舶互撞责任条款的规定，保险人赔偿被保险人在该条款中应承担的赔偿责任。当承运人根据该条款进行索赔时，被保险人同意通知保险人为被保险人进行辩护，费用由保险人支付。

（二）除外责任（Risks Excluded）

这部分共包括 4 个条款，即一般除外责任条款、不适航不适货除外责任条款、战争除外责任条款和罢工除外责任条款。

1. 一般除外责任条款（General Exclusion Clause）

（1）被保险人的故意的违法行为所造成的损失或费用。

（2）货物的自然渗漏、重量或容量的自然损耗或自然磨损。

（3）由于保险标的包装不牢固或包装不当或配装不当造成无法抵抗运输途中

---

① 王莹. 2009 年伦敦协会货运险条款较 1982 年版的变化［J］. 上海保险，2009（7）：9-13.

发生的通常事故而产生的损失或费用。此情况适用于该种包装或配载是由被保险人或其受雇人完成，或者该种包装或配载是在本保险责任开始前完成（本条所称的包装包括集装箱；本条所称的雇员不包括独立合同商）。

（4）货物由于自身的固有缺陷或特性所造成的损失或费用。

（5）由延迟引起的损失或费用，即使该延迟由于承保风险所引起［上述（2）可以赔付的费用除外］。

（6）由于船舶所有人、经理人、承租人或经营人破产或经济困难造成的损失或费用。此情况适用于在保险标的装上船舶之时，被保险人知道或被保险人在正常业务经营中应当知道此种破产或者经济困难会导致该航程取消（本条除外条款不适用于当保险合同已经转让给另一方，即另一方已经受保险合同的约束购买或同意购买保险标的且善意受让该保险合同）。

（7）由于使用任何原子或热核武器等造成的损失或费用。

2. 不适航不适货除外责任条款（Unseaworthiness and Unfitness Exclusion Clause）

（1）被保险人在货物装船时已经知道船舶或驳船不适航以及船舶或驳船不适合安全运输保险标的所引起的损失或费用。

（2）集装箱或运输工具不适合安全运输保险标的，适用于在本保险合同生效前装货已经开始，或者被保险人或其雇员在货物装船时已经知道上述情况。

（3）上述（1）所说的除外条款不适用于当保险合同已经善意转让给另一方，另一方已经受保险合同的约束购买或同意购买保险标的。

（4）保险人放弃船舶适航或船舶适合运输保险标的运往目的地的默示保证。

3. 战争除外责任条款（War Exclusion Clause）

（1）战争、内战、革命、叛乱或由此引起的内乱和敌对行为所造成的损失或费用。

（2）捕获、拘留、扣留、禁制、扣押（海盗行为除外）所造成的损失或费用。

（3）遗弃的水雷、鱼雷、炸弹或其他遗弃的战争武器所造成的损失或费用。

在战争除外责任条款中，协会货物保险条款（A）险没有把海盗行为列入除外责任。我国海上货物运输保险条款将海盗行为列在货物战争险条款中加以承保。

4. 罢工除外责任条款（Strikes Exclusion Clause）

（1）罢工者、被迫停工工人或参加工潮、暴动或民变人员。

（2）罢工、被迫停工、工潮、暴动或民变。

（3）恐怖主义行为或与恐怖主义行为相联系，任何组织通过暴力直接实施的旨在推翻或影响法律上承认的或非法律上承认的政府的行为。

（4）任何人出于政治、信仰或宗教目的实施的行为。

（三）保险期限（Duration）

这部分包括3个条款，即运送条款、运输合同终止条款和航程变更条款。

1. 运送条款（Transit Clause）

（1）本保险责任始于货物运离保险单载明的地点仓库或储存处所开始运送之

时，在通常运输过程连续，终止于：

第一，在保险单载明之目的地交付到收货人的或其他最后仓库或储存处所；

第二，在保险单载明之目的地或之前交付的任何其他仓库或储存处所，其由被保险人用作通常运送过程以外的存储、分配或分派；

第三，或者被保险货物在最后卸货港全部卸离海船满60天。

以上各项以先发生者为准。

（2）如果在最后卸货港卸离海轮后，但在本保险责任终止前，货物被发送到非本保险承保的目的地，本保险在依然受前述规定的终止所制约的同时，截至开始此种其他目的地运送之时。

（3）在被保险人无法控制的任何运输延迟、任何绕航，被迫卸货，重新装载、转运以及承运人运用运输合同授予的权力所做的任何航海上的变更的情况下，本保单仍然继续有效（但需要受上述条款有关终止的规定和下述条款的规定制约）。

2. 运输合同终止条款（Termination of Contract of Carriage Clause）

如果由于被保险人不能控制的情况，运输合同在载明的目的地以外的港口或地点终止，或运送在如同上述条款的规定的交付货物前另行终止，那么本保险也终止。但若迅速通知了保险人并在本保险有效时提出继续承保的要求，以受保险人要求的附加保险费的制约为前提，本保险继续有效。

（1）直至货物在此港口或地点出售并交付，或者除非另有特别约定，直至保险货物到达此港口或地点满60天，两者以先发生者为准。

（2）如果货物在上述60天（或任何约定的延展期间）内被运往运输合同载明的目的地或其他目的地，则根据上述条款的规定而终止。

3. 航程变更条款（Change of Voyage Clause）

当本保险责任开始后，被保险人变更目的地，应立即通知保险人，并另行商定保险费率和条件。在此费率和条件达成一致前，出现保险事故，只有在保险费率和保险条件符合合理的市场行情情况下，本保险才会仍然有效。

（四）索赔（Claims）

这部分包括4个条款，即可保利益条款、续运费条款、推定全损条款和增值条款。

1. 可保利益条款（Insurable Interest Clause）

（1）在保险标的发生损失时，被保险人必须对保险标的具有可保利益。

（2）即使损失发生在本保险期间或订立合同之前，被保险人也有权得到赔偿，除非被保险人知道损失发生，而保险公司不知道。

2. 续运费条款（Forwarding Charge Clause）

续运费条款是对协会条款（A）险、（B）险和（C）险均适用的一个共同性条款。它规定在上述基本险的三种险别承保范围内，由于承保的风险造成运输航程在非保险单所载明的港口或处所终止，被保险人为将货物卸下、存仓和转运至保险单所载明的目的地所支出的运费及其他任何额外费用，均由保险人负责赔偿。

3. 推定全损条款（Construclive Total Loss Clause）

推定全损条款规定由于实际全损已不可避免，或因恢复、整理及运往保险单载明的目的地的费用超过其到达目的地的价值时，保险人才对推定全损给予赔付。

4. 增值条款（Increased Value Clause）

增值条款是根据货物贸易的特点，参照船舶保险中的增值条款而制定的。

伦敦协会货物保险新条款为适应买方的上述需要列入这一增值条款，规定保险人可以同样条件对增值部分进行承保；在发生损失索赔时，以先前卖方投保的金额与买方就增值部分投保的金额相加作为计算赔款的基数，也就是说，保险人按增值保险的保险金额与两者相加的全部保险金额的比例来计算赔款。

增值条款规定，如果被保险人对本保险单项下承保的货物办理任何增值保险，则货物的约定价值应视为增至本保险的保险金额加上所有承保该项损失的增值保险的总和。本保险的责任按照本保险金额与总保险金额的比例计算。

（五）保险权益（Benefit of Insurance）

（1）保障被保险人，包括根据本保险合同提出索赔的人员或收货人。

（2）除非有特别说明，承运人或其他受托人不享受本保险的利益。

（六）减少损失（Minimizing Losses）

这部分包括2个条款，即被保险人义务条款和放弃条款。

1. 被保险人义务条款（Duty of Insured Clause）

被保人义务条款规定，被保险人及其雇员和代理人对保险项下的索赔承担如下义务：

（1）为避免或减少损失而应采取合理措施。

（2）保证保留和行使对承运人、受托人或其他第三者追偿的权利。

保险人对被保险人因履行这些义务而支出的任何适当或合理费用给予补偿。

2. 放弃条款（Waive Clause）

放弃条款规定：当保险标的发生损失时，被保险人或保险人为施救、保护或修复保险标的所采取的措施，不应视为放弃或接受委付，或影响任何一方的利益。

这一规定明确了保险双方中的任何一方对受损保险标的进行施救以后，另一方不能因此而认为对方已放弃了保险合同所规定的权利，也就是保险人不能把被保险人的施救行为看作放弃委付权利，被保险人不能把保险人做出的减少保险标的的损失的措施看作已接受委付，亦即放弃了以后拒绝接受委付的权利。

（七）防止延迟（Avoidance of Delay）

合理处置条款（Reasonable Despatch Clause）规定：被保险人对其所投保的货物在发生事故后，必须在其力所能及的情况下，以合理的方式迅速处理。

（八）法律与惯例（Law and Practice）

英国法律与惯例条款（English Law and Practive Clause）规定：本保险适用英国法律和惯例。

（九）注意（Note）

此条注意事项一般被置于协会条款的底部。它不仅是一个良好的提醒，而且表述了普通法中一条确定的规则，就是被保险人可以续保的先决条件是知道后应迅速通知保险人，以防止被保险人观望不报，在发生损失后才寻求续保并逃避支付附加保险费等情况。2009年版伦敦协会货物保险条款将续保的事件认为是根据条款发生需要要求延长保险期限或根据条款发生航程目的地变更，更为清楚明确。该条款规定，发生需要要求延长保险期限或根据条款发生航程目的地变更，被保险人有义务应迅速书面通知保险人，其对本保险的权利取决于是否履行上述义务。

值得注意的是，2009年版伦敦协会货物保险条款只修改了协会货物（A）险条款、（B）险条款、（C）险条款还是1982年版伦敦协会货物保险原来的内容，没有什么改动。

拓展阅读

英国海上货物保险条款的发展经历了三次变革。第一次是劳合社S.G.标准格式保险单的问世。S是"ship"的第一个字母，G是"goods"的第一个字母。它作为英国1906年《海上保险法》的附件，在世界海上保险市场上产生了一定的影响，许多国家长期以来都把S.G.保险单作为蓝本来制定自己的海上运输货物保险单。第二次是1963年版伦敦协会货物保险条款的制定。伦敦协会货物保险条款采用了平安险、水渍险和一切险三

伦敦保险协会
货物保险条款

个险别，为投保人根据需要选择投保提供了方便。第三次是1982年版伦敦协会货物保险新条款的推出。1982年版伦敦协会货物保险条款的实施是英国保险史上的一次巨大的变革，它将三个基本险别的名称分别以（A）（B）（C）替代，各个险别之间责任范围的区别更加明确，适应了当今国际保险市场发展的需要。

早在17世纪，英国就成为世界贸易、航运和保险事业的中心。在英国海上保险发展的过程中，劳合社S.G.保险单逐渐成为国际海上保险的主要保单格式。劳合社把S.G.保险单作为一种标准保单形式确定下来是在1779年1月12日。到1795年，它已取代了所有其他形式的海上保险单。1899年的英国海上保险提案中承认劳合社S.G.保险单为海上保险的标准保险单。1906年，英国议会通过了《1906年海上保险法》，该法把劳合社S.G.保险单正式列为其第一附件。从此以后，劳合社S.G.保险单就成为英国法定的海上保险单。

由于现代国际海上贸易航运业的迅速发展，S.G.保险单提供的保障远远不能满足其需要，伦敦保险协会的技术与条款委员会从1912年起开始制定协会货物保险条款，将其作为劳合社S.G.保险单的附加条款。经过多次修订后，在1963年终于形成了一套完整的海上运输货物保险条款，即伦敦协会货物保险条款（简称I.C.C.旧条款）。这套条款中包括了平安险条款、水渍险条款和一切险条款，使投保人在为货物投保时增加了选择的余地。此外，如果投保人不投一切险，还可以选择加保个别的所谓外来风险，如无法证明损失原因的"偷窃、提货不着险"。1963年版伦敦协会货物保险条款对于海上保险责任期限也扩大到"仓至仓"的范围，

使被保险人在海上航程之外的两端也能得到相应的保障。然而这套条款仍旧要依附于格式陈旧、文字古老、词意难懂的S.G.保险单使用，因此遭到不少国家贸易、航运和保险界人士的批评。1978年，联合国贸易和发展会议（United Nations Conference on Trade and Development）对航运方面的文件进行了全面调查后，要求英国对劳合社S.G.保险单和1963年版伦敦协会货物保险条款进行修改。1982年版伦敦协会货物保险新条款和与之相适应的新保险单在伦敦保险市场上开始使用，劳合社的S.G.保险单与1963年版伦敦协会货物保险条款于1983年3月31日停止使用。

二、协会货物（B）险条款的内容（Main Contents of ICC［B］）

协会货物（B）险取代了旧条款的水渍险，两者的内容基本相似。

（一）承保范围（Risks Covered）

与协会货物（A）险一样，协会货物（B）险的这一部分也包括风险条款、共同海损条款和船舶互撞责任条款3个条款。协会货物（B）险对于承保的风险，采用列明风险的方式，其责任范围显然比旧条款更加明确。

（1）火灾或爆炸。

（2）船舶或驳船发生搁浅、触礁、沉没或倾覆。

（3）陆上运输工具倾覆或出轨。

（4）船舶、驳船或运输工具与除水以外的任何外界物体碰撞。

（5）在避难港卸货。

（6）地震、火山爆发或雷电。

（7）共同海损牺牲。

（8）抛弃货物、浪击落海。

（9）海水、湖水或河水进入船舶、驳船、运输工具、集装箱海运箱或贮存处所。

（10）货物在装卸时落海或跌落造成整件的全损。

（二）除外责任（Risks Excluded）

协会货物（B）险的除外责任基本上与协会货物（A）险的相同，只是在如下两点存在差异：

（1）在一般除外责任中，协会货物（B）险增加了一条"由于任何个人或数人非法行动故意损坏或故意破坏保险标的或其任何部分"的损失或费用，不承担赔偿责任。

（2）在战争除外责任中规定"捕获、拘留、扣留、禁制、扣押以及这种行动的后果或这方面的企图"所造成的损失或费用不予承保，而协会货物（A）险中"海盗行为除外"，这说明协会货物（A）险把海盗行为作为承保风险。而协会货物（B）险将海盗行为列为除外责任，对海盗行为所造成的损失不承担责任。

协会货物（B）险其余 6 个部分与协会货物（A）险完全一致，在此不一一列出。

三、协会货物(C)险条款的内容（Main Contents of ICC［C］）

协会货物（C）险取代了旧条款的平安险。两者内容差别不大，但是协会货物（C）险把风险一一列出，责任范围更加明确。

（一）承保范围（Risks Covered）

协会货物（C）险的这一部分内容如同协会货物（A）险和协会货物（B）险，同样包括风险条款、共同海损条款和船舶互撞责任条款。这里只阐述风险条款内容。协会货物（C）险承保的风险包括：

（1）火灾或爆炸。

（2）船舶或驳船发生搁浅、触礁、沉没或倾覆。

（3）陆上运输工具倾覆或出轨。

（4）船舶、驳船或运输工具与除水以外的任何外界物体碰撞。

（5）在避难港卸货。

（6）共同海损牺牲。

（7）抛弃货物。

从协会货物（C）险的承保范围可以看出，其承保责任小于协会货物（B）险。因为没有列入地震、火山爆发或雷电，海水、湖水或河水进入船舶、驳船、运输工具、集装箱、大型海运箱或把浪击落海，货物在装卸时落海或跌落造成整件全损。

（二）除外责任（Risks Excluded）

协会货物（C）险的除外责任与协会货物（B）险的完全相同，因此如果被保险人需要保险人对其货物因任何个人或数人的恶意行为而造成的损失提供保险保障，必须加保恶意损害险。因此，协会货物（C）险对海盗行为所造成的损失不承担责任。

四、协会货物战争险条款、货物罢工险和恶意损害险条款

（一）协会货物战争险条款

新条款对于承保危险的表述比旧条款清楚，具体内容如下：

1. 承保范围（Risks Covered）

（1）战争、内战、革命、叛乱、颠覆或由此引起的内讧以及交战国的或对抗交战国的敌对行为。

（2）上述第（1）条款引起的捕获、扣押、拘留、禁制或扣留及其后果或这方面的任何企图造成的损失。

（3）遗弃的水雷、鱼雷、炸弹或遗弃的其他战争武器。

（4）由于承保的风险引起的共同海损牺牲、分摊和救助费用。

2. 除外责任（Risks Excluded）

协会货物新条款的战争险，其除外责任与协会货物（A）险一样，也包括（A）险所列的一般除外责任，即被保险人的故意行为、货物自然损耗、货物固有缺陷、延迟、船东破产和核武器等以及不适航、不适货除外责任。

3. 保险期限（Duration）

（1）在一般情况下，保险责任从货物装上起运港的船舶开始，到卸离目的港船舶至岸上为止，或者自船舶到达目的港当日午夜起算满15天为止。

（2）如果在中途港口转船，不论货物是否在当地卸载，保险责任以船舶抵达该港或卸货地点的当日午夜起算满15天为止，以后再装上船舶时恢复有效。

（3）在遭遇到由于浮在水面或沉在水下的遗弃水雷、鱼雷所造成的危险情况下，保险责任可延长到货物被装上驳船运往船舶或从船舶卸到驳船上为止，但最长不超过从船舶卸下后起算的60天。

（4）保险责任开始后，被保险人如果变更目的地，只要及时通知保险人，并另行商定保险费和保险条件。

（二）协会货物罢工险条款

1. 承保责任范围

（1）罢工者，被迫停工工人，参加工潮、暴动或民众骚乱人员造成的损失。

（2）恐怖主义者或出于政治目的采取行动的人造成的损失。

2. 除外责任

协会货物罢工险的除外责任与新条款的战争险的除外责任基本一样，也包括一般除外责任、船舶不适航不适货除外责任。在一般除外责任中，增加了如下两条：

（1）由于罢工、停工、工潮、暴动或民众骚乱造成劳动力缺乏、短少和扣押所引起的损失或费用。

（2）由于战争、内战、革命、叛乱或由此造成的内乱，或由交战力量引起的敌对行为所造成的损失。

协会货物新条款的罢工险承保由于罢工引起的直接损失，对间接损失不承担责任。

3. 保险期限

协会货物罢工险的保险期限与协会货物新条款的货物保险完全一致。

（三）恶意损害险条款（Malicious Damage Clauses）

恶意损害险条款用于协会货物（B）险和（C）险的附加条款。因为协会货物新条款中的（B）险和（C）险对于"由于任何个人或数人非法行动故意损坏或故意破坏保险标的或其任何部分"的损失或费用是不承担赔偿责任的，如果被保险人想获得这方面的保障，就可以附加这一条款。值得注意的是，协会货物新条款（A）险中，把恶意损害作为保险责任予以承保。

为了便于记忆和比较，本书把协会货物新条款中（A）险、（B）险和（C）险的承保风险列表如表9-2所示。

表9-2 协会货物（A）险、（B）险和（C）险的承保风险范围比较

伦敦协会货物保险承保风险责任范围	（A）	（B）	（C）
1. 火灾、爆炸造成的损失	Yes	Yes	Yes
2. 船舶、驳船的触礁、搁浅、沉没、倾覆造成的损失	Yes	Yes	Yes
3. 陆上运输工具的倾覆或出轨造成的损失	Yes	Yes	Yes
4. 船舶、驳船或运输工具同除水以外的任何外界物体碰撞造成的损失	Yes	Yes	Yes
5. 在避难港卸货的费用和损失	Yes	Yes	Yes
6. 地震、火山爆发或雷电造成的损失	Yes	Yes	No
7. 共同海损牺牲的费用和损失	Yes	Yes	Yes
8. 共同海损分摊和救助费用	Yes	Yes	Yes
9. 运输合同订有"船舶互撞责任"条款，根据该条款的规定，应由货主偿还船方的损失	Yes	Yes	Yes
10. 抛弃货物造成的损失	Yes	Yes	Yes
11. 浪击落海造成的损失	Yes	Yes	No
12. 海水、湖水或河水进入船舶、驳船、集装箱、大型海运箱或贮存处	Yes	Yes	No
13. 货物在船舶或驳船装卸时落海或跌落造成任何整件全部损失	Yes	Yes	No
14. 被保险人以外的其他人（船长、船员等）的故意违法行为造成的损失	Yes	No	No
15. 海盗行为造成的损失	Yes	No	No
16. 由于一般外来原因造成的损失	Yes	No	No

说明："Yes"表示承保风险，"No"表示免责风险。

课后练习题（九）

一、名词解释

1. 淡水雨淋险

2. 进口关税险

3. 舱面险

4. 黄曲霉素险

5. 拒收险

二、是非判断题

1. 货物运输保险中的"货物"是具备商品性质的货物，但是不包括包装材料及标签在内。　　　　　　　　　　　　　　　　　　　　（　）

2. 1992 年《中华人民共和国海商法》第二条对海上运输的定义："本法所称海上运输，是指海上货物运输和海上旅客运输，包括海江之间、江海之间的直达运输。"　　　　　　　　　　　　　　　　　　　　　　　　　　　　（　）

3. 班轮运输固定航线、固定时间、固定靠港，费率相对固定。班轮运输不限货物数量，便利分批零星货运，因此适合于大额成交的贸易。　　　（　）

4. 租船运输没有预订的船期表，只根据承租人的需要与出租人签订租船合同安排运输事宜。租船运输主要是从事货量大、运费相对较低的大宗货物的运输。　（　）

5. 我国海上货物运输保险条款参照了伦敦协会货物运输旧条款制订而成，基本险有平安险、水渍险、一切险三种和特殊附加险。　　　　　　（　）

6. 一切险中的保险责任所指的"外来原因"并非运输途中的一切外来风险，而是一般附加险中的 11 种风险。　　　　　　　　　　　　　　（　）

7. 交货不到险是指从被保险货物装上船舶开始，5 个月以内不能运到目的地的交货，保险人将按全部损失赔偿。　　　　　　　　　　　　　（　）

8. 海上运输冷藏货物保险承保海运冷藏货物因自然灾害、意外事故或外来原因造成冷藏货物的腐烂造成的损失，可分为冷藏险和冷藏一切险两类。　（　）

9. 1982 年《伦敦保险协会货物条款》中的恶意损害险条款是（A）险、（B）险和（C）险的附加条款。其中"由于任何个人或数人非法行动故意损坏或故意破坏保险标的或其任何部分"的损失或费用由附加险承保。　　　　　（　）

10. 无论灭失与否条款是指双方在签订保险合同时，保险标的实际上已经灭失，事后才被发现，保险人仍负责赔偿。保险标的事实上已经安全到达目的港，事后才知道，保险人不退还已收取的保险费。　　　　　　　　　　（　）

三、单项选择题

1. 我国海上货物运输保险条款的保险责任范围从小到大排列，正确的是（　）。

  A. 水渍险，一切险，平安险　　　　　B. 平安险，一切险，水渍险

  C. 平安险，水渍险，一切险　　　　　D. 水渍险，平安险，一切险

2. "仓至仓"条款规定，被保险货物运抵卸货港口，并全部卸离船舶后，但未被收货人立即运到自己的仓库，保险责任可以从货物全部卸离船舶时起算满（　）日终止。

  A. 30　　　　　　　　　　　　　　　B. 60

  C. 90　　　　　　　　　　　　　　　D. 180

3. 按照有关规定，如果被保险货物遭受偷窃行为遭受损失，被保险人必须在提货后（   ）日内申请检验。

    A. 5 日   B. 10 日

    C. 15 日   D. 30 日

4. 在海上货物运输保险中，对货物的偷窃做了明确的解释，一般附加险中有一条"偷窃、提货不着险"。其中的"偷"是指（   ）。

    A. 整件货物被偷走   B. 整件货物中一部分被窃取

    C. 公开的使用暴力手段劫夺   D. A 和 B 选项均是

5. 海上货物运输战争险的保险期限与海上货物运输保险基本险的责任期限不一样，前者采用的是（   ）。

    A. "仓至仓"条款

    B. "舱至舱"条款

    C. 从货物装上船舶或驳船开始负责到卸离船舶或驳船为止

    D. 从货物离开仓库或储存地方开始负责到达新仓库或储存地点为止

6. 我国海上货物运输保险条款中的水渍险的责任范围大于平安险，但小于一切险的责任范围。水渍险的责任范围是（   ）。

    A. 平安险的各项责任加上由于海上自然灾害所造成的部分损失

    B. 只对货物遭受海水损失予以赔偿

    C. 只对单独海损负责赔偿

    D. 只要是单独海损都是责任范围。

7. 交货不到险是指保险货物装上船舶时开始，不论由于何种原因，如保险货物不能在预定抵达目的地日期起（   ）个月以内交货，保险人将赔付全部损失，该货物的全部权益应转移给保险人。

    A. 1 个月   B. 3 个月

    C. 6 个月   D. 9 个月

8. 我国海上货物运输保险条款中的附加险包括一般附加、特别附加和特殊附加险三种。有关特殊附加险的叙述中，错误的表达是（   ）。

    A. 特殊附加险包括战争险和罢工险

    B. 被保险人投保了战争险，加保罢工险，保险人不另外收费

    C. 被保险人只投保罢工险，按战争险费率缴付保险费

    D. 海上货物运输战争险的保险期限是"仓至仓"条款

9. 投保了海上货物运输短量险的货物，如果其包装无破裂、扯缝等异常情况而发生的短量，则保险人（   ）赔偿责任。

    A. 承担   B. 不承担

    C. 按比例承担   D. 以上皆不对

10. 对于装载于舱面的货物来说，投保人只有投保了附加险，才能得到保险的保障。如果是雨淋所致损失，应该由（　　）承担赔偿责任。

A. 平安险　　　　　　　　　　　B. 水渍险

C. 淡水雨淋险　　　　　　　　　D. 受潮受热险

四、思考题

1. 简述我国货物运输保险的基本险和附加险包括哪些。

2. 简述我国货物运输保险条款中平安险的保险责任。

3. 列举我国货物运输保险基本险的除外责任。

4. 我国货物运输保险条款中一般附加险与特别附加险有哪些不同？

5. 伦敦保险协会货物保险条款（B）险条款与我国货物运输保险中水渍险（W.P.A）条款有哪些不同？

五、案例分析

1. 我国 A 公司与某国 B 公司于 2001 年 10 月 20 日签订了购买 52 500 吨化肥的 CFR 合同。A 公司开出信用证规定，装船期限为 2002 年 1 月 1 日至 1 月 10 日，由于 B 公司租来运货的"顺风号"轮在开往某外国港口途中遇到飓风，结果装至 2002 年 1 月 20 日才完成。承运人在取得 B 公司出具的保函的情况下签发了与信用证条款一致的提单。"顺风号"轮于 1 月 21 日驶离装运港。A 公司为这批货物投保了水渍险。2002 年 1 月 30 日"顺风号"轮途经巴拿马运河时起火，造成部分化肥烧毁。船长在命令救火过程中又造成部分化肥湿毁。由于船在装货港口的延迟，使该船到达目的地时正遇上了化肥价格下跌。A 公司在出售余下的化肥时价格不得不大幅度下降，给 A 公司造成很大损失。请根据上述事例，回答以下问题：

（1）途中烧毁的化肥损失是单独海损还是共同海损？应由谁承担？为什么？

（2）途中湿损的化肥损失属是单独海损还是共同海损？应由谁承担？为什么？

（3）A 公司可否向承运人追偿由于化肥价格下跌造成的损失？为什么？

2. 国内某公司向银行申请开立信用证，以 CIF 条件向法国采购奶酪 3 吨，价值 3 万美元，提单已经收到，但货轮到达目的港后却无货可提。经过检验查明，该轮在航行中因遇暴风雨袭击，奶酪被水浸泡，船方将奶酪弃于海中。根据所学条款判断：保险公司在什么险别中可以拒赔？什么险种承担赔偿责任？为什么？

第十章 海上船舶保险概述

　　船舶保险属于财产保险的范畴，是海上保险的一个重要险种。在现代商业保险中，船舶保险是最早以保险合同文件确立保险人与被保险人之间的法律合同关系的险种，因此船舶保险是现代商业保险的鼻祖。

第一节 海上船舶的种类

一、船舶的种类（Types of Hull）

船舶是为运输人员或货物而被用于水面或水中的航行工具。

《中华人民共和国海商法》中有关于船舶的具体定义。船舶的种类多种多样，从不同的角度分类会产生不同的分类方法，通常的分类方法有以下几种：

第一，按船舶的用途不同分类，船舶可分为民用船舶和军用船舶。

第二，按船舶的航行区域不同分类，船舶可分为远洋、近海、内河船舶等。

第三，按船体的材料不同分类，船舶可分为钢质、铝合金、玻璃钢、水泥、木质船舶等。

第四，按船舶的动力方式不同分类，船舶可分为机动船舶、非机动船舶。

第五，按法律调整范围不同分类，船舶可分为商船、军船、公务船。

但并非所有的船舶都是船舶保险的对象。船舶保险承保的船舶以从事海上运输和海上作业的商船为主。

商船可分为运输船舶、工程船舶、供应船舶、渔业船舶、海洋开发船舶、特殊船舶。此处，我们主要介绍运输船舶（客船和货船）。

（一）客船类（Passenger Vessel）

1. 客船

这种船舶是专门用来载运旅客及其携带的行李的船舶，大多为定期班轮（见图10-1）。客船又分为远洋客船、沿海客船和内河客船三种。根据《国际海上人命安全公约》的规定，凡载客超过12人的船舶均应视为客船，而不管其是否以载客为主。

图10-1 左图为客船，右图为客货两用船（图片来源：全景网）

2. 客货船（Passenger and Cargo Vessel）

客货船是指在运送旅客的同时，还载运相当数量的货物，并以载客为主、载货为辅的船舶（见图10-1）。这种船一般有2~3个货舱，通常设计为"两舱不沉制"，并为定期定线航行，其结构与安全设备均应符合客船标准。

（二）货船类（Cargo Vessel）

货船是指主要用于运输货物的船舶。货船可分为定期（固定开船时间和路线）和不定期（不固定开船时间，有货物才运载）两种方式。按构造的差别和装载货物的不同，货船大致可分为以下几类：

1. 干货船（Dry Cargo Vessel）

干货船是以运载干燥货物为主，也可运载桶装液态货物的船舶，可分为杂货船、散装货船、木材船和冷藏船。

（1）杂货船（General Cargo Vessel）。杂货船一般是指定期航行于货运繁忙的航线，以装运零星杂货为主的船舶。这种船航行速度较快，船上配有足够的起吊设备，船舶构造中有多层甲板把船舱分隔成多层货柜，以适应装载不同货物的需要。杂货船用于装载日用百货、食品等杂货，也可装载谷物、木材等散杂货等。

（2）散装货船（Bulk Carrier）。散装货船用于装载大宗散装货物，如煤、砂、矿石、谷物、糖、化肥等。

（3）木材船（Timber Carrier）。木材船是专门运载原木和木材的货船，其船型与散装货船相近，也可在甲板上载货，因此在甲板两舷设有支柱护栏。

（4）冷藏船（Refrigerated Vessel）。冷藏船是专门用于装载需冷冻的易腐货物的船舶（见图10-2）。船上设有冷藏系统，能调节多种温度以适应各舱货物对不同温度的需要。冷藏船主要用于装载新鲜水果、肉类以及适合冷藏的货物。

2. 液态货船（Fluid Carrier）

液态货船主要用于装载液体石油、液化气以及液体化学品等。这些物品大多易燃、易爆，有的还有剧毒。因此，液态货船都经过专门设计，配备有特殊设备，以保证运输的安全（见图10-2）。

图10-2　左图为冷藏船，右图为液态货船（图片来源：全景网）

（1）油船（Oil Tanker）。油船主要运送散装石油类货物，其特点多为单甲板、尾机型、双层底，不设大舱口，有众多的管系和阀门，货油要通过管道进行装卸。《国际防止船舶造成污染公约》（MARPOL公约）对油船的防污染有极为严格的要求。由于世界各国对能源的需求越来越大，因此世界上油船的船队约占商船船队总吨位的 40%，居各类船舶的第一位，超级油轮也越来越多，单船最大载重量已达56 万吨。

（2）化学品船（Chemical Tanker）。化学品船主要运送液态化学品货物，其外形与内部结构同油船相似，其装运的液态化学品多为有毒、易燃或强腐蚀性物质。为了便于装载和防止泄漏，货舱分隔得较小，有的货舱还采用部分或全部的不锈钢材料，以提高抗腐蚀能力。整船采用双层底的设计，以增强其防污染的能力。

（3）液化天然气船（Liquified Natural Gas Carrier）。液化天然气船简称"LNG船"，主要运送散装液化天然气货物。天然气的主要成分是甲烷，在常压下的液化温度是零下 164 度，必须做加压处理，以降低其液化温度。因此，货舱的材料和隔热装置必须满足耐压和超低温运输的要求。其货舱的形状有球体、棱柱体等。

（4）液化石油气船（Liquified Petroleum Gas Carrier）。液化石油气船简称"LPG船"，主要运送散装液化石油气货物。石油气的主要成分是丙烷。丙烷可以在常温下加压液化，也可以在常温下冷冻液化。大型船舶一般采用冷冻液化方式，中小型船舶一般采用加压液化方式。其货舱的形状有球体、圆柱体等。

3. 集装箱船（Container Vessel）

集装箱船可分为部分集装箱船、全集装箱船和可变换集装箱船三种（见图 10-3）。部分集装箱船仅以船的中央部位作为集装箱的专用舱位，其他舱位仍装普通杂货。全集装箱船专门用以装运集装箱的船舶。货舱内有格栅式货架，装有垂直导轨，便于集装箱沿导轨放下，四角有格栅制约，可防倾倒。集装箱船的舱内可堆放 3～9层集装箱，甲板上还可堆放 3～4 层。可变换集装箱船货舱内装载集装箱的结构为可拆装式的。因此，它既可装运集装箱，也可装运普通杂货。

图 10-3　左图为集装箱船，右图为滚装船（图片来源：全景网）

集装箱船航速较快，大多数船舶本身没有起吊设备，需要依靠码头上的起吊设备进行装卸。集装箱船的特点是装卸效率高，能减少货损货差。尽管集装箱船的发展历史只有 40 多年，但其发展势头强劲。目前，世界上最大的集装箱船的装载已超过一万个 TED（20 英尺标准箱，20 英尺约等于 6.096 米），造价高达数亿美元。

第十章

海上船舶保险概述

211

4. 滚装船（Roll on/Roll off Vessel）

滚装船主要用来运送汽车和集装箱。这种船本身无须装卸设备，一般在船侧或船的首、尾有开口斜坡连接码头，装卸货物时，或者是汽车，或者是集装箱（装在拖车上的）直接开进或开出船舱。这种船的优点是不依赖码头上的装卸设备，装卸速度快，可加速船舶周转（见图10-3）。

5. 载驳船（Barge Carrier）

载驳船主要用于海河联运。货物装载于子船（驳船）内，子船载于母船上，到达目的港后，子船从母船上卸下，再装载另一子船，可缩短停港时间（见图10-4）。这些驳船常在不同地点装货，再拖到载驳船（远洋船舶，又称为母船），然后吊上或浮上甲板。越过大洋以后，载驳船将这些驳船卸下，再拖到不同的目的地。然后，该远洋船舶再接受另一批已装好货的驳船。设计这种船舶使得特别的港口设备不再必需，并避免了转船和由此而产生的额外费用。这种载驳船中的一种是LASH 船（Lighter Aboard Ship）。这类船舶从设计到运输，均存在许多实际问题，目前发展缓慢，并不多见。

图10-4　左图为载驳船，右图为驳船（图片来源：全景网）

二、船舶保险的标的（Subject Matter of Hull Insurance）

船舶保险是指以各种船舶及其附属设备以及相关责任为标的的保险。船舶保险承保船舶在航行或停泊期间遭受的自然灾害和发生的各种意外事故造成的损失。船舶保险的承保标的分为有形标的和无形标的两种。

（一）有形标的（Tangible）

有形标的就是各种船舶。船舶是保险的主要保险标的。它包括：

（1）船壳或船体；

（2）引擎、锅炉、发电机以及其他机器设备、燃料和物料；

（3）附属器具，如通信装置、导航装置、船上的设备、锚链、海图、航海日志、家具、物品、救生用具（或舢板）等；

（4）船上的特殊设备。

（二）无形标的（Intangible）

无形标的是指与船舶有关的利益和责任。

（1）运费，包括船舶所有人或承租人运送自己货物所得的利益以及第三者给付的运费；

（2）为完成保险单指定的航程和从事海上运输所支付的经营费用和保险费；

（3）船舶经营可获得的预期利润；

（4）责任。责任是指船东在发生船舶碰撞事故后，对对方船舶及船上所载货物所遭受的损失依法应承担的经济赔偿责任。由于海上事故，船东依法应承担的打捞沉船、清除航道和油污的义务，根据运输合同船东作为承运人对货主损失进行赔偿的责任以及造成第三者人员伤害的责任，一般由保赔保险负责承保，保险人（船客）不承担赔偿责任。具体内容在保险条款中均列明。

三、船舶适航与船舶入级（Seaworthiness & Classification）

（一）船舶适航

船舶适航是指船舶在各方面满足预定航程的要求。船舶保险只承保适航的船舶，如果船舶在保险责任开始前已不适航，即使保险合同已经签订，保险合同也无效。船舶适航（适合航行）主要是包括硬件（船体和所有设备、航行资料）和软件（安全管理规定、船员的资格）两部分。

船舶适航的具体条件如下：

（1）船舶的船体、船机、航行设备及一切附属设备符合航行的要求；

（2）船员配备齐全；

（3）燃料和供应品备足；

（4）货舱、冷藏舱和其他载货处所能适宜和安全收受保管货物。

船舶只有具备了以上四个条件，才能够登记注册、通过技术检验。适航船舶将由船舶检验机构发给"适航证书"，才能投入正常的营运活动之中。

（二）船舶入级

船舶入级是对船舶进行技术监督和检查的重要手段。船舶是否取得船级与海上运输及船舶保险有着极为密切的关系。在国际上，根据船级来决定运费和保险费的高低。国际贸易中还规定，只有获得船级的船舶才能承运货物，租船人也可根据船级证书了解船舶的技术状态，以决定是否租用。

船舶入级通常由船东提出申请，经过船级社入级检验，检验合格则取得船级，并被授予船级证书。根据我国船舶入级的规定，凡是船体强度、船舶设备、载重量与乘员定额、船舶性能等方面都符合规范的船舶，才可取得船级证书。船级证书是证明船舶具备安全航行技术条件的文件，有效期为 4 年，期满时需再申请检验，以决定是否保持船级。有下列情况之一的，即被认为失去船级：

（1）船舶未按时交验而使证件过期或证件缺失；

（2）在发生海损事故后，未判明损坏性质和加以修复前船舶的原有结构而未经船舶检验局的同意；

（3）船舶的技术状态、附属品及装备恶化以至于不适航的状况。

船舶失去船级后，如要恢复船级，必须经过恢复船级的额外检验。船级证书除记载船舶主要的技术营运性能外，还应给出相应的船级符号。各国船级符号都不相同。我国的船舶入级符号为"ZC"。

四、中国船级社

中国船级社（China Classification Society，CCS）成立于 1956 年，是中国唯一从事船舶入级检验业务的专业机构。中国船级社通过对船舶和海上设施提供合理和安全可靠的入级标准，通过提供独立、公正和诚实的入级及法定服务，为航运、造船、海上开发及相关的制造业和保险业服务，为促进和保障人命和财产的安全、防止水域环境污染服务。中国船级社是国际船级

中国船级社

社协会（IACS）10 家正式会员之一，并先后于 1996—1997 年、2006—2007 年担任国际船级社协会理事会主席。中国船级社最高船级符号被伦敦保险商协会纳入其船级条款，享受保费优惠待遇。目前，中国船级社接受 28 个国家或地区的政府授权，为悬挂这些国家或地区旗帜的船舶代行法定检验。中国船级社还是国际独立油轮船东协会（INTER TANKO）和国际干散货船东协会（INTER CARGO）的联系会员。中国船级社在国内外设有逾 60 家检验网点，形成了覆盖全球的服务网络。2018 年年底，中国船级社（CCS）检验船队规模 14 467 万总吨（其中国际航行入级船队 10 186 万总吨，国内航行船队 4 114 万总吨），较 2017 年年底增长 24.9%。CCS 在全球设有 114 分支机构，形成了遍布亚洲、欧洲、美洲、非洲、大洋洲的全球服务网络。CCS 检验船队总规模为 34 591 艘、14 467 万总吨，较 2017 年年底增加 21 386 艘、2 881 万总吨，吨位增长 24.9%；扣除远洋渔船转隶和原广东、黑龙江两省海事检验船舶划转因素，吨位实际增长 14.9%。国际航行入级船队首次突破 1 亿总吨，达到 3 898 艘、10 186 万总吨（见图 10-5）。

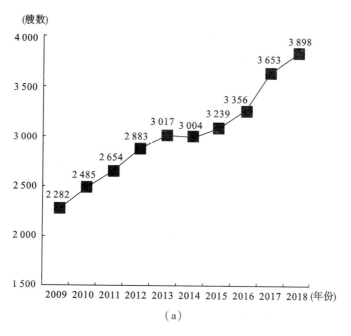

(a)

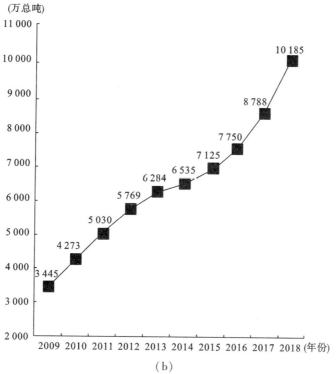

(b)

图 10-5　2009—2018 年国际航行入级船队总量变化①

---

① 资料来源：中国船级社 2018 年年报。

中国船级社视风险管理为其业务的基本属性，围绕入级船舶检验、国内船舶检验和工业服务三条业务主线开展业务，大力发展规范科研和信息技术两个支持保障系统，坚持"技术立社、诚信为本、与众不同、国际一流"的建社方针，打造中国船级社质量品牌，取得了令人瞩目的成绩。中国船级社以认证、监理、检测为主要业务，保持传统业务稳健发展，在特大型桥梁工程监理、大型港口码头设备系统制造与安装监理、特大型起重设备制造与安装监理三大领域继续保持在国内同行业的领先优势。

世界上许多国家都有办理船舶入级的机构，有的是政府组织，有的是政府授权的民间组织，每个船级社都有自己的船级符号（见表10-1）。其中最著名的是英国的劳合社船级社和法国的威里塔斯船级社。

表 10-1 世界主要船级社及入级符号①

国名	船级社	入级字母
美国	美国船舶局（American Bureau of Shipping）	AB
保加利亚	保加利亚船级社（Bulgarian Register of Shipping）	BR
法国	威里塔斯船级社（Bureau Veritas）	BV
中国	中国船级社（Chinese Register）	ZC
德国	德国船级社（Deutsche-Schiffs-Revision Und-Klassifikation）	DSRK
德国	德国劳合社船级社（Germanischer Lloyd）	GL
希腊	希腊船级社（Hellenic Register）	HR
印度	印度船级社（Indian Register of Shipping）	IRS
印度尼西亚	印度尼西亚船级社（Klasifikasi Indonesia）	KI
朝鲜	朝鲜船级社（Korean Register）	KR
英国	劳合社船级社（Lloyd's Register）	LR
日本	日本海事协会（Nippon Kaiji Kyokai）	NK
挪威	挪威威里塔斯船级社（Norske Veritas）	NV
波兰	波兰船级社（Polski Register）	PR
俄罗斯	俄罗斯船级社（Register of Shipping of the U. S. S. R）	RS
意大利	意大利船级社（Register Italiano Navale）	RI
意大利	罗马船级社（Registru Naval Roman）	RNR

① 资料来源：Marine Risks and Their Assessment, Chartered Insurance Institute, 1991.

五、船舶保险的特点（Characteristics of Hull Insurance）

广义的船舶保险包括船壳险和保赔险。船舶保险承保船舶在航行或停泊期间所遭受的自然灾害和所发生的各种意外事故造成的损失。但是，不论在航行还是在停泊期间，船舶保险都限于承保水上责任事故。而一般财产保险承保的是陆地风险，也有一些扩展到海上，如进出口海上运输货物保险责任自发货人仓库开始经海上运输至收货人仓库止。

船舶保险主要有如下特点：

（一）船舶保险是财产保险的一种

一般财产保险仅负责被保险财产本身的损失赔偿，而对由于被保险财产造成第三者伤害的责任不予负责，但船舶保险除了对因自然灾害和意外事故造成被保险船舶的本身损失给予补偿外，对被保险船舶与他船碰撞的责任也予以承担。

（二）船舶保险是定期保险或航次保险

一般的陆地财产保险以年为单位。出口货物运输保险按某一航程来划分（从发货人仓库起到收货人仓库止），但船舶保险可分为以年为单位的定期险和以航程为单位的航次保险。

（三）船舶保险单不能随便转让

在出口货物运输险中，由于保险单仅作为对外贸易结算的单证之一，货物保险单则可以转让。但船舶保险单不能随船舶所有权的转让而转让，这是因为船东经营管理水平会直接影响船舶发生事故的频率，所以除非事先征得保险人的同意，船舶在保险期内出售或转让，船舶保险人的责任即告终止。

（四）船舶保险是高风险业务

由于船舶保险风险集中，牵涉面广，技术要求高，加上被保险船舶航行在世界各地，风险难以控制，而且船舶价格昂贵，发生事故后损失较大。因此，船舶保险风险特别大。

第二节　我国船舶保险条款

根据船舶航行区域的不同，我国的船舶保险条款有几十种，可分为远洋（协会）、沿海、内河等几大类，某保险公司向监管机构报备的船舶类条款多达 97 个（含船舶险、保赔、建造）。本书提及的船舶险条款主要是指（船壳）保险条款，本书主要介绍我国的远洋运输船舶保险条款。需要指出的是，这里的条款介绍是说明和解释性的，与条款原文的序号不完全一致，序号以条款原文为准，参见本书附录四。

一、船舶的保险责任

我国船舶（远洋）保险条款分为全损险和一切险两个险种（存在于一个条款之内）。

（一）船舶保险全损险的责任范围

船舶全损险是指被保险船舶发生保险责任项下全部损失时，保险人才予赔付的保险。全损险分为实际全损和推定全损两种。实际全损是指船舶作为保险标的完全灭失，如船舶碰撞或触礁沉没或遭受严重损坏后无法修复等。另外，船舶被敌对国捕获、没收或失踪（一般为2个月以后）亦作为实际全损处理。推定全损指船舶发生事故后，船舶的实际全损已不可避免，或者恢复、修理、救助的费用或这些费用的总和将超过船舶的保险价值。当船舶构成推定全损时，被保险人应立即向保险人发出委付通知，如果不办理委付，保险人对海上损失只能按部分损失赔偿处理，但最高不能超过船舶保险金额。保险人既可以接受也可以拒绝或接受委付通知。如果接受委付，保险人按全损赔付的同时，还须承担被保险人对第三者的责任和义务。若不接受委付，保险人仍按全损赔付，但不承担财产所有权以及由此引起的各种义务和责任。

船舶全损险承保由于下列原因造成的被保险船舶的全损：

（1）地震、火山爆发、闪电或其他自然灾害。

（2）搁浅、碰撞、触碰任何固定或浮动物体或者其他物体、其他海上灾害。

（3）火灾或爆炸。

（4）来自船外的暴力盗窃或海盗行为。

（5）抛弃货物。

（6）核装置或核反应堆发生的故障或意外事故。

（7）本保险还承保由于下列原因造成的被保险船舶的全损：

① 装卸或移动货物或燃料时发生的意外事故；

② 船舶机件或船壳的潜在缺陷；

③ 船长、船员有意损害被保险人利益的行为；

④ 船长、船员和引水员、修船人员及租船人的疏忽行为；

⑤ 任何政府当局为防止或减轻因承保风险造成被保险船舶损坏引起的污染，所采取的行动。

但此种损失的原因不是由于被保险人、船东或管理人未恪尽职责所致的。

（二）船舶保险一切险责任范围

船舶保险一切险是指被保险船舶发生保险责任项下的全部损失或部分损失时，保险人均给予赔偿。船舶一切险除负责全损险责任范围内被保险船舶全损外，还包括部分损失以及碰撞责任、共同海损和救助、施救费用。

1. 碰撞责任

（1）一切险责任负责因被保险船舶与其他船舶碰撞或触碰任何固定的、浮动的物体或其他物体而引起被保险人应负的法律赔偿责任。

碰撞责任是船舶保险合同与其他财产类保险合同最大的区别之一。碰撞责任是船舶保险合同中普遍承保的内容和基本条款。该条款仅适用于被保险人因其被保险船舶与其他船舶碰撞造成损失所应承担的法律赔偿责任。对于碰撞责任和赔偿，保险人予以赔付的数额是不同的。以英国伦敦保险协会的船舶保险条款为例。该协会1983年修订的新船舶保险条款，将保险人对于被保险人的碰撞赔偿责任的赔偿范围规定为被保险人支付给第三者的损害赔偿数额的3/4，故此条款又称为"四分之三碰撞责任条款"，即英国的远洋船舶保险碰撞责任保险人只负责3/4责任，另外1/4的碰撞责任留给船东自己负责，而船东应承担的1/4的碰撞责任可转嫁给船东保赔协会（全称为船东保障与赔偿协会，是船东相互保险组织）来承担。我国船舶保险条款中没有这一独立条款。按责任范围的规定，保险人对被保险船舶的碰撞责任承担4/4的保险赔偿责任。对于碰撞责任的保险条款专门设置了"除外责任"，但本条款对下列责任概不负责：

① 人身伤亡或疾病；

② 被保险船舶所载的货物或财物或其所承诺的责任；

③ 清除障碍物、残骸、货物或任何其他物品；

④ 任何财产、物体的污染或沾污（包括预防措施或清除的费用），但与被保险船舶发生碰撞的他船或其所载财产污染或沾污不在此限；

⑤ 任何固定的、浮动的物体以及其他物体的延迟或丧失使用的间接费用。

（2）当被保险船舶与其他船舶碰撞双方均有过失时，除一方或双方船东责任受法律限制外，本条项下的赔偿应按交叉责任原则赔偿。

拓展阅读

第一，单一责任的计算方法[①]。单一责任是船舶发生碰撞事故后计算赔偿责任的一种方法。根据这一计算方法，两船相撞产生的碰撞责任需要根据双方各自应承担的过失责任来计算应赔付对方的金额，经相互抵销后，由负方承担偿付差额的责任。例如，甲船与乙船发生碰撞，双方互有过失，过失责任为50%，甲船损失财产20 000美元，乙船损失财产10 000美元。

乙船承担甲船的碰撞责任额＝20 000×50%＝10 000（美元）

甲船承担乙船的碰撞责任额＝10 000×50%＝5 000（美元）

两者经过抵销后，由乙船赔偿甲船5 000美元，即承担了单一责任的赔偿。

在伦敦协会船舶险条款下，根据船舶碰撞责任条款的规定，乙船可以向其保险人提出5 000美元的3/4碰撞责任的赔偿：

$$5\ 000 \times \frac{3}{4} = 3\ 750（美元）$$

---

① 刘金章. 保险学教程［M］. 北京：中国金融出版社，2005：284–285.

由于甲船无需赔偿乙船的碰撞责任损失，所以，甲船不能向其保险人提出索赔。根据我国船舶碰撞责任条款的规定，乙船可向其保险人提出4/4的赔偿要求：

$$5\,000\times\frac{4}{4}=5\,000（美元）$$

同样，由于甲船无需赔付乙船的碰撞损失，所以不能向其保险人索赔。

第二，交叉责任的计算方法。交叉责任同"单一责任"相对，它是计算船舶碰撞事故赔偿责任的另一种方法。两船相撞产生的碰撞责任，由双方按各自应承担的过失责任来计算应该赔付给对方的金额，称为"交叉责任"。例如，甲船与乙船发生碰撞，双方各有责任，甲船负主要责任，乙船负次要责任，即甲船承担60%的过失责任，乙船承担40%的过失责任，甲船损失财产20 000美元，乙船损失财产10 000美元，甲、乙承担责任比例如下：

甲船应赔给乙船的赔款＝10 000×60%＝6 000（美元）

乙船应赔付甲船的赔款＝20 000×40%＝8 000（美元）

如果甲、乙双方都买了保险，保险人可承担其碰撞责任。那么，甲船的保险人应赔付甲船承担的60%碰撞责任赔款6 000元，而乙船保险人应赔付乙船承担的40%碰撞责任赔款8 000美元。

这样，两船的实际损失对照如表10-2所示。

表10-2　实际损失对照　　　　　　　　　　　　单位：美元

项目	甲船	乙船
损失	20 000	10 000
保险公司赔偿	8 000	6 000
实际损失	12 000	4 000

（3）保险人的责任（包括法律费用）是本保险其他条款项下责任的增加部分，但对每次碰撞所负的责任不得超过船舶的保险金额。

2. 共同海损和救助

（1）如果被保险船舶发生共同海损，保险人负责赔偿被保险船舶的共同海损应分摊的部分。若被保险船舶本身发生共同海损牺牲，被保险人可直接获得对这种损失的全部赔偿，而无须先行使向其他各方索取分摊额的权利。保险人赔偿牺牲后取得代位求偿权。

当所有分摊方均为被保险人或当被保险船舶空载航行并无其他分摊利益方时，如同各分摊方不属同一人一样进行共同海损理算。当船舶空载航行时，只有一方利益，没有共同利益，也没有共同海损。这一条款的规定旨在鼓励空载航行的被保险船舶在遇险时，尽一切可能进行抢救，因此保险人愿意对由此产生的损失和费用作为共同海损来处理，以避免全损。

保险人对共同海损分摊的核定是以船舶共同海损分摊价值为准的。如果船舶保险金额高于船舶分摊价值，保险公司对船舶分摊的部分全部予以赔付。如果保险金额低于分摊价值，保险公司按保险金额与分摊价值的比例进行赔付。

（2）救助是指被保险船舶发生保险事故后，单凭本身力量无法摆脱其面临的危险，由第三者提供帮助并取得效果，为此被保险人支付给救助人的报酬。保险人对救助费用的赔偿和船舶的共同海损分摊赔偿加在一起计算的，并以保险金额为限。

共同海损分摊是指发生危及船舶、货物共同安全的事故，经过抢救脱险，保险公司负责赔偿船舶应摊付的各项共同海损损失和费用。但船舶对共同海损的分摊是以船舶共同海损分摊价值为标准。

3. 施救费用

由于承保风险造成船舶损失或船舶处于危险之中，被保险人为了防止或减少其在船舶保险中可以获得赔偿的损失，而采取各种措施所支出的合理费用，保险人予以赔偿。保险人对施救费用的赔偿在船舶保险其他条款规定的赔偿责任之外，不受船舶损失、碰撞责任、共同海损分摊和救助费用的赔偿金额限制，但不得超过船舶的保险金额。

（二）船舶战争险、罢工险（Risks of War & Strike）

船舶战争险、罢工险是船舶保险的一个特殊附加险。也就是说，被保险人不能向保险人单独投保，只有在投保船舶全损险、一切险后，才能向保险人申请投保。这种附加险所承保的风险和普通的海上风险不同。它不是以自然灾害、意外事故和人为的疏忽或过失来划定风险范围，而是以各种带有政治因素、背景或目的而采取的武力或暴力行为来划定的，它的特殊性还表现在保险人有权根据情况在任何时候向被保险人发出注销战争、罢工险的责任通知。

船舶战争险和罢工险承保因战争和罢工行为造成被保险船舶的损失，责任范围包括：

（1）战争、内战、革命、叛乱或由此引起的内乱或敌对行为；

（2）捕获、扣押、扣留、羁押、没收或封锁；

（3）各种战争武器，包括水雷、鱼雷、炸弹；

（4）罢工、被迫停工、民变、暴动或其他类似事件所造成的船舶损失，均属船舶战争、罢工险责任范围。

但是，原子弹、氢弹等核武器，被保险船舶的船籍国或登记国政府或地方当局采取或命令的捕获、扣押、扣留、羁押或没收，被保险船舶被征收或征购，联合国安理会常任理事国之间爆发的战争（无论是否宣战）等风险不在船舶战争、罢工险承保范围之内。

按照保险原理，保险人承保的是可能发生的风险。因此，保险人在明知会发生战争、罢工险项下的风险时，取消保险人承保的责任就应视为合理。保险人一般是在知道某地区发生战争、罢工险项下的风险时，才通知被保险人该地区为战争、罢工险除外地区，停止履行有关责任的。如果被保险船舶一定要驶入，必须事先通知保险人，保险人将视该地区的风险程度做出拒绝承保或酌情加收保费后同意驶入的决定。

二、船舶保险除外责任（Exclusions of Hull Insurance）

我国海洋运输船舶保险的除外责任主要有以下三大类：

（一）不适航

不适航包括人员配备不当、装备或装载不良，但以被保险人在船舶开航时知道或者应该知道此种不适航为限。不适航有两种含义：一种是船舶本身不适航，包括船舶的机械性能、结构、设备等技术状态不符合船级的规范要求以及船舶航运时应具备的技术要求。另一种是保险意义上的不适航，包括如下三个方面：

（1）船上人员配备不当，这主要是指船上未配备合格的船长、船员等。

（2）不具备其航行所需要的要求以及船舶开航前未能准备充足的燃料等物品。

（3）装载不妥。这主要指没有按不同类型船舶进行合理的货物配载。

（二）被保险人及其代表的疏忽或故意行为

被保险人是指船舶所有人——船东或实际行使船东权利的人（包括航运、商务、调度、海监等部门）及其派出登船代替船东指挥的人员。海上保险契约同其他契约一样，都要求契约双方恪守契约中的各项规定，保险人对不守约造成的损失不承担责任。

（三）被保险人恪尽职责应该发现的正常磨损、锈蚀、腐烂或保养不周或材料缺陷包括不良状态部件的更换或修理

保险人承保的风险是指偶然发生的意外事故，不包括必然发生的损失。船舶的正常磨损、锈蚀、腐烂是机械运动和物质本身受自然界的影响而逐渐形成的。在这种情况下，风险是必然的，是可预料的。保养不周加剧了磨损程度和造成风险的发生的必然性，也是被保险人未恪尽职责。有缺陷的材料、不良状态部件也应该及时更换或修理，因此对正常磨损、锈蚀、保养不周所致的损失以及有缺陷的材料和不良状态部件的更换，保险人不负责任。

以下三大类除外责任也是船壳保险条款的除外责任。

第一，船舶战争险、罢工险的承保责任和除外责任。对于战争或罢工所致的损失，船舶保险人是不予赔偿的。如果被保险人需要这方面的保障，可以在投保船舶全损险、一切险的基础上加保船舶战争、罢工险。即便如此，战争险、罢工险中的责任免除保险人也是不予承担的。

第二，被保险船舶的延迟。船舶延迟所造成的损失称为船期损失或滞期的损失，包括船舶发生损坏需要入坞修理，不能参加运营而带来的营业损失，船舶发生事故后，延迟抵达卸货港口造成船上所载货物的市价跌落损失等。这些因船舶延迟造成的损失属于间接损失，保险人对它们不负赔偿责任（在船舶碰撞的除外责任中已提及）。

第三，清理航道。被保险船舶发生碰撞事故沉没于港口航道中，有关当局会责成船舶所有人打捞船舶残骸，以清理航道，由于保险人对被保的沉没的船舶已进行

了全损赔付，故不再承担清理航道的费用（在船舶碰撞的除外责任中已提及）。

三、船舶保险免赔额

船舶保险规定的免赔额适用于对保险风险所造成的部分损失的赔偿，而对于被保险船舶的全部损失、共同海损、碰撞责任、救助费用或施救费用的赔偿均不适用免赔额规定。如果船舶发生搁浅后，专门为检验船底而产生的合理费用，保险人在赔偿时也不扣除免赔额。

免赔额应在每一次事故造成的损失总额中扣除。也就是说，因保险事故造成船舶的部分损失，保险人在计算赔款时都要扣除免赔额。

如果保险事故造成船舶的部分损失金额低于免赔额，保险人就不予赔付。

恶劣气候造成两个连续港口之间单独航程的损失索赔应视为一次事故。例如，被保险船舶从甲港开航后驶向丙港，原定中途停靠乙港。如果船舶在甲港至乙港的单独航程中遭遇恶劣气候，保险人应按照一次事故从赔款中扣除免赔额。

我国船舶保险单规定，在偿付保险责任项下赔款时，每起事故要扣除保单上订明的免赔额，但碰撞责任、共同海损、救助费用、施救费用以及船舶发生实际或推定全损不扣除免赔额。《伦敦协会船舶保险条款》仅对船舶实际或推定全损，或者在实际或推定全损的前提下，有关施救费用的索赔不扣免赔额。

四、船舶保险海运条款

除非事先征得保险人的同意，并接受修改后的承保条件和所需加付的保险费，否则船舶保险对下列情况造成的损失和责任均不负责任：

（1）被保险船舶不得从事拖带或救助服务。

（2）被保险船舶不得与他船（不包括港口或沿海使用的小船）在海上直接装卸货物，包括驶近、靠拢和离开。

（3）被保险船舶不得进行以拆船或以拆船出售为意图的航行。

五、船舶保险责任期限（Duration of Hull Insurance）

船舶保险一般分为定期保险和航次保险两种。定期保险的起止时间以保险单上注明的日期为准。保险到期时，如果被保险船舶尚处于危险之中或在避难港或中途港停靠，经被保险人事先通知保险人并按日比例加付保险费后，保险继续负责到船舶抵达目的港为止。保险船舶在延长时间内发生全损，需交纳6个月保险费。

航次保险按保险单订明的航次为准。关于起止时间有下列规定：

（1）未载货船舶，自起运港解缆或起锚时开始直到目的港抛锚或系缆完毕时终止。

（2）载货船舶，自起运港装货时开始直到目的港卸货完毕时终止。但自船舶抵达目的港当日0时起最多不超过30天。

（3）定期险期限最长为1年，以保单注明日期为准。如果保险到期时被保险船舶还处在航行途中或危险当中，必须事先通知保险人，并按日比例缴付保费。在这种情况下，保险人可以延长到船舶抵达目的港为止。如果在延长期内发生全损，保险人负责赔偿。延长期间按日比例附加保险费的计算公式如下：

$$延长附加保险费 = （保险金额×费率）× \frac{天数}{365}$$

同样，如果保险未到期时被保险人要求退保，保险费可按净保费的日比例退还被保险人。另外，被保险船舶在船厂修理或装卸货物或在保险人同意的水域停泊超过30天时，停泊期间的保费按净保费的日比例的50%退还被保险人，但这一条不适用船舶全损。停泊退费的计算公式如下：

$$停泊退费 = （保险金额×费率）× \frac{停泊天数}{365} ×50\%$$

（4）航次保险按保单订明的航次为准。不载货船舶自起运港解缆或起锚时开始直到目的港抛锚或系缆完毕时终止。载货船舶自起运港装货时开始直到目的港卸货完毕时终止。但自船舶抵达目的港当日0时起最多不超过30天。自保险责任开始，航次保险一律不办理退保和退费。

在实务中，为防止被保险船舶不必要的绕航，国内沿海港口之间的航次保险也同时规定了最长的具体时间，两个条件中，以先发生为限。

六、船舶保险责任终止（Expiration）

不论定期保险还是航次保险，船舶保险条款还规定：

（1）当被保险船舶按全损赔付后，保险责任自动终止，保险合同双方的责任和义务也随之消失。

（2）当货物、航程、航行区域、拖带、救助工作或开航日期方面有违背保险单特别条款规定时，被保险人在接到消息后应立即通知保险人，并同意接受修改后的承保条件及加付所需的保险费，保险仍继续有效；否则，保险责任自动终止。

（3）当船舶的船级社变更，船舶等级变动、注销或撤回，船舶所有权或船旗改变或转让给新的管理部门，光船出租或被征购或被征用，除非事先书面征得保险人的同意，否则保险将自动终止。但船舶载货或正在海上时，经被保险人要求，可延迟到船舶抵达下一个港口或最后卸货港或目的港。

每个船级社对船舶质量的要求有严有宽，甚至有的船级社为招徕生意而降低了入级船舶要求。船舶光船出租他人使用时，船舶的管理和人员配备将由他人安排，对于这些情况，保险人很难在第一时间掌握，而这些可能会损害保险人利益，因此保险合同不能继续有效，必须终止。

第三节　伦敦协会船舶保险条款

一般认为 Lloyd's（英国劳氏）是现代水上保险的鼻祖。旧保险单的全称翻译为"劳氏 S. G. 保险单格式"（the Lloyd's S. G. Form of Policy）。1779 年，该保险单开始在伦敦保险市场上采用。1795 年，该保险单在英国取代所有的海上保险单，成为船舶与货物运输保险的标准海上保险单。

旧保险单（条款）使用了 203 年（1779—1982 年）未进行重大改变。1983 年，英国制定了伦敦协会定期船舶保险新条款（INSTITUTE TIME CLAUSES - HULLS），简称 I. T. C 新条款，并于 1983 年 10 月 1 日正式启用。这里所称的"协会"，其全称是"伦敦海上保险人协会"（Institute of London Underwriters）。该条款的主要内容和规定已被世界上许多国家接受和采用，我国现行船舶保险条款也借鉴了该条款。

一、新条款的特点

我们所说的特点，主要是与原来的条款相比较而言的。

（一）增加了有关法律适用的规定

新条款是根据英国 1906 年《海上保险法》制定的，从而明确表明新条款接受英国法律和惯例的调整，如发生海事争议应遵循英国 1906 年《海上保险法》及有关惯例的规定。这项声明并未列入条款本文，只是在条款的开头写上了"This insurance is subject to English Law and practice"（本保险受英国法律和惯例调整）。它为使用这套条款的当事人对条款内容的理解和解释提供了法律依据。事实上，新条款的某些内容完全引用了英国 1906 年《海上保险法》的条文规定，这样就使其在法律适用和解释上更加规范化。

（二）采用了风险列举（明）制

新条款的保险责任，采用列明风险的表述方式。新条款把 S. G.保险单中列明的承保风险和旧条款中"疏忽条款"的内容归纳在一起，作为承保的全部风险，自成一体。同时消除了原来的"其他一切类似风险"等含糊不清的概念，使保险人所承保的风险一目了然，清楚而明确。

（三）扩大了承保责任范围

新条款在 S. G.保险单的基础上扩大了承保责任范围，有利于保护被保险人的利益。新条款把海盗风险从战争险的承保范围提取出来，作为船舶保险的承保范围予以赔偿。新条款还增加了"污染危险条款"，承保有关当局为了避免或减轻油污而损坏和毁灭船舶的风险。新条款对原有的"船底处置条款"进行了补充和修改，明确规定合理的修理费用可以赔偿。新条款还删除了旧条款中的"运河搁浅条款"和"机器损失共保条款"，从而扩大了承保责任，有利于被保险人。

（四）调整了排列顺序

新条款在原有基础上重新调整了各条的先后顺序，使得整体结构安排更加合理，符合海上保险业发展和变革的趋势。因此 I.T.C. 新条款一经问世，即受到世界各国的广泛关注。该条款的排列顺序与我国现行船舶保险条款的排列顺序有很大的差别。

二、I.T.C. 新条款的内容

新条款共分为 26 条，每条还分成若干款（共 48 款），每款还分成若干项（共 38 项）。第二十三条至第二十六条是首要条款，在条款开始前面有这样的话："下列各条是首要条款，本保险中任何与下列各条不一致的规定，均属无效。"以下我们逐条进行简介。

（一）航行条款（Navigation Clause）

这是一个保证条款，又称海运条款。该条款第一条规定，不应被他船拖带，除非是习惯性的或在需要救助时被拖至第一个安全港口或地方。

该条款第二条规定，不应用于根据预先安排的合同从事拖带或救助服务，但与装卸货相关的习惯性拖带除外。习惯性的拖带是指船舶按港口惯例进出港口靠离码头过程中和在运河中航行时，对船舶安全有帮助的拖带。

该条款第三条规定，被保险船舶不得作以拆船或以拆船目的出售为意图的航行。这是针对航运市场不景气的情况，当出现船多货少，运力过剩时，船东为了摆脱困境，通常采取将船舶提前拆船报废的办法。在这种情况下，不需要按正常船舶的要求去投保，保险人如果承保了以拆船为目的航行的船舶，势必将承担较大的道德风险。因此，保险人对于被保险船舶作以拆船或拆船出售的意图航行，做出了一些特殊的规定。通俗地讲，就是不影响废钢价格的损失，保险人不予负责赔偿。

（二）继续条款（Continuation Clause）

一般来讲，保险人对被保险船舶承担的保险责任应于规定的保险期满日终止。定期保险的保险期限明确载于保险单上，如果在保险期限届满时，被保险船舶尚未抵达其目的港，经被保险人要求并提前通知保险人，并按原定保险费率加付延展期间的保险费，该保险单可继续有效，直至其抵达目的港。

（三）违反保证条款（Breach of Warranty Clause）

该条款规定了多种保证，是约定对违反若干种保证的补救办法，即违反"不得改变所装运货物""不得变更航行区域""不得变更航线""不得拖带""不得进行救助服务""不得变更开航日期"六种保证。如果被保险人违反上述这些保证时，只要他们获悉消息后立即通知保险人，并同意修改承保条件并加付保险费，保险人就可以继续承担保险责任。应该特别强调的是，仅违反上述特定的六种保证，有条件的前提下，保单继续有效；如果违反该条款中的其他保证，不能根据该条款的规定使保单继续有效。

（四）终止条款（Termination Clause）

该条款是一个重要的条款，因此在条款的开始，有如下的黑体字："This Clause 4 shall prevail not with standing any provision whether written typed or printed in this insurance inconsistent therewith."（本保险的任何条款，不论是手写的、打印的还是印刷的，与本条抵触时，均以本条为准）。由此表明该条款也是"最高条款"或"首要条款"，虽然没有像其后面的第二十三条至第二十六条那样标明为最高条款，其效力是一样的。

该条款规定的保险自动终止的几种情况，包括船级社的变更、船级的变更、船级的撤销、船级的中断、船级的停止、船级的届满、船舶所有权的变更、船旗的变更、船舶转给新的经理人管理、光船出租、船舶被征用或征购。但是，如果造成保险自动终止的事由发生时，被保险船舶正在航行途中，那么在该船舶抵达下一港口之前，保险责任继续有效。如果被保险船舶被征用或征购，在被保险人事先未得到通知的情况下，保险责任自该船舶被征用日起计算满 15 天自动终止。

（五）转让条款（Assignment Clause）

该条款的规定，被保险船舶发生转让，被保险人应及时通知保险人。如果在受让人要求仍由原保险人承保，保险人也同意的情况下，由保险人出具批单并注明转让日期，签字认可，保险单继续有效。如果保险单未经保险人批注，即告失效。

通俗地讲，船舶保单不能自动（货运险可以）转让，除非符合以下条件：

（1）转让通知须送达保险人。

（2）转让通知须有被保险人或后续之受让人签署。

（3）转让通知须载明日期，并在保险单上批注。

（4）转让通知须在支付赔款或退费之前呈交保险人。

注意：抵押与转让是两个不同的概念。

（六）风险条款（Perils Clause）

该条款规定了由哪些风险造成的灭失与损害，保险人应负责赔偿。保险人所承保的风险可分为海上风险和人为风险，并强调了保险人的赔偿责任以保险标的损失非起因于被保险人、船东或经理人未恪尽职责为条件。

该条款共有 3 款。第一款共 8 项，主要是指保险人所承保的海上风险。第二款共 5 项，主要是指保险人所承保的人为风险，但是有一个限制性条件，即"非起因于被保险人、船东或管理人员缺乏谨慎处理所致"。第三款是对有双重（既是船员也是船东）身份人的处理方法。现在这种情况已很少了。

该条款是船舶保险的主要内容，通俗地讲就是保险公司承保些什么内容。

（七）污染危险条款（Pollution Clause）

该条款规定，保险人对由于下述条件造成船舶本身的损失承担赔偿责任：

（1）船舶损失必须是政府当局采取行动防止或减少污染或其威胁造成的。

（2）污染危险必须直接起因于该条款列明承保风险所导致的船舶损失。

（3）政府当局采取行动不是因被保险人防止或减轻油污风险与未恪尽职责引起的。

特别要注意的是，该条款并不承保保险船舶造成污染的损害赔偿责任。

（八）3/4碰撞责任条款（3/4 ths Collision Liability Clause）

该条款规定，承保被保险船舶因过失与疏忽与他船发生碰撞，致使他船及他船所载货物受到损害而应负的赔偿责任。但是保险人只承担3/4的碰撞责任，而且当被保险人进行抗辩或为限制责任进行诉讼时，只要经过保险人的书面同意，由此而产生的法律诉讼费用，保险人也负责3/4。

该条款对碰撞责任还规定了5项除外责任（这是碰撞责任的专用除外责任）：

（1）清理碰撞船舶残骸或由于碰撞其他障碍物造成的费用。

（2）他船或他船上本身财物之外的财产。

（3）被保险船舶所载的货物或其他财产。

（4）人身伤亡或疾病。

（5）污染责任，但与被保险船舶发生碰撞的他船或其所载的财产的污染或玷污例外。

该条款共有4款（10项）。第一款（3项）规定了赔偿碰撞责任的范围。第二款（2项）明确了赔偿碰撞责任是一种附加的（额外的）责任，还规定了交叉责任原则的运用和赔偿所负责任的限制。第三款规定了保险人还要负责经其同意的抗辩碰撞责任和提出限制责任程序所发生的法律费用。第四款（5项）规定了保险人的本条的专用除外责任。

（九）姐妹船条款（Sistership Clause）

该条款规定，被保险船舶和与其相撞船舶属于同一船东时，可以视为分属两个不同船东所有的船舶，保险人仍应按照碰撞责任条款处理它们各自所负的碰撞责任，对它们之间产生的救助费用也按一般救助惯例支付。

（十）索赔通知和招标条款（Notice of Claim and Tenders Clause）

该条款共有4款。第一款规定保险事故发生时，应在检验前通知保险人或最近的劳合社代理人。第二款赋予保险人决定干坞、修理地点的权利以及对被保险人选择的修理地点、厂家的否决权。第三款明确了保险人进行修理招标或要求进一步招标的权利，同时在行使该权利时有义务按保险价值依年利率的30%补贴被保险人因此而遭受到的延误损失。如果保险人与被保险人对修理没有异议，也没有造成延误，保险不支付本项费用。第四款规定被保险人未按要求及时通知保险人，或不在保险人指定的港口或修船厂修理受损船舶，保险人可从赔款中扣除15%。

（十一）共同海损和救助条款（General Average and Salvage Clause）

该条款中的共同海损是海上保险（含货运险）特有的内容。该条款共分成4款。

第一款，与英国1906年《海上保险法》的有关规定相同，包含以下三层意思：

（1）保险人负责对救助、救助费用和共同海损的"保险船舶"分摊部分的赔偿。

（2）这些赔偿适用于"不足额保险"（如果是的话）的比例赔偿。

（3）被保险船舶若发生共同海损牺牲，保险人可以先行给予全部赔偿，无需向其他利益方要求分摊。

第二款，如果货物运输合同没有特别规定，共同海损理算应依据航程终止地的法律和惯例办理，但如果货物运输合同规定按《约克—安特卫普规则》理算，即依从运输合同的规定。

第三款，引入了空船共同海损的概念，并详细规定了空载航行的定义。

第四款，在任何情况下，保险人仅对为避免保险风险所发生的救助、救助费用和共同海损负责赔偿。

（十二）免赔额条款（Deductable Clause）

该条款共分成4款，免赔额的具体数额在保单上约定。该条款对免赔额进行了一些原则性的规定，具体包括：

（1）免赔额适用于所有部分损失，包括单独海损、救助、共同海损、施救费用和碰撞责任等。如果同一事故引起上述各项索赔，保险人也只扣除一个免赔额。

（2）不适用免赔额的索赔有包括全部损失以及与同一事故造成全部损失相关的施救费用；船舶搁浅后专为检查船底而发生的合理费用。

（3）两个连续港口之间的海上运输中所有因恶劣气候造成的损失，只扣一个免赔额。

（十三）被保险人的义务（施救费用）条款（Duty of Assured Sue and Labor Clause）

该条款规定，当被保险船舶因遭遇保险风险而受损或处于危险之中时，被保险人及其雇员或代理人为防止或减少应由保险人负责赔偿的损失而采取合理措施，保险人对因此而产生的合理费用负责赔偿，但以保险金额为限；该项施救费用不适用于共同海损、救助费用和与碰撞有关的法律诉讼费用；如果船舶的保险金额低于实际价值，保险人对施救费用的赔偿要按比例扣减；不管是被保险人还是保险人采取施救措施都不能被认为是对委付的放弃或接受。

该条款共分成6款。

第一款，被保险人向保险索赔施救费用的前提条件，施救费与救助费不同。

第二款，哪些内容（共损、救助、法律费用）不适用于施救费用。

第三款，采取施救措施都不能被认为是对委付的放弃或接受。

第四款，在不足额投保状态下，施救费赔偿的处理原则。

第五款，在复杂（不算救助、不成功、船上有货）情况下，施救费赔偿的处理原则。

第六款，施救费用是一个独立的保额。

（十四）以新换旧条款（New for Old Clause）

该条款规定，当被保险船舶遭受部分损失产生修理费用时，保险人对此损失赔偿不进行以新换旧的扣除。而且该条款规定也不影响船东与货主之间共同海损的理算。以新换旧扣减赔款是木帆船时代的产物。

（十五）船底处理条款（Bottom Treatment Clause）

该条款规定，保险人对修理船底受损部位的新钢板工程的表面处理和第一道底漆和第一道防腐漆负责赔偿，对其他除锈或喷漆费用不负责任。

该条款共分成3款。原则上负责赔偿船底处理费用，以下情况除外：

第一款，新换船底钢板的打砂、表面处理和第一层底漆。

第二款，条款规定的特殊区域的打砂、表面处理。

第三款，上述区域的第一层底漆和防腐漆。

（十六）工资和给养条款（Wages and Maintenance Clause）

该条款规定，船员的工资和给养，可以根据共同海损条款的规定列入共同海损金额参加共损分摊。在单独海损的情况下，被保险船舶受损进行修理，保险人对船员在修理期间的工资和给养不负责赔偿。但是有两种情况例外：

（1）受损船舶从一个港口转移到另一个港口进行修理，在船舶转移过程期间发生的船员工资或给养，保险人予以赔偿。

（2）船舶修理后的试航期间发生的船员工资和给养，保险人予以赔偿。

（十七）代理佣金条款（Agency Commission Clause）

该条款规定，被保险人为索取和提供资料和文件所花费的时间和劳务以及被保险人委派或以其名义行事的管理人、代理人、管理或代理公司或诸如此类的公司进行此种服务而收取的佣金或费用，保险人均不负责赔偿。

（十八）未修理损害条款（Unrepaired Damage Clause）

该条款规定，如果被保险船舶遭受部分损失但未进行修理，对这种未经修理的损失应在保险合同终止时提出索赔，其赔偿金额应按保险合同终止时船舶市场价值的合理贬值计算，但不得超过合理的修理费用；如果被保险船舶在保险合同有效期内发生全部损失，保险人对全损发生之前未修理的损害不再负责；保险人对船舶未修理损坏的赔偿，以保险合同终止时的船舶保险价值为限。

该条款共分成3款。

第一款，未经修理的损失按合理贬值计算，但不得超过合理的修理费用。

第二款，在保险合同有效期内发生的全部损失，保险人不再负责。

第三款，未经修理的损失，以保险合同终止时的船舶保险价值为限。

（十九）推定全损条款（Constructive Total Clause）

该条款规定，在确定是否构成推定全损时，船舶的保险价值应作为船舶修理后的价值，不应考虑被保险船舶残骸的受损或解体价值。另外，船舶推定全损仅按一次事故引起的恢复或修理费用考虑，如果一次事故引起的这类费用超过船舶保险价值，保险人可按推定全损赔付；如果同一航程中发生几次事故所造成的损失费用超过保险价值，保险人则不按推定全损负责。

推定全损是海上保险中特有的对被保险人有利的制度。该条款共分成以下两款：

第一款，主要是讲"推定全损"决策的原则，比较的对象是修理费和保险价值，而且不考虑受损船舶或残骸的价值，最后计算赔偿时还是要考虑的。

第二款，被保险人选择索赔"推定全损"的条件，保险人只承认单一事故。

（二十）运费弃权条款（Freight Waive Clause）

该条款规定，发生实际全损或推定全损时，保险人不论是否得到委付通知，都不得要求享受运费收入。

（二十一）船舶营运费用保证条款（Disbursements Warranty Clause）

该条款规定，允许被保险人对船舶营运费用、佣金、利润或船壳、船机的增值在船舶保险外额外投保，其保险金额不能超过被保险船舶价值的25%；同时还允许被保险人对运费、租金或预期运费投保运费保险，其保险金额与营运费用等保险金额之和不能超过被保险船舶价值的25%；若被保险人违反保证，以超过其准许投保的金额投保，保险人可以不予承担责任。但是船舶抵押人在不知情的情况下违反了该保证，保险人仍负责赔偿。该条款解决了非物质标的保险的问题，并可以防止赌博。

（二十二）停泊和解约的退费条款（Returns for Layup and Cancellation Clause）

该条款规定，保险合同双方当事人协议注销保险合同时，保险人按未到期部分的净保险费每月按比例退还保险费；被保险船舶因装卸货物或修理在保险人认可的港口连续停泊达到30天，保险人可按停泊的不同原因分别确定退费比例办理退费手续。如果在30天内既有修理停泊的日子，又有非修理停泊的日子，按各自所占天数比例计算退费，一般修理停泊退费比例要小一些。停泊退费须符合下列条件：

（1）被保险船舶在保险合同期内发生全部损失；

（2）停泊天数以连续停航30天为一期；

（3）停泊地必须处于保险人认可的港口或停航区内；

（4）被保险船舶在停泊期间不得储存或驳运货物。

该条款共分成以下两款：

第　款（分成2项），规定了两种特定情况下的退费，具体数额以保单为准。

第二款（分成5项），规定了退费的一系列限制条件。

（二十三）战争除外条款（War Exlusion Clause）

该条款规定，保险人对下列原因造成的船舶损失，不承担责任：

（1）战争、内战、革命、叛乱；

（2）捕获、扣押、扣留、羁押或禁止由此引起的后果或企图进行这些行为引起的后果；

（3）无主的水雷、鱼雷、炸弹或其他无主的战争武器。

（二十四）罢工除外条款（Strikes Exclusion Clause）

该条款规定，保险人对下列原因造成被保险船舶的损失、责任和费用，不予赔偿：

（1）罢工、被关在厂外、民变、暴动或工潮；

（2）恐怖分子或任何怀有政治动机的人。

（二十五）恶意行为责任免除条款（Malicious Exclusion Clause）

该条款规定，保险人对下列原因引起的被保险费用或责任，不予赔偿：

（1）炸弹爆炸；

（2）战争武器；

（3）任何人怀有政治动机的恶意行为。

（二十六）核武器责任免除条款（Nuclear Exclusion）

该条款规定，由于应用原子或核裂变、核聚变或其他类似反应或放射能、放射物质所制造的任何战争武器，由此引起的被保险船舶的损失、责任和费用，保险人不予赔偿。

第四节　船舶保险理赔

船舶保险的理赔应该属于海上保险的理赔（第七章）的范畴，鉴于船舶保险损失原因比较复杂，承保的险种也各不一样。我们认为，应该在第七章的基础上，对船舶保险的特殊内容做些补充和说明。

船舶保险的赔案从事故发生到赔案处理完毕，其周期特别长。被保险人的索赔请求是非常滞后的，保险人在获知（接到报案）事故时，就应该积极介入事故的处理，或者说积极指导被保险人处理事故。

如果等被保险人将事故处理完毕，向保险人提出索赔时，再审核保险责任、确定损失程度和费用，到那时就来不及了。

一、船舶保险理赔事项（Procedure of Claims Handling）

船舶险的理赔与其他理赔事务一样，主要是定责任、定损失、理算三个事项。

（一）定责任（确定是否属于保险责任）

理赔人员根据被保险人出具的"出险通知书"、船长出具的"海事报告"、公估公司或检验机构报告中的事故原因，并根据经办人的经验，对照保险单中列明的保险责任，确定某事故是否属于保险责任。

属于保险责任的船舶险事故，主要含有以下三个内容或条件：

（1）该事故的原因是保险单中列明风险造成的，而且不属于除外责任的内容。

（2）该事故发生的时间是在保险单的保险期限内。

（3）该事故的损失大于保险单规定的免赔额。

如果被保险人等所有问题都处理完了才向保险人索赔，其原则是一样的。如果该海上事故不属于保险责任应及时告知被保险人，以免干扰他们的决策。

（二）定损失（确定保险事故的损失金额）

总的原则是实事求是，符合客观实际，保险双方都应像没有参加保险那样考虑问题。定损的主要手段有公估公司或检验机构的评估和估价、保险理赔人员核定修理项目或账单、保险双方协商确定损失等。

需要定损的内容包括（但不限于）：

（1）物质损失，包括保险船舶本身的损失、碰撞事故中第三方的各种物质损失。

（2）各种费用，包括港口费、清舱费、检验费、对方的船期损失、法律费用等。

（三）理算（确定保险事故的赔偿金额）

定损金额是客观的，赔偿金额要受到保险单规定的约束。主要考虑的因素如下：

（1）是否足额投保（不足额投保须比例分摊）。

（2）责任比例分成（仅指碰撞事故，是否有船东责任限制）。

（3）是否共同海损的分摊问题（理算报告的解读）。

（4）有关免赔额和残值问题。

（5）最终赔款是否超过保险金额和多个保额分别计算问题。

二、船舶保险检验（Survey of Hull Insurance）

船舶作为海上运输的专属工具，结构复杂、设备众多、技术要求高，对其损坏的评估需要有丰富的经验和专业的知识。在此，我们简单介绍一下船舶的检验问题。

被保险船舶一旦发生了保险单项下的海损事故，被保险人将依照保险条款的规定，就因此而产生的损失和有关费用向保险人索赔。被保险人总是希望尽快从保险人处获得赔偿，保险人则要求被保险人的索赔金额既公平又合理。在这种情况下，要使双方能合情合理地解决这一问题，就必须聘请经验丰富的验船师进行检验，以保护各方的利益。验船师的主要职责是运用自己的丰富经验和专业知识，站在公正的立场上，从技术上分析事故发生的原因，确定损失的性质、程度和范围，提出修复的要求。在海损检验中，由于各类事故的情况不一样，检验要求也不尽相同。

在单独海损事故中，验船师应对船舶损坏部分的原因进行鉴定，明确其损坏的性质是属意外事故还是属自然磨损或耗损。如果损坏原因是船壳的自然耗损锈蚀或机器设备的自然磨损所致，保险人根据条款规定是不予赔偿的。此外，验船师还应确定与海损修理直接有关的费用，比如按照保险条款的规定，保险人对船底的除锈或油漆的费用不予负责，除非这些费用与海损修理直接有关。也就是说，如果船舶搁浅后船底板破损，进坞后调换更新船底板及其油漆费用应由保险人赔偿，这是因为该油漆费用是"与海损修理直接有关"的费用。

在共同海损的事故中，验船师的主要职责是分清哪些船舶的损坏属于单独海损，哪些属于共同海损，便于日后汇报给理算师，以便进行合理的理算。如果是机械事故引起的共同海损，应同时查明机损事故的原因，为共同海损能否成立提供依据。

在船舶碰撞的事故中，验船师的主要职责是确定碰撞的范围和程度，估算修理的时间和费用，查勘碰撞船舶的速度和计算碰撞时的角度。这些都是非常重要的，因为就船舶保险人而言，在发生碰撞事故后需要及时获取上述资料，作为向对方提供或向对方索取担保的依据。一个精明的保险人或被保险人在发生船舶碰撞事故后，应及时与对方船东联系，尽快地安排信得过的验船师对对方船舶进行海损检验，并取得检验报告以确定对方船舶的受损部位、范围及程度，防止日后有意扩大损失修理范围，并为分析事故原因、划分事故责任取得证据。

此外，被保险船舶碰撞或触碰任何固定的浮动的物体而引起被保险人应负的法律赔偿责任，也属中国人民保险公司的船舶保险条款的范围之内（但任何财产或物件所造成的污染除外）。在国际上这类碰撞其他物体的风险通常由船东互保协会承保。在碰撞浮动或固定物体的事故中，验船师应当检验碰损部位的范围和程度，对碰损的部位及碰损物体的全貌进行拍照，调查碰损物体的建造时间及设施情况，了解修理计划、修理方案、修理期间的临时设施、修理时间，承包修理的厂商名称和估计修理费等，并将上述内容列入检验报告，以供保险人或被保险人日后与对方交涉之用。

除了海损事故检验之外，海上船舶保险的检验通常还包括如下内容：

（1）拖航检验。拖航检验是指以保险为目的，对拖船、拖曳设备以及被拖船舶或浮动物体进行的检验和审核。保险人为了防止在拖航中发生事故，往往要求被保险人在拖航前安排验船师对被拖船或物体进行检验，根据季节和拖航路线来审定被拖船或物体本身的技术设备状况，以确定是否有适拖性。只有取得了验船师的适拖证书后才准予拖航；否则，由于不适拖而造成的损坏，保险人是不承担责任的。

（2）船舶状况检验。船舶保险状况是指船舶在投保前，船舶保险人（或经纪人）为考虑承保，委托验船师进行检验并提供有关船舶技术状况的详细报告和船舶价值的评估以及船东互保协会对具有一定船龄的船舶为确定其状况而要求进行的检验。其主要目的在于发现船舶及设备存在的缺陷和可能导致人身伤亡、货物损失危险的潜在缺陷，以敦促船东采取相应的改进措施。

（3）船级检验。在大多数情况下，保险公司要求船舶持有由其承认的船级社签发的船级证书。例如，中国船级社、美国船级社、法国船级社、挪威船级社、英国劳合社船级社、日本海事协会、意大利船级社等。船舶入级完全自愿。符合船级社规范要求的船可随时入级，但新造船舶通常"在检验下建造"。也就是说所有有关图纸要先提交有关船级社审查，船体结构要在制造时检验，而且船舶建造要在船级社验船师监督下进行。船舶入级后，船级社将发给船级证书，也可以在船舶不符合标准时随时取消船级，收回证书。船级社验船师对入级船舶进行年度检验和特别检验（每4年1次）来确保标准。对发生的任何损坏进行检验，提出修理要求以保持船级。除船体要入级外，轮机、锅炉和冷藏装置也要入级。入级后由船级社发给各种入级证书。船级社的规范中包括有国际公约规则中对客货船的要求。

从原始的出发点来看，船舶检验是一种行政监督行为。最早我国有船舶检验总局（与中国船级社合署办公），现在海事局内的船舶检验处与中国船级社并列存在。

船舶保险的海损检验是一种公证检验行为（见表 10-3）。

表 10-3　船舶保险的海损检验

<table>
<tr><td rowspan="8">船舶检验</td><td colspan="2">项目</td><td colspan="2">旧船</td><td colspan="2">新船</td></tr>
<tr><td colspan="2" rowspan="2">初始检验</td><td>入级</td><td>未入级</td><td>入级</td><td>未入级</td></tr>
<tr><td></td><td></td><td>船级社</td><td>船检处</td></tr>
<tr><td rowspan="3">中间检验</td><td>年检</td><td>船级社</td><td>船检处</td><td></td><td></td></tr>
<tr><td>特别</td><td>船级社</td><td>船检处</td><td></td><td></td></tr>
<tr><td>海损</td><td>船级社</td><td>船检处</td><td></td><td></td></tr>
<tr><td rowspan="2">特殊检验</td><td>状态</td><td>船级社</td><td>船检处</td><td></td><td></td></tr>
<tr><td>拖航</td><td>船级社</td><td>船检处</td><td></td><td></td></tr>
<tr><td>保险</td><td colspan="2">公证检验</td><td colspan="2">保险公估公司</td><td></td><td></td></tr>
</table>

船舶状态检验——制定技术规范，检验实际状态与技术规范要求是否相符。

船舶保险检验——鉴定事故性质和原因、确定损坏范围和损坏程度、估算修理时间和费用。

船舶保险检验的类型如下：

（1）单独海损，区分自然损耗、自然锈蚀、自然磨损。

（2）共同海损，区分单独海损费用和共同海损费用。

（3）其他损失，固定、浮动物体和货物。

三、船舶保险的赔偿（Indemnity of Hull Insurance）

在船舶保险中，赔偿是最基本的原则之一。船舶保险的赔偿原则是损失多少赔偿多少，但以保险责任范围和保险金额为限，被保险人不能在赔偿过程中谋利。在定值保险单的情况下，按约定的保险价值进行赔偿，比如保险单上的船舶价值为 100 万美元，发生赔偿时则以此价值为依据。在不定值保险单的情况下，按各国法律规定的可保价值进行赔偿。可保价值一般是投保时船舶价值加船上索具。如果是蒸汽船舶，则再加上船方添置的机器、锅炉、燃料等。如果船舶从事特殊运输的，还应加上所添置的设备费用。在超额保险的情况下，按保险价值或可保价值进行赔偿。在重复或共同保险情况下，按保险价值或可保价值由重复或共同保险人进行分摊。在不足额保险的情况下按比例赔偿。以上几种情况主要是针对船舶的实际或推定全损的赔偿。

如果发生共同海损或救助需要船方分摊费用的情况下，保险人以船舶市价按比例赔偿。在部分损失赔偿的情况下，均扣除保险单上规定的免赔额，但对碰撞责任、共同海损分摊、救助费用不扣除免赔额。

在代位追偿的情况下，保险人只能索取已赔的款项。如果追偿回来的款项高于已赔的款项，保险人应将高出部分退还被保险人。

四、赔款的计算 （Calculations of Claim's Payment）

保险人经过核赔确定船舶损失原因和程度后，应按照保险条款的规定，依据不同损失情况分项计算保险赔偿金额。在一般情况下，因损失不同其计算标准也不同，因此保险人可以按照船舶全损、部分损失、费用损失、碰撞责任和共同海损分摊等损失项目分别进行赔款计算。

（一）船舶全部损失赔款计算

被保险船舶遭受全部损失，保险人的赔偿金额就是全部保险金额。船舶全损根据实际全损和推定全损的情况，保险人在赔偿处理时应分别对待。

（1）船舶实际全损赔偿。当被保险船舶遭受实际全损，保险人应按保险单所载明的保险金额进行赔偿，并且不扣除免赔额。但是被保险人获得实际全损的赔偿金额后，应将与被保险船舶的有关权益转移给保险人。不过，按照国际惯例，被保险人在发生事故航程中应收的运费，保险人不得要求享受。如果被保险人在未提出实际损失索赔之前已将船舶残骸出售，保险人应将残值从赔偿金额中扣除，如果没有出售，其残值归保险人所有。其计算公式如下：

实际全损赔偿金额＝保险金额－残值

（2）船舶推定全损赔偿。船舶发生推定全损，被保险人可以选择两种方式索赔，即推定全损索赔、部分损失索赔。如果被保险人选择按推定全损索赔，必须向保险人发出书面形式的委付通知，保险人根据情况考虑是否接受委付。如果接受委付，就按全损赔偿，同时取得船舶的一切权利和义务。在实际操作中，大多数保险人会拒绝接受委付，而按全损赔付。如果被保险人要求按照部分损失索赔，无需向保险人提出委付，保险人直接按部分损失赔偿。

在船舶保险中，发生部分全损的情况很少。然而，如果被保险人投保时，把船壳和机器价值分项列出，即使以单独海损不赔的条件承保，保险人对于其中任何一项因保险风险所致的全损仍要承担赔偿责任。

（二）船舶部分损失赔款计算

如果船舶遭受部分损失需要修理，保险人按实际支付的修理费用在保险金额限度内赔付，其赔偿金额应扣除保险单所规定的免赔额。其计算公式如下：

赔偿金额＝实际支付的修理费用－免赔额

按照英国1906年《海上保险法》的规定，船舶部分损失所支付的修理费用的赔偿有以下几种情况：

（1）如果船舶全部修复，其赔偿金额等于船舶合理的修理费用减去免赔额，但每次事故引起的修理费用赔偿不得超过保险金额。

（2）如果船舶部分修复，其赔偿金额按两部分处理。对于已经修复部分的费用，按上述办法处理。对于未修复部分的合理折旧费用，保险人予以赔偿，但两者之和不得超过全部修复时的金额。

（3）如果船舶全未修复，其赔偿金额为对未修损害在保险终止时所引起的该船舶市场价值的合理折旧金额，但不得超过对此损害修复时的合理费用。

按照船舶保险条款的规定，保险人承保的船舶修理费用包括下列项目：

（1）临时修理费用。当受损船舶停靠的港口因缺乏修理船舶的条件时，被保险人为了使船舶恢复适航而驶往具备修理条件的港口而进行的临时修理；其临时修理费用可视作合理的修理费用由保险人赔偿。若被保险人是为了自己的便利而进行的临时修理，则临时修理费用不能由保险人赔偿。要注意的是，如果临时修理是在避难港进行的，则按共同海损予以负责。

（2）修理中的加班费用。为了加快船舶的修理进程，常常会出现加班的情况。如果加班是为了减少船舶在船坞停留的时间并节省了船坞费用的支出，那么由这些原因而支付加班费用都被认为是合理的，保险人可以负责赔偿，其赔偿金额可等于其节省的费用数额。对于因共同海损行为造成船舶损失，在避难港对受损船舶进行修理而加班并节省了修理费用时，可以作为共同海损中的替代费用参加共同海损分摊。但是，如果被保险人只是为了自己的利益而加班修理，这种加班费不属于合理修理费用范围，由被保险人自行负担。

（3）因推迟修理而增加的修理费用。通常情况下，当船舶的受损程度没有达到影响船舶继续营运时，被保险人会推迟修理船舶的时间，即拖延一段时间乃至几年后才对船舶进行修理。这显然因推迟修理可能扩大船舶的损失程度而使修理费用大大增加，对于这种因推迟修理而增加的费用，保险人是不予负责的。但在实务中推迟修理有时也会有利于保险人。例如，船舶受损一段时间后，就是船东按原检修计划进入船坞修理的时间，船舶的损失修理拖延到与正常维修同时进行时，保险人对于进出船坞的费用和共同使用船坞的费用按比例赔偿。

（4）使用船坞费用。船舶因遭受意外事故造成的损失需要使用船坞进行修理时，进出船坞费用和使用船坞费用，都可视为合理的修理费用的一部分由保险人负责。实际上，有时船舶进入船坞修理既是为了对意外事故造成的损失进行修理，又是为了船舶的正常维修。如果只是因后者所产生的费用则由被保险人（船东）自己承担，但是如果进坞修理的原因是两者兼而有之，则进出船坞的费用与使用船坞的费用可由保险人和被保险人协商按一定的比例分摊。假若船舶进坞是为了损坏修理，被保险人也趁此机会对于不属于保险责任的损失一起进修理，只要后一种修理不延长船舶使用船坞的时间，也没有增加修理费用，保险人就不能要求船东参加进出船坞和使用船坞费用的分摊。在对被保险船舶的修理中，如果同时对共同海损和单独海损造成的损坏都进行了修理，那么船坞费用也要按共同海损损失与单独海损损失平均分摊。

（5）清除易燃气体费用。在对船舶进行修理之前，为了安全起见，要求对船舱和油槽进行清理，清除易燃气体。这种清除易燃气体的费用也可视为合理的修理费用由保险人负责。

（6）船舶搁浅后的船底检验费和船底除锈、喷漆费用。保险人对于船舶搁浅后专门检验船底而产生的合理费用可以负责，并且不扣减免赔额。也就是说，保险人对于承保风险造成的船壳钢板损失进行修理时而产生的船底除锈喷漆合理费用予以负责，但不是承保风险所产生的费用由被保险人自己承担。

（7）受损船舶移港修理费用。受损船舶停泊在无法进行修理或无把握进行修理的港口时，为移往能够修理的港口而产生合理的适当的费用，保险人可予以负责。值得注意的是，这部分费用还包括返回原港口的费用，如果该船在修理后马上返回港口，其返回费用可由保险人负责；如果该船驶向另一装货港口，保险人要赔偿一笔相当于该船返回原港口所需费用的数额。

（8）船员的工资和给养。保险人对受损船舶在修理期间的船员工资和给养是不予赔偿的。然而，当雇佣船员作为修理工进行修船时，这种费用可以作为修理费的一部分，由保险人赔偿。此外受损船舶需要移港修理时，移港过程中船员的工资和给养被看作移船费用的一部分，保险人负责赔偿。同样，船舶修理完毕后的试航中所发生的船员工资和给养也由保险人承担。

（9）燃料和物料费用。船舶在修理期间，为修理而耗费的燃料和物料费用以及移船修理中使用的燃料和物料费用，都可以由保险人视为合理的修理费而负责赔偿。

（10）代理手续费。当发生单独海损时，被保险人或其代理人或管理人为提供损失证据所花费的时间和劳务，保险人不予负责赔偿。不过共同海损理算人的费用或船方代理为取得共同海损担保所支付的费用不在此列。

（11）船东的监管人费用。在船舶修理时，船东常常请海运监督人全面负责其船舶的管理、维修和修理工作，当船舶发生意外事故时，该监督人一般要参与对损失的检验，并同保险人和船级检验人商定修理损失的方法，保险人对于船东付给监督人的劳务费和检验费均予以赔偿。

（12）船舶修理招标期间所支付的费用。被保险人在等候保险人要求招标时所花费的时间损失，也就是从发出招标邀请到接受投标为止这段时间内被保险人额外支付的燃料、物料、船员工资和给养等，保险人给予赔偿，其赔偿金额以船舶当年保险价值的30%为限。等待中标而损失的时间，按一年365天比例计算。赔偿金额的计算公式如下：

$$赔偿金额 = 保险价值 \times 30\% \times \frac{等待天数}{365}$$

例：某船舶保险价值为 7 300 000 美元，被保险人等待招标的时间为 40 天，保险人应赔偿金额为：

$$赔偿金额 = 7\ 300\ 000 \times 30\% \times \frac{40}{365} = 24\ 000 （美元）$$

第五节　船东保赔保险

船东保赔保险（简称保赔险，P&I），属于船东的海上责任保险。保赔险的全称是"船东保障和赔偿责任保险"（Ship-owner Protection & Indemnity Insurance）。

一、船东保赔保险的产生

船东保赔保险的产生是海上保险市场发展的必然结果。由于普通商业船舶保险无法完全满足船东的需要，如1/4碰撞责任、超出船舶价值的碰撞责任、船东对第三人人身伤亡之赔偿责任以及船舶不适航所造成的货损责任等都不属于普通商业保险的承保范围，但这些责任对于船东而言非常重要。为了分散风险，船东互保协会应运而生。它的前身是18世纪末的船壳互保协会（Hull Club）。自1885年世界上第一家船东互保协会——Britannia船东互保协会成立以来，保赔协会（Protection and Indemnity Clubs，简称P&I Clubs）以其丰富的理赔经验、遍布全球各大港口的通信代理网络和广泛接受的资信担保，既为船东提供了一般商业保险，又为船东提供了解决跨国界纠纷的服务，从而使得保赔协会成为航运业中不可或缺的船东责任保险机构。

保赔协会是海上保险市场运作最重要的相互保险合作集团，也是船东之间的相互保险组织。世界第一家保赔协会是在18世纪末成立的，而第一个现代意义上的海上保赔协会于19世纪中叶在英国成立。现在这些协会在海上保险中仍然发挥重要的作用，特别是在责任保险方面，伦敦仍然是世界上重要的海上保赔协会中心，保赔协会全球业务量的70%来自伦敦。而且，13个协会的合作组织、非常有影响力的"国际保赔协会集团"的总部设在伦敦，该集团占保赔业务的累计市场份额超过90%。除了作为对外活动集团的代表功能外，国际集团还特别着重组织成员协会之间的共保安排。

保赔协会承保的主要业务是承保海上保险人不愿承保的各种风险如船舶所有人的各项责任赔偿和费用损失等。该协会根据入会船东所属船舶的总吨位计算出应该收取的会费。在入会船舶发生保赔责任范围和损失时，如船长和船员的人身伤害及疾病、油污损害、货损货差、清理航道、沉船、遣返船员等，都可由保赔协会负责赔偿。协会的赔偿金额和管理费用由每一会员按比例分摊。

目前国际上有41家保赔协会，大部分都集中在英国伦敦，这些组织都是跨国性的组织。我国的远洋运输船舶和中外联营公司的船舶加入了保赔协会。自从1993年年底以来，有41家海上保赔协会在英国开办了保险业务，其中有5家在百慕大开办业务，还有2家在卢森堡开办业务，其余34家在伦敦开办业务。目前，保赔协会除承保劳合社和海上保险人保单条款中不承保的责任保险外，自20世纪70年代以来，还承保其他风险，如罢工、贸易纠纷以及船舶经纪人和租船人的辩护费用和法律诉讼费用。

世界上 13 家保赔协会承保了占世界商船总吨位 95% 以上的船舶责任保险，而保赔保险也早在 19 世纪 60 年代就与劳氏船舶保险和货物运输保险并列成为传统海上保险的三大内容之一。

国际保赔协会集团成员名单如表 10-4 所示。

表 10-4　国际保赔协会集团成员名单

序号	名称	注册国家	注册地	成立时间	入会吨位/万吨
1	联合王国保赔协会	英国	伦敦	1888 年	12 420
2	布列塔尼亚保赔协会	英国	伦敦	1855 年	8 870
3	GARD 保赔协会	挪威	阿伦达尔	1906 年	7 190
4	日本保赔协会	日本	东京	1950 年	5 406
5	标准保赔协会	英国	伦敦	1970 年	4 800
6	西英保赔协会	英国	伦敦	1870 年	4 700
7	汽船保赔协会	英国	伦敦	1909 年	4 250
8	北英保赔协会	英国	纽卡斯尔	1886 年	3 700
9	SKULD 保赔协会	挪威	奥斯陆	1897 年	2 760
10	伦敦保赔协会	英国	伦敦	1866 年	2 722
11	美国保赔协会	美国	纽约	1917 年	1 523
12	瑞典保赔协会	瑞典	哥德堡	1873 年	1 480
13	船东保赔协会	英国	伦敦	1855 年	883

二、船舶保赔保险的特点[①]

保赔保险是海上保险的内容之一，但与普通商业保险有明显的差别。

（一）船东保赔保险是一种互保性质的保险

船东保赔保险是由各个船东联合起来，以保障和赔偿为目的，对普通商业中船舶险所承保的责任风险以外的，由海上风险引起的船东对他人的责任风险的互相保险（Mutual Insurance）。会员在船东保赔协会中扮演以下两种角色：保险人和被保险人。当其中一方遭受协会所承保的风险时，他便是被保险人，其他船东作为承保人对其负有赔偿的责任。如果其他船东遭受了协会所承保的风险，他便成为保险人，对其他船东负有赔偿责任。

保赔协会的互保性质即每个会员既是投保人又是承保人，保赔协会的利益与船东的利益是一致的。因此，在保赔保险中，遭受损失的船东更容易得到赔偿。

（二）保赔保险是非营利性保险

普通的商业保险公司是营利性的法人，而船东保赔协会是非营利性的组织。例如，《中国船东互保协会保险条款（1999）》（*China Ship Owners Mutual Assuronce*

---

① 参见 2005 年 3 月 14 日中国保险网李文德的博客文章《船东保赔保险性质浅析》（http://www.rmic.cn/action/blog/viewArticleContentAction）。

Association，1999）第一条规定：中国船东互保协会是船东互相保险的组织，其宗旨是维护与保障其会员的信誉与利益，并为其提供各项专业性服务。可见，保赔协会并不以谋取利润为其宗旨，这是由它作为船东互保组织的性质所决定的。从保赔协会收取保费的来看，保赔协会收取保费的总的原则是维持资金平衡。

保赔协会收取保费的方式与普通商业保险不同。普通商业保险的保费是一次约定的，而保赔协会收取的保费由预付保费和追加保费构成。预付保费是由协会经理部与投保人在船舶申请入会时，根据船舶登记总吨、船龄、船型、船舶技术状况、营运特点、保险险别以及历年保险赔付状况等因素商定而支付的保费。追加保费是保赔协会在保险年度结束后根据协会的整体赔付情况决定征收的保费。有时，保赔协会还会加收巨灾保费以弥补保赔协会留存的巨灾事故储备金不足以支付赔偿金的部分。

（三）保赔保险承保的是一种责任险

海上保险是以船舶和货物为中心，为船东和货主提供风险保障，以船东和货主的财产灭失或损坏以及对第三人的责任为主要承保范围，包括三种保险：海上货物运输保险、船舶保险和船舶责任保险。其中海上货物运输保险和船舶保险属于商业保险公司都能承保的普通财产险，承保因自然灾害和意外事故造成的船舶灭失或损坏。对于船东的责任风险，商业保险公司只是在船舶险中承保 3/4 的碰撞责任。但船东所面临的责任却远远不止这些，还包括运输合同的责任以及其他对第三人的侵权责任等。保赔协会承保了普通商业保险不承保的风险，范围很大，主要包括对人的责任、对物的责任、对费用的责任、油污的责任，清理沉船沉物的责任和根据拖带合同产生的责任等。

保赔保险承保的责任风险可分为保障和赔偿两种。保障指的是保障船东的利益，使其不受损害。如对船舶保险不承保的碰撞责任、人身伤亡的责任、清理沉船沉物的责任、油污责任等的承保。赔偿指的是指承保船东的货物赔偿责任。例如，对货物丢失、短少的责任，残损货物的处理费用、因无人提货而产生的责任和费用的承保。

无论是保障类保险还是赔偿类保险，都是针对船东所面临的责任风险所设立的。因此，保赔保险实质上是一种责任保险。

（四）船东保赔保险没有最高赔偿限额的规定

普通商业保险是有最高赔偿限额的保险，保单中通常会约定保险金额，保险人对于保险标的发生全损时赔偿的最高限额。保险价值等于保险金额为足额保险。保险金额小于保险价值，为不足额保险。

船东保赔保险是无限责任保险，没有最高赔偿限额的限制。但有一个例外，即对油污责任的赔偿是有最高赔偿限额的，如《中国船东互保协会保险条款（1999）》规定：本协会对油污损害责任的赔偿每次事故不超过 10 亿美元。和世界上其他船东保赔协会条款规定一致。

三、保赔险条款简介

国际通用的保赔险条款有 23 款，主要包括（但不限于）以下这些项目：

（1）1/4 的碰撞责任+超出限额的碰撞责任。

（2）船东对第三者的人身伤害+船员航病。

（3）船东不可免责（不适航）的货损货差赔偿责任。

（4）强制打捞、清理航道、清理残骸等。

（5）污染损害责任赔偿。

四、我国船东互保协会[①]

中国船东互保协会（China Shipowners Mutual Assurance Association）是经中国政府批准的船东互相保险的组织，于 1984 年 1 月 1 日在北京成立。依照中华人民共和国国务院颁布的《社会团体登记管理条例》规定，中国船东互保协会作为全国性社会团体在中华人民共和国民政部注册登记，依法享有社团法人资格，接受交通运输部的业务指导和民政部的监督管理。该协会总部现已迁至上海市，设立了中船商务管理有限公司，形成了上海总部和北京、大连、青岛、广州、香港的国内机构和英国、新加坡的国际机构综合经营布局。

中国船东互保协会自成立以来，协会业务规模不断扩大。随着国投远东航运有限公司 52 709 总吨的散货船"国投 302"入会，中国船东互保协会于 2012 年 6 月 20 日的入会船舶规模再创历史新高，一举突破了 3 200 万总吨。协会的船舶互保业务近年来发展迅速，已成为中国大陆三家最大的船险承保人之一。较著名的会员有中远集团（COSCO）、中海集团（CHINA SHIPPING）、河北远洋（HEBEI OCEAN）、中外运集团（SINOTRANS）、香港明华（MING WAH）、香港华光（WAH KWONG）、新加坡万邦（IMC）等。

中国船东互保协会目前能同时向会员提供保赔保险（P&I Cover）、船舶保险（Mutual Hull Cover）、战争险（War P&I）、租船人责任保险（TCL）和抗辩责任险（FD&D）。

（一）承保险种与服务

中国船东互保协会能够向会员提供保赔险（P&I）、互助船舶险（Hull & Machinery）、抗辩险（FD&D）、租船人险（Charterers' Cover）、战争险（War Risks）、航运延误险（Marine Delay Insurance）等多险种的一站式海上互助保障和专业服务。经过近 40 年的发展，中国船东互保协会的业务规模不断壮大，其信誉在国内外被广为认可。

中国船东互保协会已成为我国最大的保赔险保险人，保赔险入会总吨达 7 900 万吨，位居全球同业第九位。此外，近年来，中国船东互保协会互助船舶险业务发展迅速，已成为我国主要的远洋船舶险承保人之一。

中国船东互保协会在 140 多个国家和地区拥有 460 多家通信代理，搭建起了一个高效、快捷的全球性通信代理服务网络，可以随时为会员提供承保、理赔、防损、合规等专业服务。中国船东互保协会注重吸收和培养高素质专业人才，建立了

---

① 资料来源：中国船东互保协会官网（http：//www.cpiweb.org/）。

一支成熟的专家型管理和服务团队。

（二）主要会员

中国船东互保协会已发展成为拥有187家会员的国际性保赔协会。会员主要包括中国远洋海运集团、招商局集团、福建国航、山东海运、加拿大西斯班（Seaspan）、东方海外、长海船务、南京远洋、新加坡诚信、国银金租、江苏华新、上海君正、中波轮船、上海伟马、上海东渡、海丰国际、新加坡太平、新加坡万邦、法国达飞、民生金租、新加坡韦立等国内外大型知名航运和金租企业。

（三）国际合作

中国船东互保协会在立足服务我国船东的同时，积极开拓国际市场，开展国际合作。近年来，中国船东互保协会海外承保吨位比例逐年升高。按照"专业化、市场化、国际化、数字化"的发展战略，中国船东互保协会在从管理体制到市场化服务等方面不断与国际接轨，努力为全球航运企业提供专业、高效、优质、可靠的保障和服务。

在中国，中国船东互保协会与船级社、海事法院、海事仲裁委员会、海事局、商检局、律师行、专业独立检验师行（公估公司）等涉及海事海商案件处理的单位均有多年的工作关系，其放船担保更是经中国最高人民法院确认的法定担保。

拓展阅读

我国对外贸易主要海运航线分为近海航线和远洋航线两种。其中，近海航线11条，远洋航线4条。

中国贸易主要航线与
世界著名港口

一、近海航线

（1）港澳线——到中国香港特别行政区、中国澳门特别行政区。

（2）新马线——到新加坡、马来西亚的巴生港、槟城和马六甲等港。

（3）暹罗湾线，又称为越南、柬埔寨、泰国线——到越南的海防、柬埔寨的磅逊和泰国的曼谷等港。

（4）科伦坡、孟加拉湾线——到斯里兰卡的科伦坡和缅甸的仰光、孟加拉国的吉大港和印度东海岸的加尔各答等港。

（5）菲律宾线——到菲律宾的马尼拉港。

（6）印度尼西亚线——到爪哇岛的雅加达、三宝垄等。

（7）澳大利亚新西兰线——到澳大利亚的悉尼、墨尔本、布里斯班和新西兰的奥克兰、惠灵顿。

（8）巴布亚新几内亚线——到巴布亚新几内亚的莱城、莫尔兹比港等。

（9）日本线——到日本九州岛的门司和本州岛神户、大阪、名古屋、横滨和川崎等港口。

（10）韩国线——到釜山、仁川等港口。

（11）波斯湾线，又称阿拉伯湾线——到巴基斯坦的卡拉奇，伊朗的阿巴斯、霍拉姆沙赫尔，伊拉克的巴士拉，科威特的科威特港，沙特阿拉伯的达曼。

二、远洋航线

（1）地中海线——到地中海东部黎巴嫩的贝鲁特、的黎波里，以色列的海法、阿什杜德，叙利亚的拉塔基亚，地中海南部埃及的塞得港、亚历山大，突尼斯的突尼斯，阿尔及利亚的阿尔及尔、奥兰，地中海北部意大利的热那亚，法国的马赛，西班牙的巴塞罗那和塞浦路斯的利马索尔等港。

（2）西北欧线——到比利时的安特卫普，荷兰的鹿特丹，德国的汉堡、不来梅，法国的勒弗尔，英国的伦敦、利物浦，丹麦的哥本哈根，挪威的奥斯陆，瑞典的斯德哥尔摩和哥德堡，芬兰的赫尔辛基等港。

（3）美国、加拿大线——到加拿大西海岸港口温哥华，美国西海岸港口西雅图、波特兰、旧金山、洛杉矶；加拿大东海岸港口蒙特利尔、多伦多，美国东海岸港口纽约、波士顿、费城、巴尔的摩、波特兰和美国墨西哥湾港口的莫比尔、新奥尔良、休斯敦等港口。美国墨西哥湾各港也属美国东海岸航线。

（4）南美洲西岸线——到秘鲁的卡亚俄，智利的阿里卡、伊基克、瓦尔帕莱索、安托法加斯塔等港。

课后练习题（十）

一、名词解释

1. 有形标的
2. 无形标的
3. 船舶适航
4. 船舶入级
5. 中国船级社

二、是非判断题

1. 船舶保险是以各种船舶及其附属设备和相关责任为标的物的一种保险。自然灾害和意外事故不能完全避免，因此，船舶需要通过保险的方式来补偿损失。
（　　）

2. 船舶保险标的包括无形标的和有形标的。船舶所有人或承租人运送自己货物所得的利益以及第三者给付的运费属于有形标的。　　　　　　（　　）

3. 货物装载于子船内，子船载于母船上，到达目的港后，子船从母船上卸下，再装载另一子船，这种船被称为载驳船。　　　　　　　　　　　　（　　）

4. 船舶保险只承保适航的船舶，如果船舶在保险责任开始前已不适航，即使

保险合同已经签订，保险合同也无效。 （　　）

5. 世界上许多国家都有办理船舶入级的机构，其中最著名的是美国社船级社和法国的威里塔斯船级社。 （　　）

6. 在出口货物运输险中，由于保险单仅作为对外贸易结算的单证之一，货物保险单则可以转移。当然船舶保险单也能随船舶所有权的转移而转移。 （　　）

7. 载货船舶的保险责任自起运港装货时开始，直到目的港卸货完毕时终止。自保险责任开始，航次保险一律不办理退保和退费。 （　　）

8. 保险人既可以接受也可以拒绝或接受委付通知。若不接受委付，保险人仍按全损赔付，但不承担财产所有权以及由此引起的各种义务和责任。 （　　）

9. 船舶保险一切险除负责全损险责任范围内保险责任外，还包括部分损失以及碰撞责任、共同海损分摊，但不包括救助费用和施救费用。 （　　）

10. 共同海损分摊是指发生危及船舶、货物共同安全的事故，经过抢救脱险，保险公司负责赔偿船舶应摊付的各项共同海损损失和费用。但船舶对共同海损的分摊是以船舶共同海损分摊价值为标准。 （　　）

三、单项选择题

1. 船舶保险的承保标的分为有形标的和无形标的两种。属于无形标的物的是（　　）。

 A. 引擎   B. 锅炉

 C. 通信装置   D. 预期利润

2. 用于装载日用百货、食品等杂货，也可装载谷物、煤炭、木材等散杂货，还能运送集装箱的船舶被称为（　　）。

 A. 冷藏船   B. 杂货船

 C. 液货船   D. 散装货船

3. 船级证书是证明船舶具备安全航行技术条件的文件，有效期为（　　），期满时需再申请检验，以决定是否保持船级。

 A. 4 年   B. 2 年

 C. 3 年   D. 5 年

4. 出口货物运输保险按某一航程来划分，即从发货人仓库起到收货人仓库止。船舶保险可分为（　　）的定期险和以航程为单位的航次保险。

 A. 以年为单位   B. 以月为单位

 C. 以季为单位   D. 以半年为单位

5. 定期险期限最长为 1 年，以保单注明日期为准。如果保险到期时被保险船舶还处在航行途中或危险当中，须事先通知保险人，并（　　）缴付保费。在这种情况下，保险人可继续负责船舶抵达目的港。

 A. 按年比例   B. 按月比例

 C. 按日比例   D. 按季比例

6. 被保险船舶在船厂修理或装卸货物或在保险人同意的水域停泊超过 30 天时，停泊期间的保费按净保费的（　　）退还被保险人，但这一条不适用船舶全损。

  A. 月比例的 25%   B. 月比例的 50%

  C. 日比例的 25%   D. 日比例的 50%

7. 载货船舶自起运港装货时开始直到目的港卸货完毕时终止。但自船舶抵达目的港当日 0 时起最多不超过（　　）。自保险责任开始，航次保险一律不办理退保和退费。

  A. 60 天   B. 30 天

  C. 20 天   D. 15 天

8. 船舶全损险分为实际全损和推定全损两种。（　　）是指船舶发生事故后，船舶的实际全损已不可避免，或恢复、修理、救助的费用，或这些费用的总和将超过船舶的保险价值。

  A. 部分全损   B. 实际全损

  C. 委付   D. 推定全损

9. 保险人对共同海损分摊的核定，是以船舶共同海损分摊价值为准的。如果船舶保险金额高于船舶分摊价值，保险公司对船舶应分摊的部分（　　）赔付。

  A. 比例   B. 不足额

  C. 足额   D. 分担

10. 救助是指被保险船舶发生保险事故后，由第三者提供帮助并取得成效，保险人对救助费用的赔偿和船舶损失赔偿加在一起，以（　　）为限。

  A. 保险金额   B. 保险价值

  C. 实际费用   D. 实际损失

四、思考题

1. 船舶保险的无形标的包括哪些？
2. 船舶保险的有形标的包括哪些？
3. 简述船东加入船级社的意义。
4. 简述船舶保险的特点。
5. 简述我国船舶保险的除外责任。

五、计算题

  一艘小货船在进港时与一艘大货船发生碰撞，双方各有责任，小货船负主要责任，大货船负次要责任，小货船承担 60% 的过失责任，大货船承担 40% 的过失责任。大货船损失财产 40 000 元，小货船损失财产 20 000 元，用单一责任制和交叉责任制两种方法计算。分析各保险公司承担责任的大小。

第二篇

海上保险实务

实训一　客户投保

一、背景知识

1. 什么是客户?

在保险行业里,客户指的是投保人或要保人,即经申请与保险人订立海洋货物保险合同,负有交纳保险费义务的一方当事人。海洋运输货物保险的投保人可以是自然人或法人。投保人可以是为自己的利益,也可以是为他人的利益或两者兼有而订立海洋货物保险。作为海洋运输货物保险的投保人应当具备两个条件:

(1)应当具有民事行为能力。众所周知,订立海洋货物运输保险合同是一种民事法律行为,所以,要求投保人或被保险人具有民事行为能力。根据《中华人民共和国民法通则》的规定,投保人必须是年满 18 周岁或者年满 16 周岁并以自己的劳动收入为主要生活来源的精神正常的自然人,而投保海洋运输货物保险的社会组织则应当依法取得法人资格或法律认可的独立地位。

(2)应当具有保险利益。作为海洋货物运输保险的投保人应当与保险标的之间存在着某种经济与利害关系。没有这种利害关系的人不能向保险公司投保。对保险标的具有保险利益的人包括货物所有人对其享有所有权的货物具有保险利益、船舶所有人、运费所有人对相应的运费具有保险利益以及租船合同中的出租人对其应行的租金具有保险利益等。

此外,有时候投保人或要保人与被保险人是同一个人。被保险人是指承受保险事故所造成保险标的损失的后果,并有权请求赔偿的当事人。被保险人是海洋货物保险中获取保险保障的直接承受者。根据大多数国家的海上保险惯例,若投保人为自己利益投保海洋货物运输保险时,那么,投保人与被保险人就是同一人;假如投保人为他人利益投保时,被保险人就是另一个人,而不是同一个人。

2. 客户投保准备

在我们知道什么是客户之后,客户在海洋运输货物投保时应该做哪些准备呢?

首先，应该选择什么样的保险公司作为保险标的承保人，这一点非常很需要。选择保险公司将是客户一个重要的考虑因素。比如说，保险公司的财务状况、业务分布、保单条款和保费高低亦是客户要考虑的因素。并不是每一家公司的保费都是相同的，必须比较一下不同公司收费的不同之处。因此谨慎选择保险公司相当重要。

二、海洋货物运输投保单

1. 什么是海洋货物运输投保单？

海洋运输货物投保单是投保人向保险人提出投保申请和要求保险人同意承保的一个书面文件，是海洋运输货物保险合同组成部分之一，因此投保人就自己的货物向保险公司投保时，必须事先填写投保单以及其他形式的投保文件，并且按照要求正确填好每一项内容。如有不实，就会影响被保险人的索赔权益。

2. 海洋货物运输投保单式样

海洋货物运输投保单的式样比较规范。文字采用中英文对照的形式，以适应不同的客户。如果客户是中国人，可以用汉语填写相关内容；如果客户是外国人，可以用英文填写相关内容。不过，我们在实验室进行练习时，要用英文填写。表1是中国人民保险公司投保单式样。

表1　投保单

PICC
中国人民财产保险股份有限公司
PICC Property & Casualty Company Limited

货物运输保险投保单
APPLICATION FORM FOR CARGO TRANSPORTATION INSURANCE

1. 被保险人名称： Name of the Insured：*Guangdong Foreign Trade Import & Export Company*	
2. 发票号码： Invoice No：*2023JCNY-101-2* 提单号码： B／L No：*MISC200000537*	合同号码： Contract No：*2023JCNY-101* 信用证号码： L／C No：*958126635*
3. 投保险别： Coverage： *Covering All Risks.*	
4. 装载运输工具： Per Conveyance：*BLUE BIRD V50*	
5. 启运日期：年 月 日 Date of Commencement：*June 25ᵗʰ, 2023*	
6. 自：　　　　　　　经：　　　　　　　　　　　至： From *Shanghai*　　Via *Singapore*　　　　to *New York*	

7. 请如实告知下列情况，如情况相符请在括号内打 ［ √ ］

Please inform the following conditions, if yes, please put a check mark in the brackets.

①货物种类：袋装 ［ ］ 散装 ［ ］ 冷装 ［ ］ 液体 ［ ］ 活动物 ［ ］ 机器／汽车 ［ ］ 危险品等级 ［ ］

Goods: Bag/Jumbo ［ ］ Bulk ［ ］ Refer ［ ］ Liquid ［ ］ Live Animal ［ ］ Machine / Auto ［ ］ Dangerous Class ［ ］

②集装箱种类：普通 ［ ］ 开顶 ［ ］ 框架 ［ ］ 平板 ［ ］ 冷藏 ［ ］

Container: Ordinary ［ √ ］ Open ［ ］ Frame ［ ］ Flat ［ ］ Refrigerator ［ ］

③运输工具：海轮 ［ ］ 飞机 ［ ］ 驳船 ［ ］ 火车 ［ ］ 汽车 ［ ］

By Transit: Ship ［ √ ］ Plane ［ ］ Barge ［ ］ Train ［ ］ Truck ［ ］

8. 如为船舶运输，则提供船舶状况：

If transported by ship, please provide the conditions of the ship.

船舶登记号码 Ship Reg. No	船名 Name	船籍 Reg.	船级 Classification	船龄 Age	国际安全认证 ISM① Certified?
1985CH2356	Blue Bird	China	ZC	10	Yes

9. 发票金额： 投保加成（%）：

Invoice Value: USD 260 000   Plus（%）: 10%

10. 被保险项目及保险金额：

Insured Items and Sums Insured: US dollars two hundred and sixty thousand only

标 记 Marks of Goods	包装及数量 Packing & Quantity	保险货物项目 Descriptions of Goods	保险金额 Sums Insured
HUA LING	1 000 sets	HUA LING AIR CONDITIONER KF-23GW/E0101	USD 286 000

11. 总保险金额：

Total Sum Insured: US dollars two hundred and eighty-six thousand only

12. 赔款偿付地点：

Claims Payable at / in New York

投保人兹声明所填上述内容属实，同意以本投保单作为订立保险合同的依据；对贵公司就货物运输保险条款及附加条款（包括责任免除部分）的内容及说明已经了解，同意签署正式保险单；发生保险事故时，投保人未按规定交付保险费，保险人不负责赔偿责任。

I (the Applicant) do hereby declare that the above contents are truly filled in, and agree the conclusion of insurance contract based on this application form. I have understood the Company's explanation on the clauses (including exclusions) of Cargo Transportation Insurance and its additional clauses, and I agree to conclude formal insurance contract. In case of damage, if the Insured have not paid the premium in accordance with the agreed method, the Insurer should not liable for any loss.

投保人（签章）   日期：

Applicant's Signature / Seal   Date: June 25th, 2023

　　张自强

地址：   电话：

Address: 301 Guangzhou road, the People's Insurance Building   Telephone: 020-82217377

① 国际安全管理（International Safety Management，ISM）。

表1（续）

以下内容由保险公司填写：
For Office Use Only：

经办人（签名）：李小鹏　　　　　　　　核保人（签名）：袁小明

费率及保险费：
Rate and Premium：*0.9%×286 000＝USD 25 740*

免赔率：
Deductible：*5%*

特别约定：
Special Agreements：*双方约定，自签单之日起即缴纳约定保费，如不履行缴纳保费义务，本公司将不承担赔偿责任*

三、海洋货物运输投保单的填写

1. 填写要求

（1）被保险人名称。被保险人是在发生保险事故损失时，有向保险人请示赔偿权的人。被保险人对保险标的所具有的保险利益是保险合同是否有效的重要内容。如果买方为被保险人，保险责任从货物装上运输工具开始；如果卖方为被保险人，保险责任则从保险单载明的起运地运出时开始。

（2）货物名称、数量、包装及标志。货物的名称要写得具体些，如棉布、袜子、玻璃器皿等，一般不要笼统地写成纺织品、百货、杂货等。要将货物包装的性质如箱、包、件、捆以及数量都写清楚。货物在装船前必须具备完好的、适合海上运输的包装和标志，如果由于标志不清、包装不合适引起的货物损失及费用，概由货主负责。因此货物的标志要求与提单上所载的标记符号一致，特别要同刷在货物外包装上的实际标志一致，以免发生损失赔偿时，因标志有误造成麻烦。

（3）投保金额。这是指投保人拟投保的金额，如以 CIP 价格成交的货物，投保金额可适当加减，除货款外，使费用和预期利润也能得到保障。如以 FOB 或 CFR 价格成交，必须先换算成 CIF 价格，然后加上一定加成确定保险金额。

（4）装运工具。如果是用船舶运输，就应写明船名、吨位、建造年份，船籍、是否需要转运；如果是联运，则要写明联运方式，如陆空联运、海空联运等。

（5）开航日期。开航日期是指载运被保险货物的船舶或其他运输工具的开航及抵达日期。如果知道确切开航日期，则填上确切的日期；如果不知道确切开航日期，则可填"开航日期待定"。

（6）航程或路程。写明某某港到某某港。如果到达目的地的路线有两条或两条以上，则要写上自某某港经某某港至某某港。如果收货人的目的地在内陆，最好要在投保时写上内陆目的地。

（7）提单或运单号码。提单（Bill of Lading，B/L）是指在班轮运输中，承运人和托运人之间订立的规定双方在货物运输过程中的权利、义务、责任和免责的合同。承运人在港口船厂边或承运人自己的码头仓库收受和交付货物，负责装卸货物及其费用，并按规定向货主收取运费等项责任与义务。因此，提单是一种重要的海上货物运输合同的证明，它证明海上货物运输合同的成立，并表明货物已由承运人收受或装上船并据以把货物交付给收货人。

（8）保险条件。投保人在投保时对需要投保的险别要写明确，不要含糊。按国际惯例，投保的险别必须和信用证的要求一致，必须与贸易合同上所列的保险条件相符。

（9）赔款支付地点。按照国际惯例，以进口货物的货物运输保险索赔在国内，出口货物保险以国外进口商所在地为原则；如果要求在保险目的地以外的地方支付赔款，应予以声明。

（10）投保日期。投保日期应在船舶开航或运输工具出发之前。目前，我国大部分进口货物在国内投保，特别是以 FOB 和 CFR 价格条件成交的进口货物都由国内的进口商投保。从 FOB 价格或 CFR 价格换算成 CIF 价格时[①]，可利用下列公式：

$$CIF = \frac{FOB+运费}{1-（1+加成率）×保险费率}$$

$$CIF = \frac{CFR}{1-（1+加成率）×保险费率}$$

2. 注意事项

（1）投保单是保险人出具保险单的依据，一定要认真填好。投保人填写完投保单之后，核保人要仔细核对，以避免出现差错。如果投保人对相关事项有疑问或问题，比如计算保险费等，保险人有义务帮助解决。

（2）必要时，保险人可以指导投保人完成投保单的填写工作，但是不能代替投保人填写，只能在投保人的指导下，由投保人自己完成。

（3）投保人完成投保单的填写之后，一定要检查投保人是否在投保单的右下角签名，以避免往后发生索赔时产生不必要的纠纷。

四、投保单填写模拟练习

1. 模拟内容

（1）投保人：上海机器进出口公司（Shanghai Machinery Import & Export Corporation）。

（2）地址：上海淮海路 18 号，邮政编码：210023，电话：021-36987456。

（3）保险人：中国人民保险公司上海分公司（People's Insurance Company of

---

① 有关保险金额的计算和 FOB 价格和 CFR 价格转换成 CIF 价格的计算，请参阅实训 2 保险公司的承保。

China，Shanghai Branch）。

  （4）保险标的：29″上海牌彩电（29″ Shanghai Brand Color TV set）。

  （5）数量：5 000 台。

  （6）起运港：上海（Shanghai）。

  （7）目的港：洛杉矶（Los Angeles）。

  （8）途经港：新加坡（Singapore）。

  （9）开航日期：2023.6.22。

  （10）商标号：Shanghai。

  （11）CIF 价格成交，USD300.00/台。

  （12）CIF 价格加成 10%投保一切险，费率：0.8%。

  （13）提单号：B/L SH-T569874。

  （14）船名：海鸥号 148（Seagull V.148）。

  （15）保单号码：SH-M564892132568。

  （16）信用证号码：SH8957/9865。

2. 动手操作

根据以上内容帮助客户填写一份投保单（如表 2 所示）。

表 2 投保单

PICC

中国人民财产保险股份有限公司
PICC Property & Casualty Company Limited

货物运输保险投保单

APPLICATION FORM FOR CARGO TRANSPORTATION INSURANCE

1. 被保险人名称： Name of the Insured：			
2. 发票号码： Invoice №： 提单号码： B／L №：	合同号码： Contract №： 信用证号码： L/C №：		
3. 投保险别： Coverage：			
4. 装载运输工具： Per Conveyance：			
5. 启运日期： Date of Commencement：	年 Month	月 Day	日 Year
6. 自 From	经 Via	至 To	

7. 请如实告知下列情况，如情况相符请在括号内打［√］

Please inform the following conditions, if yes, please put a check mark in the brackets.

①货物种类：袋装［ ］ 散装［ ］冷装［ ］液体［ ］ 活动物［ ］机器／汽车［ ］危险品等级［ ］

Goods：Bag/Jumbo［ ］ Bulk［ ］ Refer［ ］ Liquid［ ］ Live Animal［ ］ Machine / Auto［ ］ Dangerous Class［ ］

②集装箱种类：普通［ ］开顶［ ］框架［ ］平板［ ］冷藏［ ］

Container：Ordinary［ ］ Open［ ］ Frame［ ］ Flat［ ］ Refrigerator［ ］

③运输工具：海轮［ ］飞机［ ］驳船［ ］火车［ ］汽车［ ］

By Transit：Ship［ ］ Plane［ ］ Barge［ ］ Train［ ］ Truck［ ］

8. 如为船舶运输，则提供船舶状况：

If transported by ship, please provide the conditions of the ship.

船舶登记号码 Ship Reg. No	船名 Name	船籍 Reg.	船级 Classification	船龄 Age	国际安全认证 ISM Certified?

9. 发票金额：　　　　　　　　　　投保加成（%）：

Invoice Value：　　　　　　　　　Plus（%）：

10. 被保险项目及保险金额：

Insured Items and Sums Insured：

标 记 Marks & Numbers	包装及数量 Packing & Quantity	保险货物项目 Descriptions of Goods	保险金额 Sums Insured

11. 总保险金额：

Total Sum Insured：

12. 赔款偿付地点：

Claims Payable at / in

　　投保人兹声明所填上述内容属实，同意以本投保单作为订立保险合同的依据；对贵公司就货物运输保险条款及附加条款（包括责任免除部分）的内容及说明已经了解，同意签署正式保险单；发生保险事故时，投保人未按规定交付保险费，保险人不负责赔偿责任。

　　I（the Applicant）do hereby declare that the above contents are truly filled in, and agree the conclusion of insurance contract based on this application form. I have understood the Company's explanation on the clauses（including exclusions）of Cargo Transportation Insurance and its additional clauses, and I agree to conclude formal insurance contract. In case of damage, if the Insured have not paid the premium in accordance with the agreed method, the Insurer should not liable for any loss.

投保人（签章）　　　　　　　　　日期：

Applicant's Signature / Seal　　　　Date：

地址：　　　　　　　　　　　　　电话：

Address：　　　　　　　　　　　　Telephone：

实训一

客户投保

以下内容由保险公司填写：
For Office Use Only：

经办人（签名）：_____ 核保人（签名）：_____

费率及保险费：
Rate and Premium：_____

免赔率：
Deductible：_____

特别约定：
Special Agreements：_____

实训二　保险公司承保

1. 什么叫承保？

海上运输货物保险承保是指保险人收到投保人填写的货物运输保险投保单后，对投保单进行审核的过程。保险人在审核客户填写的投保单，会做出两种选择，一种是接受投保人的投保要求，根据投保单内容，签订保险合同，并出具保险单，完成承保全过程；另一种选择是拒绝投保人的投保要求，并向投保人说明保险人不能承保的理由。

2. 承保注意事项

保险人承保时，应从如下几个方面加以考虑：

（1）当保险标的是粮谷类，比如粮食、籽仁、豆类、花生仁、饲料等商品时，因其含有一定的水分，经过长途运输水分会蒸发或者因为气温的变化造成发汗、发热的损失。此类商品运输包装通常有两种情况，一种是袋装，另一种是散装。按照运输习惯，都会有一定数量的运输损耗，在承保一切险或综合险时，应设定免赔率，同时，发霉、虫损、结块、黄曲霉素责任除外。通常此类商品保平安险、水渍险、基本险为宜。

（2）当保险标的是油脂类，比如食用动（植）物油时，因其在运输途中，因为容器破裂会造成渗漏，也会因沾污杂质而产生沾污损失。此类货物包装的方式有两种，一种是散装，另一种是桶装。由于油脂本身沾在舱壁和在装卸过程中消耗都可能发生短量，在承保一切险、综合险时，应设定免赔率。

（3）当保险标的是食品类，比如袋装、罐装、坛装等食品时：罐类食品有铁罐装和玻璃罐装两种。罐头食品经常发生的损失有铁罐因沾水、受潮使罐头外皮发生锈损。商标标签纸受污渍影响装潢美观，挤压造成罐头凹瘪。承保一切险时及综合险时，应将锈蚀、凹瘪、变形、渗漏等作为除外责任。

（4）当保险标的是玻璃制品、陶瓷类，比如玻璃、热水瓶、灯泡、日用陶、瓷器、瓷砖时，商品的包装好坏对损失率高低影响很大。一种是包装较精细，如用塑料泡沫衬垫包装或专用泡沫包装按商品形状定型包装；另一种包装较粗糙，如用纸箱包装。此类商品损失主要是破碎。在承保一切险、综合险时，应设定免赔率。

（5）当保险标的是五金类，比如钢筋、铁皮、铁块、卷钢时，货品主要是散装，并时常放在舱面上。承保一切险时，保单上注明锈损险责任的除外，并且以捆、箍、匝等为标准计算是否短量，不以货物的重量为计算标准。如果货物放在舱面上，应向保险公司申报，并在承保平安险、水渍险的基础上扩展舱面险，负责货物被抛弃或风浪冲击落海的损失。承保货物舱面险时，费率应在基础费率上增加费率，大概为 0.1%。

（6）当保险标的是化工类，比如原油、成品油等，包括石油、汽油、柴油及化工原料时，商品大部分是用散舱运输的，容易发生短量和沾污的损失。此外，用铁桶、铁听、塑料桶和玻璃瓶装的液体化工品容易发生渗透损失，所以，承保时，散装货物一般保平安险或水渍险及基本险为宜，桶装的投保一切险及综合险时，必须设定免赔率，免赔率为保额的百分比。

（7）当保险标的是成套设备时，这类设备都是系列的生产线，情况比较复杂，可以承保一切险及综合险，加贴重置条款。但是，旧设备一般都是二手货，承保一切险很难确定是原有的损坏还是运输途中遭受的损失，因此，承保水渍险及基本险为宜。

（8）当保险标的是藤、柳、竹、生蒜、皮革制品（如皮手套）等货物，承保一切险时，把发霉风险列为除外责任。

（9）在卸货港口仓库或场地终止保险责任的，如客户要求投保我国内一段的运输保险时，经申请保险公司同意后，根据不同商品承保一切险另外增加费率 0.1%~0.25%。

（10）大宗进口货物只承保港至港责任。

（11）进口货物国外航程由外国保险公司承保，但内陆段由国内保险公司承保，货物必须在港口进行拆箱检验后再决定承保与否。

二、海洋货物保险单

1. 什么是海洋货物运输保险单？

海洋货物运输保险单是保险人向投保人或被保险人签发的正式的书面文件，是保险人向投保人或被保险人证明保险公司对保险标的的承保的一种证明。一般是一式三份：一份是正本，交给投保人或被保险人保存，在保险标的发生保险责任事故时作为向保险人提出索赔的依据之一。其他两份是副本，其中一份副本由保险公司归档，另一份由保险公司的承保中心保存。当保险标的发生保险事故时，用于核对之用。保险单的文字用中文和英文两种，保险单的背面印有保险条款。

海洋货物运输按航程方式投保，所采用的保险单有如下四种形式：

（1）指定船名保险单。指定船名保险单是海上运输货物保险中经常采用的一种保险单。这种保险单适用于载货船舶已定，投保人将其船名和开航的大致日期等情况告知保险人。大多数保险公司采用指定船名保险单的形式。因此，我们进行上机操作实验时，也采用指定船名的保险单。

（2）待报保险单。待报保险单是指进出口货物的买方经常采用的一种保险单。其特点是保险单内船舶名称及开航日期两栏填写"船名与航期有待货主日后通知"的字样。货主接到国外卖方通知船名和航期后，立即通知保险公司签发批单，确定承运船名、起航的地点和日期，以此核算保险费的差额。

（3）预约保险单。预约保险单是指承保约定期间内若干批运输货物的保险单。通常采用临时保险单，不限制总保险金额。在每一次运输情况如货物名称、数量、金额、船名、航程等确定以后，被保险人应向保险人通报，保险人据此计算保险费并出具保险单，从而使保险双方事先达成的协议取得法律效力。

（4）流动保险单。流动保险单是指承保一个总保险金额内若干批货物运输的保险单。每次运输事项确定后，被保险人应将船名、航期、货物数量和运输货物金额通知保险公司，该次运输的货物金额即从总保险金额中扣减，直到扣减完毕，保单随即终止。

2. 海洋货物运输投保单式样

海洋货物运输保险单的式样十分规范，是一种格式保险单。文字采用中英文对照的形式，以适应不同的客户。不管保险公司承保的保险标的是进口货物，还是出口货物，都必须用英文填写相关内容。表1是中国人民保险公司的保险单式样。

表1　中国人民保险公司的保险单式样

The People's Insurance Company of China

PICC　　总公司设于北京　　一九四九年创立

Head Office：BEIJING　　Established In 1949

海 洋 货 物 运 输 保 险 单

MARINE CARGO INSURANCE POLICY

发票号码（INVOICE No）99378126

合同号（CONTRACT No）*CETS 18/2023*　保险单号次

信用证号（L/C No）*GDSU58647828*　　POLICY No *KC05011160596*

被保险人（INSURED）：*Shenzhen Foreign Trade Import & Export Company, Ltd.*

中国人民保险公司（以下简称本公司）根据被保险人深圳外贸进出口有限公司的要求，及其所缴付约定的保险费，按照本保险单承保险别和背面所载条款与下列特别条款承保下述货物运输保险，特签发本保险单。

This policy of Insurance witnesses that the People's Insurance Property Company of China Ltd.（hereinafter called The Company）at the request of *Shenzhen Foreign Trade Import & Export Company, Ltd.*（hereinafter called The Insured）and in consideration of the agreed premium paid by the Insured undertakes to insure the under mentioned goods in transportation subject to conditions of the Policy as per the Clauses printed overleaf and other special clauses attached hereon.

表 1（续）

标记 Marks of Goods	数 量 及 包 装 Packing Unit Quantity	保险货物项目 Descriptions of Goods	保险金额 Amount Insured
N/M	200 PIECES	ROSEWOOD FUNITURE	USD 1 100 000

总保险金额

TOTAL AMOUNT INSURED: *US DOLLARS ONE MILLION ONE HUNDRED THOUSAND ONLY.*

保费   装载运输工具

PREMIUM: *As arranged*   PER CONVEYANCE: *YUEJIN V30*

开航日期   自   经   至

Date of Commencement *06/30/2023*   From *Guangzhou，China*   Via *Singapore*   To *Sydney*

承保条件（CONDITIONS）:

Covering All Risks as per Ocean Marine Cargo Clauses of the People's Insurance Company of China Dated 1/1/1981.

所保货物，如发生本保险单项下可能引起索赔的损失或损坏，应立即通知本公司下述代理人查勘。如有索赔，应向本公司提交保险单正本（本保险单共有 1 份正本）及有关文件。如一份正本已用于索赔，其余正本则自动消失。（In the event of loss damage，which may result in a claim under this Policy，immediate notice must be given to the Company's Agent as mentioned hereunder. Claims，if any，one of the Original Policy which has been issued in Original（one）together with the relevant documents shall be surrendered to the Company，if one of the Original Policy has been accomplished，the others to be void.）

中国人民保险公司 **广州** 分公司

PICC GUANGZHOU BRANCH

赔款偿付地点（*Claim Payable*）*Sydney*   Authorized Signature：李大明

出单日期（Issuing Date）：*06/25/2023*

3. 船舶保险单式样（见表2）

表2　船舶保险单式样

中国人民保险公司

THE PEOPLE'S INSURANCE COMPANY OF CHINA

总公司设于北京　　　一九四九年创立

Head Office：BEIJING　Established In 1949

船舶保险单

HULL INSURANCE POLICY

保险单号次

Policy № **GDH2016/OP-008**

中国人民保险公司（以下简称本公司）根据**中国运输发展有限公司（所有人）、中国运输发展有限公司广州邮轮分公司（管理人）**（以下简称被保险人）的要求，由被保险人向本公司缴付的约定的保险费，按照本保险单所附条款和下列条款与条件承保船舶保险，特立本保险单。

This Policy of Hull Insurance Witnesses The People's Insurance Company of China（hereafter called the Company）at request of *China Shipping Development Company Limited as Owner*, *China Shipping Development Company Limited*, *Guangzhou Tanker Branch as Management*（hereafter called the Insured）and in consideration of the insured paying to the Company the agreed premium undertakes to insure the under mentioned ship subject to the clauses attached and conditions specified hereunder.

船舶名称		吨位	
Name of ship：	*DAQING 240*	Gross Tons	*25 000 T*
船舶注册地		建造日期	
Place of Registry：	*SHANGHAI*	Year of build：	*1975*
保险价值		保险金额	
Insured Value：	*USD50 000 000*	Insured Amount：	*USD50 000 000*

实训二 保险公司承保

261

承保条件

CONDITIONS：　　　　*Covering Oil Pollution Subject to PICC'S Oil Pollution as Attached.*
The Maximum Liability for Oil Pollution Claim Under This Policy shall be
Limited to USD5 000 000 for any One Accident or Occurrence.
Subject to WOE'S Year 2000 and Date Compliance & Exclusion Clauses
as Attached.

绝对免赔额

Deductable：　　　　*USD5 000 for any One Accident or Occurrence.*

航行范围

Trading Limit：　　　*World-Wide*

保险期限

Period of Insurance：　*Twelve Months From/At 20：00 Hours OF 20TH, June, 2023 TO 20：00*
Hours of 20TH, June, 2024（BEIJING TIME）.

保险费

Premium：　　　　　*as arranged*

保险费缴纳方式

Payment of Premium：　*to be paid by two installments.*

中国人民保险公司广东省分公司国际部
The people's Insurance Company of China, Ltd.
Guangdong Branch International Dept

日期

Date *18th June, 2023*

签名（盖章）Authorized Signatory

4. 海洋货物运输保险条款的英文表达

为了避免产生对条款内容的误解，保险公司已经制定了承保范围的英文格式表达方式，比如中国人民保险公司 1981 年制定的保险条款。其英文措辞如下：

（1）承保中国人民保险公司 1981 年 1 月 1 日制定的平安险加保舱面险。Covering Free from Particular Average（F. P. A）as per Ocean Marine Cargo Clauses of the People's Insurance Company of China dated（1/1/1981），Including Risks on Deck.

（2）承保中国人民保险公司 1981 年 1 月 1 日制定的水渍险加保战争险。Covering with Average（W. P. A）and War Risks as per Ocean Marine Cargo Clauses and Ocean Marine Cargo War Risks Clauses of the People's Insurance Company of China dated（1/1/1981）.

（3）承保中国人民保险公司 1981 年 1 月 1 日制定的一切险加保战争险。Covering All Risks and War Risks as per Ocean Marine Cargo Clauses and Ocean Marine Cargo War Risks Clauses of the People's Insurance Company of China dated（1/1/1981）.

（4）承保中国人民保险公司 1981 年 1 月 1 日制定的散装桐油险加保战争险。Covering Loss or Damage Arising from Shortage, Leakage, Contamination and Isomerization for Wood Oil in Bulk, Including War Risks as per Ocean Marine Cargo War

Risks Clauses of the People's Insurance Company of China Dated (1/1/1981).

（5）承保中国人民保险公司 1981 年 1 月 1 日制定的冷藏货物水渍险。Covering with Average （W. P. A） Including Damage Arising from Breakdown of Refrigerating Machinery as per Clauses for Frozen Products （W. P. A） of the People's Insurance Company of China Dated （1/1/1981）.

5. 船舶保险条款英文表达

为了避免产生对条款内容的误解，保险公司已经制定了英文格式表达方式。但是对于投保人的一些特殊承保要求项目，需要重新商定，以下是中国人民保险公司 1986 年 1 月 1 日制定的保险条款，保单英文措辞如下：

（1）承保中国人民保险公司 1986 年 1 月 1 日制定的船舶全损险。Covering Total Loss Subject to Hull Insurance Clauses of the People's insurance company of China 1/1/1986

（2）承保中国人民保险公司 1986 年 1 月 1 日制定的船舶全损加保罢工险，对于小额共同海损，每次事故最高赔偿限额为50 000美元。Covering Total Loss subject to PICC'S Hull Insurance Clauses 1/1/1986, Including Strikes Risks as per PICC'S Strikes Clauses Dated 1/1/1986, Subject to Small General Average up to USD50 000 for Any One Accident or Occurrence Arising.

（3）承保中国人民保险公司 1986 年 1 月 1 日制定的船舶一切险。Covering All Risks Subject to PICC'S Hull Insurance Clauses 1/1/1986.

（4）承保中国人民保险公司 1986 年 1 月 1 日制定的船舶一切险加保战争险和罢工险，对于小额共同海损，每次事故最高赔偿限额为 30 000 美元。Covering All Risks Subject to PICC'S Hull Insurance Clauses 1/1/1986, Including War Risks and Strikes Risks as per PICC'S War and Strikes Clauses Dated 1/1/1986, Subject to Small General Average up to USD30 000 for Any One Accident or Occurrence Arising.

三、保险单的填写

1. 货物运输保险单的填写要求

（1）被保险人名称。如果买方为被保险人，一般说来，保险责任从货物装上运输工具开始；如果卖方为被保险人，一般说来，保险责任则从保险单载明的起运地运出时开始。

（2）货物名称、数量。

（3）包装及标志。

（4）保险金额。这是指保险核定的金额。如果以 CIP 价格成交的货物，投保金额可加成10%。如以 FOB 或 CFR 价格成交，必须先换算成 CIF 价格，然后加上10%确定保险金额。FOB 价格或 CFR 价格换算成 CIF 价格的公式如下：

$$CIF = \frac{FOB \text{ 价格} + \text{运费}}{1 - （1 + \text{加成率}） \times \text{保险费率}}$$

$$CIF = \frac{CFR \text{ 价格}}{1-（1+加成率）\times 保险费率}$$

（5）装运工具。如果是用船舶运输，就应写明船名、吨位、建造年份、船籍、是否需要转运。

（6）开航日期。如果知道确切开航日期则填上确切的日期，如果不知道确切开航月期则可填待定。

（7）航程或路程。写明某某港至某某港。如果到达目的地的路线有两条或两条以上，则要写上自某某港经某某港至某某港。

（8）提单或运单号码。提单是一种重要的海上货物运输合同的证明，它证明海上货物运输合同的成立，并表明货物已由承运人收受或装上船并据以把货物交付给收货人。

（9）保险险别及条件。按国际惯例，承保的险别必须和信用证的要求一致，必须与贸易合同上所列的保险条件相符，比如平安险、水渍险或一切险。

（10）赔款支付地点。以进口货物的货物运输保险索赔在国内，出口货物保险以国外进口商所在地为原则。

（11）承保日期。承保日期应该在船舶开航或运输工具出发之前，比如说，两天之前。一般说来，保险公司与投保人或被保险人确定一个起保日期，以避免产生纠纷。

（12）签名盖章。

2. 船舶保险单的填写要求

（1）船舶被保险人名称（Name of the Ship-owner）。

（2）船舶名称（Name of the Ship or Vessel）。

（3）船舶注册地（Place of Registry）。

（4）保险金额（Sum Insured）。

（5）保险险别及条件（Insurance Conditions）。

（6）绝对免赔额（Deductible）。

（7）航行范围（Trading Limit）。

（8）保险期限或航程（Period of Insurance）。

（9）保险费（Premium）。

（10）付费办法（Payment of Premium）。

（11）签订日期（Issuing Date）。

（12）签名盖章（Underwriting Signatory）。

四、保险单填写模拟练习

（一）货物运输保险

1. 货物运输保险单模拟内容

（1）投保人：广州对外贸易进出口公司（Guangzhou Foreign Trade Import & Export Corporation）。

（2）投保人地址：广州市中山路 28 号，邮政编码：510023，电话：020-87987458。

（3）保险人：中国人民保险公司广州分公司（People's Insurance Company of China，Guangzhou Branch）。

（4）保险标的：KF23GW/E0101 Hualing Air Conditioner。

（5）数量：2 000 PIECES。

（6）起运港：Guangzhou。

（7）目的港：New York。

（8）途经港：Singapore。

（9）开航日期：2023. 3. 22。

（10）商标号：Hualing。

（11）FOB 价格成交，USD200.00/台。

（12）CIF 价格加成 10%投保一切险，费率：0.8%。

（13）提单号：B/L GZ-T45697。

（14）船名：BLUE SKEY V. 148。

（15）保单号码：GZ. M123698745632。

（16）信用证号码：GD0014/9869。

2. 动手操作

根据以上内容填写一份保险单（如表 3 所示）。

（二）船舶保险单

1. 船舶保险单模拟内容

（1）船舶被保险人名称：Fair Whether Steamship Co.，Ltd。

（2）船舶名称：NAUTICAL APPLLO。

（3）船舶注册地：PANAMA。

（4）总吨位：18 668 吨。

（5）建造年份：1988 年。

（6）保险金额：5 200 000 美元，保险单号码：GDH2023/OP8002。

（7）保险险别及条件：一切险加保战争险和罢工险，对于小额共同海损每次事故最高赔偿限额为 30 000 美元。

（8）绝对免赔额：按保险单规定，对于部分损失的每次事故免赔 10 000 美元。

（9）航行范围：世界范围内。

（10）保险期限或航程：12 个月（北京时间：2023 年 3 月 6 日零点至 2024 年 3 月 5 日）。

（11）保险费：依约定。

（12）付费办法：分两次付清。

（13）签订日期：2023 年 3 月 1 日。

（14）单位签名盖章、签名：中国人民保险公司广东省分公司吴小明。

表3　保险单

PICC The People's Insurance Company of China

总公司设于北京　　一九四九年创立
Head Office：BEIJING　　Established In 1949

海 洋 货 物 运 输 保 险 单
MARINE CARGO INSURANCE POLICY

发票号码（Invoice №）

合同号（Contract №）　　　　　　保险单号次

信用证号（L/C №）　　　　　　POLICY №

被保险人（Insured）：

中国人民保险公司（以下简称本公司）根据被保险人_____的要求，及其所缴付约定的保险费，按照本保险单承保险别和背面所载条款与下列特别条款承保下述货物运输保险，特签发本保险单。

This policy of Insurance witnesses that the People's Insurance Property Company of China Ltd. （hereinafter called The Company）at the request of _____ （hereafter called the Insured）and in consideration of the agreed premium paid by the Insured undertakes to insure the under mentioned goods in transportation subject to conditions of the Policy as per the Clauses printed overleaf and other special clauses attached hereon.

标　记 Marks of Goods	数 量 及 包 装 Packing Unit Quantity	保险货物项目 Descriptions of Goods	保险金额 Amount Insured

总保险金额

Total amount insured：

保费　　　　　　　　　　装载运输工具

Premium：　　　　　　　Per Conveyance：

开航日期　　　　自_____经_____至_____

Date of Commencement　FROM　　　　VIA　　　　TO

承保条件（CONDITIONS）：

　　所保货物，如发生本保险单项下可能引起索赔的损失或损坏，应立即通知本公司下述代理人查勘。如有索赔，应向本公司提交保险单正本（本保险单共有__份正本）及有关文件。如一份正本已用于索赔，其余正本则自动消失。（In the event of loss damage, which may result in a claim under this Policy, immediate notice must be given to the Company's Agent as mentioned hereunder. Claims, if any, one of the Original Policy which has been issued in Original（s）together with the relevant documents shall be surrendered to the Company, If one of the Original Policy has been accomplished, the others to be void.）

中国人民保险公司　　分公司
PICC　　　　　BRANCH

赔款偿付地点（Claim payable）　　　　签名（盖章）

出单日期（Issuing Date）：　　　　　Authorized Signature：

2. 动手操作

根据以上内容填写一份船舶保险单（如表4所示）。

表4　船舶保险单

中国人民保险公司
THE PEOPLE'S INSURANCE COMPANY OF CHINA

副本
COPY

总公司设于北京　　一九四九年创立
Head Office：BEIJING　Established In 1949

船舶保险单
HULL INSURANCE POLICY

保险单号次
Policy №.

中国人民保险公司（以下简称本公司）根据_____（以下简称被保险人）的要求，由被保险人向本公司缴付的约定的保险费，按照本保险单所附条款和下列条款与条件承保船舶保险特立本保险单。

This Policy of Hull Insurance Witnesses The People's Insurance Company of China（hereafter called the Company）at request of _____（hereafter called the Insured）and in consideration of the insured paying to the Company the agreed premium undertakes to insure the under mentioned ship subject to the clauses attached and conditions specified hereunder.

船舶名称
Name of Ship：

吨位
Gross Tons：

船舶注册地
Place of Registry：

建造日期
Year of build：

保险价值
Insured Value：

保险金额
Insured Amount：

CONDITIONS：

绝对免赔额
Deductable：

航行范围
Trading Limit：

保险期限
Period of Insurance：

保费缴纳方式
Payment of Premium：

中国人民保险公司广东省分公司
The people's Insurance Company of China，Guangdong Branch
签名（盖章）
Authorized Signatory

日期
Date

实训三　保险单批改

一、背景知识

1. 为什么要对保险单进行批改？

出具保险单之后，如果保险金额有增减或货物运送的目的地有更改，就会出现保险单所载项目同实际不符的情况，影响保险双方的权益，对此就需要对保险单进行批改，以使其符合投保人的实际情况。保险批单一经签发，保险合同双方即应按照批改后的保险单来确定双方的权利与义务。批改的效力优先于原始保单。

2. 批改的注意事项

保险单的批改由投保人或被保险人首先提出申请，保险公司经审核无误给予确认后，方可办理批改手续。如果保险公司认为投保人的批改申请有可能扩大了风险程度或风险范围，保险人公司可以拒绝投保人提出的批改申请。

保险人在进行批改时，应注意以下几个方面的问题：

（1）凡是承保规定允许的条件和内容，可按申请批改，在必要情况下，需加收保险费。

（2）申请批改的内容如涉及保险人所承担的保险责任，如保险金额增加、保险期限延长，则批改必须在保险标的无任何损失时或被保险人不知标的有损失时才可办理批改手续；否则保险人不接受批改申请。

（3）批改的内容应与原保险单相联系，即批单应记载原保险单的内容和对此所做的批改，并附贴在原保险单上，并加盖骑缝章，防止漏洞。

（4）不论是保险公司签发的还是代理人签发的批单，都具有同等法律效力。

保险公司签发批单时，首先应将批单上的项目，如批单日期、批单号码、保单号码、被保险人名称、保险金额、船名、开航日期等一一列明，然后写上批单内容。

二、保险批单

1. 什么是海洋货物运输保险批单？

批单（ENDORSEMENT）是批改保险单内容的凭证，具有补充、变更保险单内容的作用，保险单一经批改，保险公司就按照批改后的内容来承担保险责任，投保人或被保险人也按此批单承担相应的义务。

2. 海洋货物运输保险批单式样

我国海洋运输货物保险的批单用中英文对照的形式加以确定，以方便本国的出口企业和国外企业使用。

保险批改常用的英语表达有不少，这里举几个例子，供学生学习。

（1）更改包装。It is hereby noted that the goods covered under this policy are packed in cases and not in bales as originally stated. Other terms and conditions remain unchanged.

（2）更改船舶名称。It is hereby noted that the name of the ship carrying the goods insured under this policy should be s/s "YUAN WANG" instead of "YUAN HANG" as originally stated. Other terms and conditions remain unchanged.

（3）更改目的地。It is hereby noted and declared that the final destination under this policy should be "NEW YORK" instead of "LOS ANGELES" as originally stated. Other terms and conditions remain unchanged.

（4）更改保险条件及险别。It is hereby noted that this insurance is amended to cover All Risks as per Ocean Marine Cargo Clauses of the People's Insurance Company of China dated 01/01/1981 instead of London Institute Clause（B）as originally stated.

In consideration of the above modification, an Additional Premium as arranged is chargeable to the insured. Other terms and conditions remain unchanged.

（5）延长码头存仓期限。It is hereby noted that this insurance is now extended to cover for a further period of 10 days. i. e. This insurance is to be valid for 10 days after completion of discharge of the goods from the oversea vessel at port of destination unless previously warehoused by consignees or party at interest.

In consideration of the above change, an additional premium as arranged is payable by the insured.

Other terms and conditions remain unchanged.

3. 海洋货物运输保险常见的批改内容（见表1）

表1　海洋货物运输保险常见的批改内容

序号	批改内容	序号	批改内容
1	更改被保险人名称	9	更改保险条件
2	更改标记		更改险别
3	更改包装种类		增加险别
4	变更商品名称		保险条件中某个字句的更正
5	更改保险金额	10	延长存仓期限
	更正保额（币别等）	11	更改代理人
	减少保额	12	更改赔付地点
6	变更船名	13	更改出单日期
7	更改开航日期	14	综合性更改
8	改变最后目的地		

4. 海洋货物运输保险单的可转让性

《中华人民共和国海商法》第二百二十九条规定："海上货物运输保险合同可以由被保险人背书或者以其他方式转让，合同的权利、义务随之转移。合同转让时尚未支付保险费的，被保险人和合同受让人负连带支付责任。"

（1）海上货物运输保险合同的转让必须由保险人在保险单上背书与交付才能产生转让效力（有文字、有保单）。

（2）海上货物运输保险合同的转让无需取得保险人的同意。

（3）发生了保险范围内的事故和损失，保单的受让人有权以自己的名义提起诉讼，要求保险人赔偿。

（4）即使在保险标的发生损失后，保单仍可以有效转让。

5. 海洋货物运输保险单的转让方式

（1）空白背书（Blank Endorsement）又称不记名背书，通常由被保险人在保险单背面签名、盖章，而不注明赔付给某人。

（2）记名背书又称特别背书（Special Endorsement），即被保险人在保险单背面签名盖章，而不注明"赔付给某人或其指定人"。被背书人拿到保险单后，可再作同样的背书（连续转让）信用证有要求的，按以下方式处理：凡是以出口公司为被保险人或被保险人栏为"to order""unto order"字样的均须背书（信用证无特殊规定的均按空白背书处理）。如果信用证规定背书给银行的，应该打上"Claims, if any, payable to the order of... Bank"或"pay to... Bank"或"to order of..."。

（3）保险上指定抬头或指明被保险人的无须背书。

（4）转让保险人所承担的责任，仍以保单内容为准。

6. 海洋运输货物保险的批单式样（见表2）

表2　海洋运输货物保险的批单式样

中国人民保险公司广州分公司
People's Insurance Company of China，Guangzhou Branch

批　单
ENDORSEMENT

日期：
Date：*June 8，2023*

批单号次： End. № *GD69845669812*	保险单或保险凭证： Policy/Certificate № *SA 48826598741*
保险金额： Amount Insured：*USD550 000*	
船名： Conveyance（s）*Black Dolphin V. 30*	开航日期： Sailing Date：*June 1ˢᵗ，2023*
被保险人： Name of Insured： *Panyuan Foreign Trade Company，Ltd*	保险费率： Rate：as arranged

MODIFICATION OF THE INSURED

It is hereby noted that the name of the insured under this policy should be Panyu Foreign Trade Import & Export Company Limited instead of Panyuan Foreign Trade Company，Ltd. Other terms and conditions remain unchanged.

承保经理
Underwriting manager
袁晓春

三、保险批单的英文写作

1. 写作要求

在撰写批单之前，应将批单上相关内容一一列出，以方便查阅相关内容，如批单日期、批单号码、保单号码、被保险人名称、保险金额、船名、开航日期等，然后开始撰写批单正文内容。

2. 注意事项

用英文撰写批单时，不要写错英文单词，以免产生误解。如果对某些单词没有把握，可查阅英汉—汉英词典或查阅相关电子词典，比如金山词霸等。

四、保险批单写作模拟练习

1. 批单模拟内容

（1）批单号次：ED-SM-1346。

（2）保险单或保险凭证：SA582659874123。

（3）保险金额：USD800 000。

（4）船名：BAILANG。

（5）开航日期：2023.6.26。

（6）被保险人：Shenzhen Foreign Trade Company，Ltd.。

（7）保险人：中国人民保险公司深圳分公司。

（8）保险费率：依约定。

（9）更改目的地：由原来的"Canberra"改为"Melbourne"。

2. 动手写作

根据以上内容，用英文撰写一份保险批单。批单格式如表3所示。

表3　批单

<table>
<tr><td colspan="2" align="center">中国人民保险公司广州分公司
People's Insurance Company of China，Guangzhou Branch

批　　单
ENDORSEMENT　　　　日期：
Date：</td></tr>
<tr><td>批单号次：
endorse. No

保险金额：
Amount Insured：

船名：
Conveyance（s）

被保险人：
Name of Insured：</td><td>保险单或保险凭证：
Policy/Certificate No

开航日期：
Sailing Date：

保险费率：
Rate：</td></tr>
<tr><td colspan="2" align="center">MODIFICATION

承保经理
Underwriting manager</td></tr>
</table>

实训四　客户索赔

一、背景知识

1. 什么叫索赔？

索赔是指被保险人就保险合同承保的风险发生保险责任事故、要求保险人支付保险赔偿金的行为。当被保险人的货物遭受损失后，向保险公司提出索赔要求。只有被保险人提出索赔要求，保险人才能进行理赔。因此被保险人应办妥索赔的相关手续，保险人也可以进行有效理赔。

2. 索赔准备

被保险人发现货物受损后，应在第一时间拨打保险单上的报案电话，向保险公司报案。同时，应与保险单上指定的检验人取得联系，并申请检验，检验人通过检验后，初步收集单证，并将检验报告寄给承保该批货物的保险公司。

二、索赔程序

1. 损失通知

被保险人一旦得知保险标遭受损失，除立即打电话通知保险人之外，还要发出书面损失通知。书面通知要记述保险单所载明的主要事项，如船名、航线、启运日期、到达目的地日期、货物种类、数量、标记、保险金额、保险条款等内容。被保险人或其代理人采取就近原则，通知理赔代理人并申请对损失进行检验。与此同时，被保险人应会同保险人或其代理人对受损的保险标的采取施救措施，以避免损失进一步加大。

2. 申请检验

被保险人发出损失通知后，应及时向保险人提出货物损失的检验申请。因为货损检验对保险人查明损失原因，审定责任极为重要，因此申请检验不能拖延。检验包括法定检验、公证检验和联合检验。进口货物有法定检验，出口货物保单上有代理人和检验人，无需再问保险人，其他的可申请公正检验可以与保险人商量确定。被保险人可以根据实际情况进行取舍。被保险人申请检验的时间都有明确规定，如我国海洋运输货物保险条款规定，申请检验的期限自保险责任终止日 10 天之内进行。如果货物损失明显属于保险责任终止后发生的或扩大的，保险人对此部分货物损失将不承担赔偿责任。

3. 向责任方提出索赔

当货物运抵保险单载明的目的港后，被保险人或其代理人在提货时发现货物的包装有明显受损痕迹，除按上述要求向保险人提出申请检验外，还应向承运人、海关、港务当局等索取货损货差证明。特别是当被保险货物的货损货差涉及承运人或其他有关方面责任时，应立即向它们提出索赔。按照运输合同的有关规定，被保险人应在检验货物损失时，向承运人提出索赔。被保险人及其代理人应采取一切措施，以保全保险人对承运人等责任方进行追偿的权利。

4. 提供索赔单据

根据我国《海上运输货物保险条款》的规定，被保险人在向保险人索赔时，必须提供下列单证：

（1）保险单正本、批单正本或保险协议、共保协议复印件。

（2）提单或其他运输单据正本。

（3）发票。

（4）装箱单或磅码单。

（5）货损货差证明/责任事故证明正本（或运输环节交接记录证明）。

（6）货损查勘、鉴定报告/检验报告。

（7）重大海事案应提供海事单证及船舶资料。

（8）索赔人向第三方责任者追偿的书面证明。

（9）其他必要的索赔单证。

5. 相关内容的样本

（1）保险单正本、批单正本或保险协议、共保协议复印件。保险单正本等是向保险人索赔的基本证明文件，它们可以证明保险人承担的保险责任及其范围。（见本篇实训二保险公司承保）

（2）提单或其他运输单据正本。提单是证明被保险货物在交给承运人时状况的依据，提单是承运人在接受货物并装船后开立的收据，提单上所填写的各项内容，对保险人在理赔中具有十分重要的作用。提单样本如表1所示。

表1　提单

EASTERN CAR LINER, LTD	B/L №13569875
BILL OF LADING	

Shipper：

Henan Huanghe Aluminum and Power Mianchi Smelter Group，*Henan*，*China*

Consignee：

Samsung Hong Kong Limited

Notify Party：

Sumitomo Corporation

（Local Vessel）　　　　　　　　　　　（From）

Name of Vessel：　　　　　　　　　Port of Loading：

Fortune Wind　　　　　　　　　　*Tianjin*，*China*

Port of discharge：

Nagoya，*Japan*

Marks & Numbers № of packages Kind of packages；description of goods　　Gross Weight

N/M 484 bundles　　　　*Primary Unalloyed Aluminium*　　　*510. 77 MT*

　　　　　　　　　　　Specifications：　　　　　　　　　*Net weight*

　　　　　　　　　　　AL 99. 7 pct min，　　　　　　　*509. 323 MT*

　　　　　　　　　　　FE 0. 20pct max，

　　　　　　　　　　　SI 0. 13PCT MAX，

　　　　　　　　　　　Origin：*China*

　　　　　　　　　　　Clean on board

　　　　　　　　　　　Freight prepaid

Total Number of

Packages or units（in words）*TOTAL*：*FOUR HUNDRED AND EIGHT FOUR BUNDLES ONLY.*

（3）发票。发票是买卖双方交易实际发生的凭证，由卖方出具给买方的凭证，也是买方财务人员用来做账的依据，同时还是计算保险赔款数额的依据。发票样本如表 2、表 3 所示。

表 2　发票

COMMERCIAL INVOICE

ORIGINAL　　1/1

Shipper / Exporter *Samsung HongKong Limited*	No & Date of Invoice *SEBO 2121998V01*　　　　　*6/12/2023*
Unit 2021, 35th Flower, The Center, *88 Queen's Road Central, HongKong*	No & Date of L/C
For Account & Risk of Messers *Sumitomo Corporation* *1-18-11, Harrumi, Chuo-Ku*	L/C Issuing Bank
Notify Party *Sumitomo Corporation*	Remarks *Please quote our invoice No and remit to Citibank,* *New York* *For A/C OF Citibank HongKong A/C No 10990845* *A/C No 08081158*

Port of Loading *Tianjin, China*	Final Destination *Nagoya, Japan*	
Vessel Name *Fortune Wind*	Sailing on or about *6/16/2023*	

Description of Goods Quantity/Unit Unit Price (USD) Amount (USD)
Primary Unalloyed Aluminium　　509. 323000 MT　　1427. 000000　726803. 92 *Origin：China* Total network weight：*509. 323 MT* Total gross weight：*510. 775 MT* Total No of bundles：*484 bundles*
Marks & Numbers 　　*N/M*
Total　　509. 323 000　　USD　726 803. 92
（TOTAL：USD DOLLARS SEVEN HUNDRED TWENTY SIX THOUSAND THREE AND CENTS NINETY TWO ONLY） 　　　　　　　　　　　　　　For and on behalf of 　　　　　　　　　　　　　　Sangsung HongKong Limited 　　　　　　　　　　　　　　Signed by　　*David Jefferson* 　　　　　　　　　　　　　　*Authorized Signature*

表3 发票

1/2

EKO DEVELOPMENT LIMITED

Flat 1013-1015,R&F Profit Plaza,No.76 Huangpu Avenue West,Guangzhou,510623 China
TEL: +86-20-38391988 FAX: +86-20-38391968
Email: sales@eko.com.cn   website: www.eko.com.cn

INVOICE

To Messrs.:ELPAZIO LIMITED
7c Oduduwa Way GRA Ikeja Lagos

Price Term:FOB ShenZhen
L/C NO.:

Date:	2023-3-27
Invoice No.:	EK15-0373
PO No.:	
From:	ShenZhen
To:	COTONOU

ITEM NO.	Customer No.	Description of Goods	QUANTITY (PCS)	UNIT PRICE USD	AMOUNT USD
EK9425-SS		S/S ASH BIN, MATT FINISH	20	24.760	495.200
EK9425-BL		ASH BIN, POWDER COATED IN BLACK	30	20.000	600.000
EK9407C		WASTE BIN,TITANIC MADE IN MARBLE	25	36.540	913.500
EK7502B		LUGGAGE TROLLEY,TITANIC,Package is knocked down	50	85.000	4250.000
EK7501C-TI		LUGGAGE TROLLEY,TI PLATED	30	176.600	5298.000
EK7100LG-H-SS-BU		RAILING STAND,S/S MIRROR FINISH,4 WAY CASSETTE, BLUE BELT	100	18.540	1854.000
EK7100LG-H-SS-RE		RAILING STAND,S/S MIRROR FINISH,4 WAY CASSETTE, RED BELT	100	18.540	1854.000
EK7634		3-LAYER SERVICE CART,S/S IN TITANIC FINISH	30	89.000	2670.000
EK9446S-25		OVAL WASTEBASKET,SINGLE WALL, FINISH 25, SS RING	500	4.680	2340.000
EK9446S-28		OVAL WASTEBASKET,SINGLE WALL, EGYPT DESIGN PVC, SS RING	500	4.680	2340.000
EK9625P-5L-RE		5L PEDAL BIN, POWDER COATED IN RED	300	3.420	1026.000
SPARE		SEA FREIGHT TO COTONOU	1	2200.000	2200.000

Total Amount: USD 25840.700

SAY: USD TWENTY-FIVE THOUSAND EIGHT HUNDRED AND FORTY SEVENTY CENTS ONLY.

Shipping Marks:
GUESTLINE HOTEL SOLUTIONS
ITEM NO.
QTY/CTN:
C/NO.:

亿科贸易发展有限公司
EKO DEVELOPMENT LIMITED

EKO DEVELOPMENT LIMITED

实训四
客户索赔

（4）装箱单或磅码单。装箱单或磅码单由港务、车站或机场签发的一种文件，证明保险货物装运时的件数、重量、标志及日期，是核对损失数量的依据。装箱单样本如表4、表5所示。

表4 装箱单
PACKING LIST

ORIGINAL　　1/1

1. Shipper / Exporter *Samsung Hong Kong Limited*	8. No & Date of Invoice *SEBO 2121998V01*　　　　*6/12/2023*
UNIT 2021, 35ᵀᴴ Flower, The Center, *88 queen's Road Central, HongKong*	9. No & Date of L/C
2. For Account & Risk of Messers *Sumitomo Corporation* *1-18-11, Harrumi, Chuo-Ku*	10. L/C Issuing Bank
3. Notify Party *Sumitomo Corporation*	11. Remarks *Please quote our invoice No and remit to Citibank,* *New York* *FOR A/C of Citibank HongKong A/C No 10990845* *A/C No 08081158*

4. Port of Loading *Tianjin, China*	5. Final Destination *Nagoya, Japan*	
6. Vessel Name *Fortune Wind*	7. Sailing on or about *6/16/2023*	

12. Description of Goods	13. Quantity	14. Measurement	15. Net Weight/16. Gross Weight
Unalloyed Aluminium　*509. 323 000 MT* *Origin：China*　　*0. 000 000 CBM* *Total network weight：509. 323 MT* *Total gross weight：510. 775 MT* *Total No of bundles：484 bundles*		*509. 323 000 MT（NW)* *510. 775 000 MT（GW)*	

17. Marks & Numbers
　　N/M

	Total	*509. 323 000* *0. 000 000CBM*	*509. 323 000MT（NW)* *510. 775 000MT（GW)*

For and on behalf of
Sangsung HongKong Limited
Signed by　　*David Jefferson*
Authorized Signature

表5 装箱单

EKD EKO DEVELOPMENT LIMITED

Flat 1013-1015,R&F Profit Plaza,No.76 Huangpu Avenue West,Guangzhou,510623 China
TEL: +86-20-38391988 FAX:+86-20-38391968 E-mail: sales@eko.com.cn

PACKING LIST

To Messrs:ELPAZIO LIMITED
7c Oduduwa Way GRA Ikeja Lagos

Date: 2023-3-27
Invoice No.: EK15-0373

Customer PO No.:

Item NO.	Customer No.	Descriptions	Quantity (PCS)	Packages (CTNS)	N.W. (KGS)	G.W. (KGS)	Dimensions (CM)	Volume (CBM)
EK9425-SS		S/S ASH BIN, MATT FINISH	20	20	4.60	5.16	26X26X64	0.86
EK9425-BL		ASH BIN, POWDER COATED IN BLACK	30	30	5.60	6.20	26X26X64	1.29
EK9407C		WASTE BIN,TITANIC MADE IN MARBLE	25	25	6.90	7.58	27X27X70	1.27
EK7502B		LUGGAGE TROLLEY,TITANIC,Package is knocked down	50	50	28.00	28.50	60X42X123	15.60
EK7501C-TI		LUGGAGE TROLLEY,TI PLATED	30	30	32.40	41.40	156X27X71	8.97
EK7100LG-H-SS -BU		RAILING STAND,S/S MIRROR FINISH,4 WAY CASSETTE, BLUE BELT	100	10	14.00	14.70	87X41X15	0.54
EK7100LG-H-SS -BU		RAILING STAND,S/S MIRROR FINISH,4 WAY CASSETTE, DARK BLUE BELT	100	20	4.00	4.50	37X37X17.5	0.48
EK7100LG-H-SS -BU		RAILING STAND,S/S MIRROR FINISH,4 WAY CASSETTE, DARK BLUE BELT	100	20	30.40	30.80	36X30X26	0.56
EK7100LG-H-SS -RE		RAILING STAND,S/S MIRROR FINISH,4 WAY CASSETTE, RED BELT	100	10	14.00	14.70	87X41X15	0.54

亿科贸易发展有限公司
EKO DEVELOPMENT LIMITED

EKO DEVELOPMENT LIMITED

（5）货损货差证明或责任事故证明正本（或运输环节交接记录证明）。被保险货物交付给承运人运输，承运人在装船后如果签发的是清洁提单，即表明货物是完好的。当货物运抵目的地发现残损或短少时，由承运人或其代理人签发货损、货差证明，既作为向保险人索赔的有力证明，又是日后向承运人追偿的根据。

（6）货损查勘、鉴定报告/检验报告。检验报告是证明损失原因、损失程度、损失金额、残余物资价值以及受损货物处理经过的证明，是确定保险责任和应赔金额的主要证件。表6和表7分别是货损鉴定报告和货物检验报告。

表6 货损鉴定报告

All Nippon Checkers Corporation
A. N. C. C
Nagoya Branch
Cargo Boat Note

Vessel: *Fortune Wind*　Voy № *1198*
Port: *Nagoya*　　　　Arrived on *July 25th , 2023* Berth *Pier № 89*

B/L №	MARKS & №	No of Packing	Style	Description	Remarks
HK10825	NO MARK	484	BDLS	Aluminium	EX-xingang
		Unprotected	Cargo		
		(35)	BDLS	partly bands	off
		(28)	BDLS	slightly dirty	
		③	BDLS	burst	

Total 〔484〕
FOUR HUNDRED AND EIGHTY-FOUR BUNDLES ONLY

Landing place:

Consignee / Forwarder: *Sumitomo Corporation.*
　　　　　　　　　　Sumitomo Warehouse Co. , Ltd

Receiver: *DK EYED*　　　　　　Chief Officer: *David*
Received Date: *July 29th , 2023*　Chief Checker: *Thomas*

表 7　货物检验报告

STANDARD FORM OF
SURVEY REPORT（GOODS）
For use by LLOYD'S AGENT And SUB-AGENTS only

This report is issued for use in connection with the claim against the parties responsible, but does not imply that the loss is recoverable from underwriters. The must depend upon the terms of the Policy of insurance.

1. （a）Name of consignee of goods as specified in annexed Schedule.	（a）*Dolder Ltd* *Immengasse 9, CH-4004 Basel* *Switerland*
（b）Name of applicant for survey（if not Consignee, please specify relationship）.	（b）*as above*
（c）Name/Registration Number of vessel / Aircraft /Conveyance from which goods discharged.	（c）*Road transport*
（d）Port / airport / place of discharge and date of arrival…	（d）*Basel 26 / 06 / 2023*
（e）Date goods landed at port/airport/place of discharge…	（e）*26 / 06 / 2023*
（f）If transshipped, name/registration number of original carrying vessel / aircraft/conveyance and port/airport/place of transshipment.	（f）*"Rotterdam Express" to Rotterdan*
2. （a）In whose custody were the goods held between time of discharge and delivery to place where survey held?	（a）*Not applicable*
（b）Where and what storage was afforded to the goods during this period.	（b）*Not applicable*
3. （a）Were goods transported by road or rail or by other means from port/airport/place of discharge to place where survey held?	（a）*Not applicable*
（b）If so, give date of commencement of transit and date of arrival at place of survey.	（b）*26 / 06 / 2023*
（c）Give name of carrier for each transit…	（c）*FPS Famous Pacific Lines* *Streck Transport Against, Basel*
4. （a）What records/receipts were issued at time of discharge and up to delivery to consignee and what exceptions if any were noted at each stage?	（a）*Clean receipt*
（b）Condition of goods when finally delivered…	（b）*Several drums dented and 4 drums torn*
（c）If there was any delay in taking delivery of goods, state consignee's reasons.	（c）*No Delay*

5. （a） If goods transported in container, please state type, number, marks and type of transit, e. g. LCL, FCL or house to house. （b） Was container seen by surveyor before or after being de-stuffed? （c） Was seal inspected by surveyor? … （d） If not seen, state by whom it was removed … （e） Where and by whom was container de-stuffed?… （f） Condition of container and cargo at that time … Note－If not seen by surveyor, sate condition as reported by any other party, e. g. de-stuffing depot or consignee and name the party concerned.	（a） *Not applicable* （b） *Not applicable* （c） *Not applicable* （d） *Not applicable* （e） *Not applicable* （f） *Not applicable*
6. （a） Date of application for survey… （b） Date and place of survey… （c） If there was any delay in applying for survey, state consignee's reasons.	（a） *14 / 06 / 2023* （b） *No survey* （c） *First notified supplier and requested Insurance Policy*
7. （a） Description and condition of interior and exterior packing （b） Was packing new or second-hand? … （c） Was packing customary? … Note：If in the surveyor's option, the packing was not adequate for this transit, give full explanation under Further remarks.	（a） *Cardboard drums with metal TIMS and inner plastic bags* （b） *New* （c） *Yes*
8. （a） Description of loss / damage… （b） After examination, cause attributed by surveyor to … （c） In case of water damage, state whether salt water, freshwater or sweat, and whether salt water contamination test was carried out.	（a） *Several drums dented and 4 drums torn but contents not leaking* （b） *Cardboard drums may have fallen over during transit. No details made available* （c） *Not applicable*
9. （a） Is Lloyd's agent aware of any casualty/accident （b） If so, give details… （c） Was the Master's Protest lodged or any other form of notification given to the appropriate Authorities?	（a） *No* （b） *Not applicable* （c） *No*
10. （a） Have Bill of Lading/CMR/Air Waybill or other documents of carriage been inspected? 　（If so, give date and number of bill and whether original or copy.） （b） What is the reference therein to the conditions of goods?	（a） *Copy of B/L No FM13BBL1003 dated 26.06.2023* （b） *No references to condition of goods.*

11. Has the commercial invoice been inspected? （If so, give Invoice No, date and amount.）	*Copy of invoice №03/02CF0352* *dated 20/06/2023* *USD 80 000. 00*
12. On the date of compromise of damage agreed with consignee or of disposal sale, the arrived sound market value amounted to （State whether duty paid or in Bond.）	*USD 80 000. 00* *CIF sea Basel*
13. In the interest of all parties concerned, the damage has been assessed by way of compromise and a fair and reasonable allowance on arrived sound market value has been agreed amounting to	*See schedule page*
14. No compromise being agreed with consignee, the damaged goods were, with our approval, and the consent of the consignee, sold by public sale or private tender for account of the consignee. The proceeds, as per attached sales account, amounted to	*Not applicable*
15. （a）Duties payable on goods in a sound state are⋯ （b）In view of the loss/damage, has the consignee applied for a rebate of duty and with what result?	（a）*Not ascertained* （b）*No*
16. （a）Has consignee given notice of loss/damage to or made a claim against ship/airline/railway, other carriers or bailees? （If not, what reason does consignee give?） （b）Date on which consignee states goods delivered into his custody. （c）Date on which consignee gave notice of loss/damage or made a claim and to whom addressed. （d）Summary of reply if received⋯ （e）Was a joint survey by carriers/bailees and consignee held? If so, on what date and where? （f）Name of other surveyor（s）and by whom appointed	（a）*Sent fax to Streck Transportation Against Basel on 26/06/2023* （b）*26 / 06 /2023* （c）*See 16（a）* （d）*No reply submitted* （e）*Not applicable* （f）*Not applicable*
17. Rate of exchange on date of sale or agreement as to loss was （Local currency to currency of invoice.）	*All amounts in USD*
18. Name of surveyor appointed by the Lloyd's Agent. (Please state if surveyor is member of the Lloyd's Agent's staff.)	

实训四

客户索赔

FURTHER REMARKS. Note：If there has been any delay in holding survey or in issuing this report, the reasons must be stated below.

Documents attached
- Photocopy of insurance certificate- Copy of supplier's invoice
- Copy of bill of landing
- Copy of delivery receipt signed consignee
- Copy of fax to Streck Transport against reporting damage
- 2 photographs

Signature of surveyor.

Certified correct and approved and issued without prejudice and subject to the terms, conditions and amount of the Policy of Insurance.

PLACE   BASEL   DATE 22 / 06 / 2023
The following fees have/have not been paid by the applicant for survey：
   （Delete whichever does not apply）
Agency fee
Surveyor's fee
Expenses
Administrative Charge   Signature of Lloyd's Agent（s）.
                                                     Keller Shipping Ltd
                                                     Lloyd's Agency Basel

Total   USD   368. 00

（7）索赔人向第三方责任者追偿的相关证明材料。也就是说，被保险人要求责任方进行赔偿的函电、其他单证和文件。被保险人向第三方办理的追偿手续是维护保险公司的追偿权利。表8是相关证明材料样本。

表8　索赔函件

FROM：	International Corporation
	#3，1715 27 Ave NE
	Calgory，AB T2E 7JE1
TO：	**Zhen Bond Shipping**
DATE：	**June** 28th，2023

NOTICE OF INTENT TO FILE CLAIM
ON CARRIER/BAILEE

RE：Missing products from container #GVCS，B7L，#SBE0701291

Dear Sirs：

This is to advise that loss and/or damage has been sustained by the above shipment for which we hold you，as one of the Carriers/Bailees，responsible.
Please advise as soon as possible.

Yours truly，
　Michile

c.c. Crowford Adjusters Canada
　　Marine Division c/o Dave Burnes
　　300-3115-12th Street N. E.
　　Calgary，AB T2E 7J2

（8）其他必要的索赔单证。比如索赔清单是被保险人提交给保险人要求赔偿的详细清单。清单上要列明索赔的金额和计算依据以及有关费用的项目等。表9是索赔清单样本。

表9　检验报告

BATTERMANN & TILLERY GMBH

SURVEYORS – ADJUSTER – SETTING & RECOVERY AGENTS

Underwriters： PICC Property and Casualty

Beijing　　　　　　　　　　　　　Reference：Claims Dept

Policy/Cert. №： PYIE201544039307009977　　　Dated：June 27th, 2023

Sum Insured： USD15. 125 00

Interest： 500 Cartoons Working Gloves

Ship： EVER UNISON

Voyage： Yantian, Shenzhen, China

Conditions of Insurance：ICC "A"

Description of Claim：

As per Survey Report 242 cartoons were affected by wetness and the contents of externally sound cartoons were musty smelling. In order to restore the merchantability of goods the contents of 258 cartoons were unpacked and aired, however, without full success. The wet damaged quantity had to be sold.

---

500 cartoons	60 000 pairs	insured for USD15. 125
30. 972 pairs – Allowance of Depreciation 20% = 6. 194 4 prs		
pro-rata insured for		USD1. 561 5
29. 028 Pairs SMV　EUR 0. 24/pr		
less sales proceeds　EUR 0. 10/pr = 0. 14/pr = 58. 33%		
58. 33% on 29. 028 pairs = 16. 932 03 pairs – pro-rata insured for USD4. 268 28		
Extra costs as per Survey Report, Page 3		
Excl. Consignee's attendance	EUR 500. 00	
Fee for Survey Report excl. VAT	EUR 987. 75	
（exch. At GBP0. 58/USD1. 00/EUR0. 84）	EUR1. 487 75 = USD 1. 771 97	

Battermann & Tillery GMBH, Marlowring 21, D–22525 Hamburg

Phone: 98745632　　　　　24-hrs–Service：0421–3898456

Fax：26547895　　　　　　E–mail：Office@ hamburg. com

三、英文索赔函的写作

发生保险责任事故后，被保险人必须按照索赔程序进行，索赔程序的最后一个环节是向保险公司提交索赔金额申报表或委托保险经纪人出具索赔申报表。申报表的内容包括承保人名称、保单号码、保险金额、保险利益、船舶名称、航程路线、保险条件。还要在表中说明索赔的原因、索赔计算及索赔金额等。表10是被保险人向保险人索赔时的英文函电样本。

表 10　英文函电样本

We refer to a shipment of 500 Cartoon shirts transported to Australia, which is shipped on board the vessel "Blue Sky".

From the enclosed documents, you'll note that the goods is suffered the damage and / or shortage. According to the condition of insurance, you, as the underwriter, should be held responsible for the damage to and / or loss of the goods.

Here we enclose the supporting documents for your reference as follows:

(1) Our statement of claims

(2) Bill of lading

(3) Invoice

(4) Survey Report

(5) Tally sheet

We are waiting for your early reply. Thanks a lot.

四、索赔函写作模拟练习

1. 模拟内容

(1) 承保人：中国人民保险公司广州分公司。

(2) 保险号码：PIYT2023564725985589745。

(3) 日期：2023 年 6 月 25 日。

(4) 保险金额：USD110 000。

(5) 保险利益：500 Cartoon shirts。

(6) 船舶名称：BLUE SKY。

(7) 航程：Guangzhou, Guangdong, China。

(8) 保险条件：协会"A"条款。

(9) 索赔理由：根据检验报告，50 箱被水浸泡。为了恢复其商品价值，50 箱被打开，进行晒干处理，并削价处理。

(10) 赔款计算：免赔率为 5%。

实训四

客户索赔

2. 动手写作

按照以上内容用英文向保险公司写一份索赔函。

FROM：
TO：
DATE：

NOTICE OF INTENT TO FILE CLAIM
ON CARRIER/BAILEE

实训五　保险人理赔

一、背景知识

1. 什么叫理赔？

海洋运输货物保险的理赔是指保险人根据保险合同条款，对受损失的被保险人进行赔偿的一种合同行为。保险人对海洋货物损失进行赔偿是海上运输货物保险的基本职能。海上保险所进行的赔偿是一种履约赔偿。海上运输货物保险的理赔是建立在海上保险合同基础上的一种理赔。只有发生于海上货物保险单承保责任范围内的损失，享有保险利益的人才可凭保单及有关证件向保险公司要求赔偿。

2. 理赔注意事项

首先，保险人从尊重和维护被保险人的利益出发，重合同、守信用，按照合同的规定对被保险人的经济损失予以赔偿。其次，保险人在赔偿被保险人的损失时，应合乎情理，恰到好处。如果赔偿低于被保险人的损失，保险的职能难以发挥。相反，如果赔偿超过被保险人的损失，就会诱发道德风险的产生。最后，在重复保险的情况下，保险公司与其他保险公司应共同承担保险责任。

二、理赔程序

根据中国保险行业协会最新（2014 年 10 月）的《货物运输保险理赔实务》手册，理赔流程如下：

（一）报案受理与调度

（1）365 天/24 小时（客户服务中心人保财险统一电话：95518）。

（2）客户、经纪人、代理人向业务人员报案（转报案）。

（3）境外出险，直接联系检验人后，也要报案。

（4）产生报案号（RCBA201544010000104495）（一直会用）。

客户服务中心将案子调度给理赔事业部的负责相关险种的各经办人的电脑（邮

件）或手机（短信）。

（二）查勘与立案

查勘前，赔案经办人先要核实承保信息（记录报案疑点）。现场查勘的主要工作如下：

（1）了解案情，为确定保险责任做准备。

（2）清点损失项目、损失程度和数量。

（3）收集资料和证明文件（暂时没有的应列出清单）。

聘请公估公司（根据案情决定，首次查勘经办人应到现场），进口货运险发生事故，在现场要指导被保险人工作。根据查勘现场情况，确定保险责任和做出初步估损金额，回来后撰写现场查勘和在理赔系统中作立案操作（估损额）、非保险责任事故和超权限立案的操作。

（三）责任分析与确定

1. 单证的审核：判定保险责任是否成立

（1）审核单证，包括以下几项内容：①保险单正本、批单正本或保险协议、共保协议复印件。②提单或其他运输单据正本。③发票。④装箱单或磅码单。⑤货损货差证明/责任事故证明正本（或运输环节交接记录证明）。⑥货损查勘、鉴定报告/检验报告。⑦重大海事案应提供海事单证及船舶资料。⑧索赔人向第三方责任者追偿的书面证明。⑨要求赔偿的清单。

（2）审核保险权益。核对保险单、提单、发票，确认三者是否一致，是不是保险公司承保的标的。

（3）审核保险的合法性。注意投保时货物是否已经受损，被保险人是否隐瞒真实情况，如将装在舱面的货物说成是装在舱内等。

（4）审定检验期限。被保险人是否及时申请检验，是否因延迟申请检验造成货物扩大损失，是否向保险单指明的理赔检验代理人申请检验等。

（5）审核损失原因的损失性质。分析损失原因和造成损失的后果是否属于保险单承保的责任范围。如果属于保险责任范围内的损失，保险人应及时、合理地给予赔付，否则保险人将不承担赔偿责任。例如，承保水渍险，对偷窃提货不着损失不承担责任，又如搁浅导致运输延迟造成的物价下跌的损失不属于保险责任的范围，淡水或雨淋造成的货物损失不属于水渍险的保险责任。

（6）审核发生的时间。例如，玻璃破损属于一切险的范围。如果玻璃破损发生在货物抵达目的地最后仓库后，搬运工人翻垛时跌落所致，属于保险期限之后发生的，保险公司不负责赔偿。

（7）审核被保险人是否履行了义务。根据保险合同的规定，被保险人应履行相应的义务，保险人才能承担赔偿责任。被保险人在货物发生损失后应及时采取必要的措施进行施救，以避免或减少损失。如果被保险人没有履行这一义务致使损失扩大的部分，保险人则在赔款中予以扣除。

（8）审核是否向第三者追偿。被保险人是否及时向承运人或其他第三者履行追偿的必要手续。在审核中，如果由于被保险人的原因而丧失追偿的权利，保险公司可以只赔损失金额和第三者应负责金额之间的差额。

2. 查勘检验

保险人在得知被保险人发出的损失通知书后，应立即派专业人员赴现场进行查勘检验，如果是出口货物的损失，通常由保险人在目的地检验或理赔代理人就近进行查检验。但是遇到案情重大或损失巨大的赔案时，保险人还要会同有关专家赶赴现场与代理人一起查验货物，以确保其检验的准确性。

（四）核赔定损与赔款计算

经审核，如果没有问题，应尽快计算赔款。赔款计算的方法因赔案情况不同而有所区别，一般分为全部损失、部分损失、费用损失和残值计算等。

（1）全部损失赔偿金额的计算。在货物发生全部损失的情况下，不论是实际全损还是推定全损，其赔偿金额都是该被保险货物的全部保险金额，扣除免赔率之后，全部予以赔偿。

（2）部分损失赔偿金额的计算。货物遭受部分损失时，根据货物种类、损失性质不同应采用不同的计算方法。

① 货物数量损失的计算方法。货物数量损失的赔偿，应根据货物运抵目的地的损失数量或短少进行计算，其赔偿金额就是损失部分或短少部分的保险金额。其计算公式如下：

$$赔偿金额 = 保险金额 \times \frac{已损货物件数（重量）}{承保货物总件数（或总重量）}$$

② 货物质量损失的计算方法。在货物呈现损坏状态运抵目的地的情况下，可通过检验人与保险人联合审定受损货物的原因与程度，并与被保险人商定货物的损害率，然后用损害率与损坏部分货物的保险金额相乘。

$$货物质量损害率 = \frac{受损货物件数量 \times （受损货物单价 - 受损后处理价）}{受损货物数量 \times 受损货款单价} \times 100\%$$

③ 扣除免赔率的计算方法。免赔率是指保险人对某些易耗、易损和易碎的货物，在承保时规定一个当货物发生保险责任范围内的损失时可以免赔的百分比。免赔率有相对免赔率（Franchise）和绝对免赔率（Deductible）两种。水渍险中有免赔率的规定，在免赔率范围之内，保险人不承担赔偿责任。如对散装谷物、油菜籽、豆类等，规定短量免赔率为 0.5%~1%。免赔金额的计算公式如下：

免赔重量 = 已损货物件数 × 每件货物原装重量 × 免赔率

赔偿重量 = 损失重量 - 免赔重量

$$赔偿金额 = 保险金额 \times \frac{赔偿重量}{保险重量}$$

（五）赔款的支付

赔款金额核定后，应办理付款事宜，具体包括以下两个项目：

（1）缮制赔款计算书。列出计算方式、列出货物本身的损失、分析受损原因等（见表1）。

表 1 赔款计算书

中国人民保险公司广东省公司出口赔款计算书

2023 年 6 月 12 日

赔案编号	CL2023081925	保单批单号次	PIYT2023564725985589712
出口公司	Guangzhou Textile Import & Export Company，Limited.	保险金额	USD 110 000
运输工具	Blue Bird V20	保险险别	All Risks
运输路线	自 Guangzhou 到 Bombay	商品及件数	100 cartoons of white shirts
开航日期	2023 年 1 月 2 日		
理赔代理人	Bombay Insurance Company		
检 验 人	Bombay Insurance Company		
索 赔 人	India Foreign Trade Company		

计算方式： Partial loss：100×5 000＝500 000 YUAN Less deductible 500 000×1%＝5 000 YUAN 500 000−5 000＝450 000 YUAN	受损原因分析： Wet damage 有否船方责任：NO

项目	金 额			备注：
赔 款	人民币	汇率	外 币	
检 验 费	1 000	1：6.5	USD 153	
应付收货人	450 000	1：6.5	USD 69 230	
核 赔 费	1 000	1：6.5	USD 153	
其 他				
小 计	452 000	1：6.5	USD 69 538	
手 续 费	1 000	1：6.5	USD 153	
本案合计	453 000	1：6.5	USD 69 692	

复核：远明   经办：张平

（2）填制赔款收据。赔款收据通常和权益转让书合并在一起的，不仅证实被保险人已收到赔款，而且还表明被保险人对取得赔款部分的货物权益，转让给保险公司。赔款收据及权益转让书的格式如表 2 所示。

表 2　赔款收据及权益转让书

RECEIPT AND SUBROGATION FORM

Loss № _Cl25698_   Policy/Certificate № _Piyt2023564725985589712_

Insured Amount　_USD 110 000_

To the People's Insurance Company of China：

Received from the People's Insurance Company of China the sum of Sixty-nine Thousand and Sixty Hundred and Ninety-two United States Dollars Only full and final settlement of the claim under the a-bove-mentioned Policy/Certificate on _Piyt2023564725985589712_ shipped per S/S _Blue Sky V20_ from _Guangzhou_ to _Bombay._

In consideration of having received this payment, we hereby agree to assign, transfer and subrogate to you, to the extent of your interest, all our rights and remedies in and in respect of the subject matter insured, and to grant you full power and give you any assistance you may reasonably require of us in the exercise of such rights and remedies in our or your name and at your own expenses.

Dated at 25-06-2023

Signed _Laksman_

Stamp：

（N. B. This document must bear the Legal Stamp necessary for Agreement.）

三、理赔英文函的写作

1. 写作要求

根据赔案的情况拟写赔付信函寄给索赔人，表 3 是保险公司同意赔付给索赔人的英文信函。

表 3　英文信函

Letter of Marine Claim

Our Policy № PIYS123654799521456

Your letter of 28-06-2023

Dear Sirs：

We are in receipt of your letter with enclosures in connection with a claim under the above policy.

Upon examination, we agree to pay for the claim, which is calculated as follows：

Regarding settlement, please refer to the paragraph marked "X" as below：

（1）Enclosing herewith our cheque / draft for the above amount.

（2）Sending you a mail transfer through the Bank of China, Guangzhou.

We enclose herewith a blank Receipt and Subrogation Form which please return to us duly signed by the Consignees.

2. 注意事项

要列出保险号码、对方索赔信函的日期等，收信人的姓名、地址要核对清楚。在信稿上要根据案件办理的进程列明处理情况。

四、理赔计算、填表模拟练习

1. 模拟内容

（1）赔案编号：CL2023258。

（2）保单、批单号次：PIYT123546879158。

（3）出口公司：Hualing Import & Export Company，Ltd。

（4）运输工具：Sunny Sky V30。

（5）保险险别：All Risks。

（6）运输路线：自 Guangzhou 到 New Delhi。

（7）商品及件数：500 sets of air conditioners。

（8）开航日期：2023 年 6 月 26 日。

（9）理赔代理人：India National Insurance Company。

（10）检验人：India National Insurance Company。

（11）索赔人：India Foreign Trade Company，Limited。

（12）检验费：USD120。

（13）应付收货人：USD1 650。

（14）核赔费：USD150。

（15）手续费：USD100。

（16）汇率：1：6.5。

2. 案例

500 台 KF23GW 华凌空调出口到印度首都新德里，投保海洋运输货物一切险，CIF 价格成交，保险金额 USD165 000。在运输途中 50 台被盗，根据保险条款的规定，这属于保险责任范围，问保险人应赔偿多少？

3. 动手操作

根据以上内容和案例计算保险赔款，并填写赔款计算书（见表4）。

表4 赔款计算书

中国人民保险公司广东省公司出口赔款计算书

年　月　日

赔案编号		保单批单号次	
出口公司		保险金额	
运输工具		保险险别	
运输路线	自　　　到	商品及件数	
开航日期			
理赔代理人			
检验人			
索赔人			

计算方式：	受损原因分析：
	有否船方责任：

项目	金　　额		备　注：
赔　款	人民币	汇率	外币	
检验费				
应付收货人				
核赔费				
其他				
小计				
手续费				
本案合计				

复核：　　　　　　　经办：

实训六　保险人追偿

一、背景知识

海洋运输货物保险的追偿是指保险人根据代位追偿权向第三者索赔的一种法律行为。

1. 追偿的法律依据

《中华人民共和国海商法》第二百五十二条规定："保险标的发生保险责任范围内的损失是由第三人造成的，被保险人向第三人要求赔偿的权利，自保险人支付赔偿之日起，相应转移给保险人。被保险人应当向保险人提供必要的文件和其所需要知道的情况，并尽力协助保险人向第三人追偿。"2015年第四次修订的《保险法》第六十条规定："因第三者对保险标的的损害而造成保险事故的，保险人自向被保险人赔偿保险金之日起，在赔偿金额范围内代位行使被保险人对第三者请求赔偿的权利。"

2. 被保险人的义务

除法律规定的义务外，被保险人还应履行下列义务：当被保险货物运抵本保险单载明的目的港（地）以后，被保险人应及时提货，当发现被保险货物遭受任何损失时，应立即通知保险人或保险单上所载明的检验、理赔代理人，如保险单未指定检验、理赔代理人或指定的检验、理赔代理人发生变化，则应向当地有资质的检验机构申请检验。当发现被保险货物遭受损失、货物包装或集装箱箱体有明显残损痕迹以及集装箱铅封损坏、灭失或号码与运输合同所载不一致时，应立即向承运人、受托人或有关当局（海关、港务当局等）索取货损货差证明及其他证明材料。如货损货差是由于承运人等第三方的责任造成的，则应以书面形式向其提出索赔，同时采取有效措施，确保向承运人等第三方责任人要求赔偿的权利和时效。

被保险人未经保险人同意放弃向第三方责任人要求赔偿的权利，或者由于过失致使保险人不能行使追偿权利的，保险人可以相应扣减保险赔偿。

二、追偿程序

1. 立案登记

收到理赔部门转来的追偿案件后，应分别按"自追"和"代追"进行登记。"代追案件"还应进一步按不同代理人分户登记。登记的内容包括：

（1）追偿案编号。

（2）收到案子的日期。

（3）船舶名称。

（4）船东。

（5）货物名称。

（6）提赔日期。

（7）追偿期限。

（8）展期情况。

（9）追偿金额。

（10）追回金额。

（11）处理摘要。

2. 出口追偿记录卡（见表1）与代理人代追偿记录卡式样（见表2）

表1　出口追偿记录卡

立案登记	保单号码	赔案号码	索赔对象	船名	追偿金额	追偿时限	已申展至	款到日期	追回外币	折人民币	占货损（%）

表2　代理人代追偿记录卡

代理人名称：

立案日期	保单号码	赔案号码	代理人编号	货损金额	款到日期	追偿净额	折人民币	备注

3. 审核

审核的内容包括：

（1）责任范围。根据提单和《海牙规则》的规定，货损原因是否属于承运人责任范围。如果不是承运人的责任范围，应按照港口条例、理货章程、仓库规则是否向这些部门追偿。

（2）责任期限。货损发生的时间是否在承运人管辖期内。

（3）有效单证。追偿时，船方、港方等有关部门的签证是追偿的有效单证，同时应提供提单、发票、查勘报告、权益转让书。常见的有效追偿包括船上检验报告、船代理出具证明、卸货公司或码头方证明、港方或海关证明、货物检验报告。

4. 追偿金额计算

追偿金额应包括标的损失、各项费用两部分内容。关于标的的损失，可按检验报告等单证确定的损失数量以及发票所载明的货价，计算出可向承运人追偿的金额。

在出口追偿的情况下，其计算公式如下：

追偿金额＝发票价×损失数量。

在进口追偿的情况下，其计算公式如下：

追偿金额＝FOB 货价×损失数量×（1+运费率+保险费率）

追偿金额＝CFR 货价×损失数量×（1+保险费率）

5. 缮制索赔清单

索赔清单内容包括索赔案号、船名、提单号、航程、开航日期、到岸日期、货物名称、保单号码、损失原因、索赔金额。清单一式两份，一份寄给责任方，一份存档备查。索赔清单式样如表3所示。

表3 索赔清单

中国人民保险公司广东省分公司
People's Insurance Company of China，Guangdong Branch
索赔清单
STATEMENT OF CLAIM   Claim №

地址   日期
Address：   Date：

船名
Vessel：

航程   提单号码
Voyage：   Bill of Lading №

开航日期   到岸日期
Sailing Date：   Arrival Date：

货物名称   保单号码
Commodity：   Pol./Cert. №

损失原因
Cause of Loss：

索赔金额
Amount Claimed：
                                            签字
                                           （Signed）_____

6. 结案

经保险人审核，如果同意船方的赔款数额，往往要去函复证。复函结案的式样如表4所示。

表4 复函结案

About the claim payment

Dear Sirs：

In reply to your letter dated March 5th 2023. We are pleased to inform you that we are willing to accept your offer of USD100 000 in full and final settlement of our claim.

We shall be obligated，if you let us have your remittance/cheque as soon as possible.

Maria Trade Company

如果对方将汇款汇来后，应向对方开具收据，收据式样如表5所示。

表5　收据

Receipt of the claim payment

Dear Sirs：　　　　　　　　　　　　　　　　　　　　　June 10th, 2023

　　We acknowledge, with thanks, the receipt of your remittance for the sum of ＄15 000 in settlement to the claim and enclose herewith our receipt.

　　Please accept our regards.

　　　　　　　　　　　　　　　　　　　　　　　　　　　　Maria Trade Company

三、追偿的英文写作

1. 写作要求

按照写英文信的格式进行写作，并列出相关的追偿清单。

2. 注意事项

要注意查清承运人的名称和详细地产，以免误投，造成不必要的延误。表6是追偿函的英文式样。

表6　追偿函

Claim for the Damage/Loss

Dear Sirs：　　　　　　　　　　　　　　　　　　　　　June 12th, 2023

　　We enclose herewith our statement of claim in duplicate and other relevant documents as follows：

Bill of Lading

Invoice

Short-landing Certificate

Cargo Delivery Receipt

Port Authority's Certificate

Survey Report

Receipt and Subrogation Form

　　You will note from these documents that the goods in question were found to have sustained damage/loss at time of discharge at destination, and therefore the Ship owners should be held responsible for the loss/damage. The total amounts of damage/loss are USD80 000.

　　Your early settlement of our claim will be appreciated.

　　　　　　　　　　　　　　　　　　　　　　　　Thomason Limited Company

四、追偿英文模拟写作练习

1. 模拟写作内容

（1）保单号码：CPYT123546879135。

（2）提单号码：WO-M-08。

（3）检验报告单：Survey Report。

（4）索赔表：Statement of Claim。

（5）损失件数：5 辆。

（6）开航日期：2023 年 6 月 28 日。

2. 案例

50 辆 HONDA ACCORD 汽车从广州出口到菲律宾首都马尼拉，投保海洋运输货物一切险，发票价为 USD1 250 000，CIF 价格成交，保险金额为 USD1 375 000。在卸货港发现 5 辆汽车被盗，根据运输合同条款，这属于港方责任。保险人在赔偿了被保险人之后，是否可向港方追偿？如果能追偿，追偿金额为多少？

3. 动手写作

根据以上内容向港方提出索赔申请，用英文向港方发出索赔函件。

实训六 保险人追偿

附 录

附录一　课后练习题参考答案　　附录二　OCEAN MARINE CARGO CLAUSES

附录三　INSTITUTE TIME CLAUSES-HULLS　　附录四　船舶保险条款（2009 年版）

附录五　INSTITUTE CARGO CLAUSES（A）（2009）

附录六　INSTITUTE CARGO CLAUSES（B）（2009）

附录七　INSTITUTE CARGO CLAUSES（C）（2009）

附录

参考文献

［1］郭颂平，袁建华. 海上保险学［M］. 北京：中国金融出版社，2009.

［2］刘连生，申河. 保险学教程［M］. 2 版. 北京：中国金融出版社，2010.

［3］刘金章. 保险学教程［M］. 北京：中国金融出版社，2005.

［4］粟丽. 国际货物运输与保险［M］. 北京：中国人民大学出版社，2009.

［5］王海明. 船舶保险理论实务与经营管理［M］. 大连：大连海事大学出版社，2006.

［6］魏润泉，陈欣. 海上保险的法律与实务［M］. 北京：中国金融出版社，2001.

［7］魏原杰，吴申元. 中国保险百科全书［M］. 北京：中国发展出版社，1992.

［8］杨良宜，汪鹏南. 英国海上保险条款详论［M］. 大连：大连海事大学出版社，1996.

［9］曾立新. 国际运输货物保险［M］. 北京：对外经济贸易大学出版社，2007.

［10］张拴林. 海上保险［M］. 大连：东北财经大学出版社，1999.

［11］朱世昌，张晓萌. 新编海上保险［M］. 北京：气象出版社，1997.

［12］CHRIS PARSONS, DAVID GREEN, MIKE MEAD. Contract Law & Insurance［M］. UK: Mackays pla, Chatham, Kent, 1991.

［13］MATTHEW MARSHALL. Marine Risks and Their Assessment［M］. UK: Redwood Press Ltd., Melksham, 1991.